“十二五”普通高等教育本科国家级规划教材

北京高等教育精品教材
BEIJING GAODENG JIAOYU JINGPIN JIAOCAI

新编21世纪社会学系列教材

社会调查研究方法

第五版

郝大海 著

Survey Methods
in Social Research

中国人民大学出版社
·北京·

内容简介

　　本书是一本社会调查研究方法的提高教材，内容包括抽样、问卷设计、资料搜集方法、数据处理和调查报告撰写等。

　　完整性是本书的一大特色。本书收入了目前最新的社会调查研究技术，通过对社会调查研究方法每个环节的详细介绍，不仅使希望了解调查方法的读者能完整地学到这一方法，而且还力求使那些通过社会研究方法入门教材对调查方法有一定了解的读者有更专业的理解和认识。本书也可用作实务操作手册，操作性强是本书的另一特色。通过对社会调查每一步操作程序、技巧的讲解，辅以中国具体环境下的实际处理事例，本书可以帮助社会调查研究的从业人员完成具体的操作过程。

　　本次修订在第四版的基础上对数据管理和调查实验法的相关内容进行了增补，以期为各位读者的学习和调查研究提供更多实用知识。

作者简介

郝大海　博士，中国人民大学社会学系教授。主要研究领域：社会分层与流动，社会研究方法。曾在《中国社会科学》《社会学研究》《江苏社会科学》等期刊发表论文。

序

社会调查研究一直在社会科学资料搜集上担负着重要责任，尤其是在社会学领域里。自第二次世界大战结束以来，欧美面临人口学者未能预料到的一段为时不短的"婴儿潮"，激发了一群关注妇女生育行为的社会科学学者决定尝试运用问卷调查方式直接针对育龄妇女了解她们的生育意愿，因而在20世纪五六十年代，问卷调查方式不断发展、不断改进、不断更新和不断丰富，进而，此类方法扩大至全国性乃至国际比较研究上。目前，世界上已有数量相当可观的国家进行了各种不同类型的社会调查研究，同时也发表了许多有意义、有参考价值的学术研究报告；而且，不同地区、不同文化里所产生的特有情况，使此领域更加丰富，使更多的专业加入探讨有关问题。

新中国成立后，社会调查一直扮演着十分重要的角色，自从社会学于20世纪80年代初恢复后，社会调查作为资料搜集方法如雨后春笋般在中国迅速发展，茁壮成长。各个领域的专家学者都积极参与此类工作，也因此带来了琳琅满目、各种各样的调查内容。不过由于种种原因，这些调查的品质参差不齐，因此，国内外专家学者在注意到这些调查的同时，也十分谨慎地使用及阐释其内容。社会调查研究在中国尚年幼，但国内专家学者不仅在实际操作中，也在与国外的交流中，逐渐意识到调查研究方法的重要性。除了继续不断阅读参考国外有关书籍之外，国内学者有必要依据过去这些年所累积的经验与知识，撰写一些适合中国文化及社会的调查研究方法著作。郝大海教授所撰写的《社会调查研究方法》一书恰如细雨悄然，来得正是时候。

我与大海相识于1990年年末。当时我受邀前往南京教授社会学研究方法，有幸认识了国内许多年轻有为的社会学者，而其中引起我特别注意的就是大海，他认真听讲，不放过任何一个不清楚的细节，常常是我一讲完，他就立即发问，我们的友谊由此而奠定。

　　作为一位受过物理学训练的社会学者，大海在研究方法上非常严谨，再加上他孜孜不倦地学习目前新发展出的研究方法，尤其这几年他作为中国人民大学社会学系的一位成员与我所属的香港科技大学社会科学部合作进行了关于社会变迁的调查，因此他能够融会贯通这几年来关于社会调查研究方法的研究心得，及时撰写出一本具有国际水平的教科书和参考书。他在书中非常详细地讨论了在中国应考虑的抽样调查方式、问卷设计的特殊性以及评估方法，更重要的是他也讨论了数据处理及如何撰写调查报告。这应是一本非常丰富又具有学术价值的社会调查研究方法的书籍。

涂肇庆 **写于纽约州家中**

2004 年 12 月 20 日

---

　　* 涂肇庆，美国田纳西州立大学博士，香港科技大学社会科学部教授，主要研究方向为我国大陆、香港地区、台湾地区及新加坡的人口变迁、环境与发展问题。本序言原为《社会调查研究方法》第一版所作，经作者同意，第五版时继续沿用此文作为序言。

前　言

在中国共产党的发展历程中，调查研究始终作为一项重要的工作方式受到重视。近期，中共中央办公厅印发了《关于在全党大兴调查研究的工作方案》（以下简称《方案》），要求在全党大兴调查研究之风，这是深入学习贯彻习近平新时代中国特色社会主义思想，全面贯彻落实党的二十大精神的重要举措。党的十八大以来，以习近平同志为核心的党中央高度重视调查研究工作。习近平总书记强调指出，调查研究是谋事之基、成事之道，没有调查就没有发言权，没有调查就没有决策权；正确的决策离不开调查研究，正确的贯彻落实同样也离不开调查研究；调查研究是获得真知灼见的源头活水，是做好工作的基本功；要在全党大兴调查研究之风。习近平总书记这些重要指示，深刻阐明了调查研究的极端重要性，为全党全社会大兴调查研究之风提供了根本遵循。

本书以习近平新时代中国特色社会主义思想为指导，贯彻党中央关于大兴调查研究之风的要求，聚焦调查研究实务方法，突出问题导向，坚持守正创新，内容涵盖了随机抽样、问卷设计、资料搜集方法、数据处理以及撰写调查报告等调查研究的基本原理与实际操作技术，对象以大学高年级学生、研究生、各类研究人员，以及政策研究、市场调研的实际操作人员为主。另外，需要向读者朋友们就本书内容给出一点补充说明。《方案》围绕"调查研究"，提出大兴调查研究之风，要坚持因地制宜，综合运用座谈访谈、随机走访、问卷调查、专家调查、抽样调查、统计分析等方式，充分运用互联网、大数据等现代信息技术开展调查研究，提高科学性和实效性。应该说这是关于"调查研究"相当全面的一种叙述，而本书仅涵盖其中部分内容，具体说来就是"限定以量化测量这种方式来搜寻信息、解决问题"的研究方法，这与侧重定性研究传统的"实地调查"有一定的区别，不过两种调查形式恰恰构成一个整体，更加全面地落实了习近平总书记有关调查研究的重要论述以及

《方案》中所说的"调查研究"这一重要工作方式。

与第四版相比，本书此次修订吸收了最新的一些研究成果，对内容进行了补充。首先，在第八章新增了第四节"数据管理"的相关内容，主要包括数据管理中的"工作流程"和"原则"。其次，在第九章中新增了第三节"调查实验法简介"的相关内容，主要包括"调查实验法的界定""调查实验法的应用"和"调查实验法的优势与局限"。希望此次修订版的出版，能够使调查研究同各位读者的实际工作需要更加紧密地结合起来，推动调查研究更好地为科学决策服务。

目 录

本章要点

- 界定调查研究方法的三个基本要点是：（1）调查中的询问是个科学测量过程；（2）成功的调查要选择有代表性的被访者；（3）资料的统计分析是完成调查研究的必要环节。
- 按执行方式，调查研究可以被划分为自填问卷、当面访问和电话访问三种主要形式。
- 按应用领域，调查研究可以被划分为人口调查、民意调查、市场调查、社会问题调查、居民家计调查、学术性专业调查等几种形式。
- 调查研究的一般过程包括：调查设计、实地抽样、资料搜集、资料处理和撰写报告等几个环节。
- 调查设计主要包括三方面内容：调查工作的总体规划、抽样设计、资料搜集和处理方案。

基本概念

调查研究 ◇ 抽样调查 ◇ 人口调查 ◇ 民意调查 ◇ 市场调查 ◇ 社会问题调查 ◇ 居民家计调查 ◇ 学术性专业调查 ◇ 调查设计 ◇ 实地抽样 ◇ 资料搜集 ◇ 资料处理

调查研究是当前被普遍使用的一种社会研究方法，主要包括抽样、问卷设计、访问（邮寄问卷）和数据处理等几个步骤。本书将深入探讨这些步骤的操作规则与技巧，旨在为那些希望搜集、分析或使用调查资料的读者，提供一个工作手册，让他们能借助书中列出的操作规则、技巧，使自己的工作变得轻松一些、系统一些、标准化一些。本章的内容包括对调查研究的概念与应用、分类以及一般过程的概括性介绍。

第一节　调查研究概述

在社会研究中，调查研究无疑是个使用频率很高的概念，但越是这样耳熟能详的概念，对其含义的理解，就越容易出现分歧。因此，为了使读者在阅读本书时，尽量减少概念理解上的歧义，尽快把握书中的重点内容，本节将首先说明本书对调查研究方法概念的界定，然后，在此基础上简略介绍一下调查研究发展简史。

一、调查研究方法的界定

目前国内学术界对社会调查研究方法的认识，存在着一定的分歧。一种观点认为社会调查研究方法等同于社会研究方法，是社会研究方法的另一种说法；另一种观点则认为社会调查研究方法是社会研究方法中的一种，属于一种量化的社会研究方法，其中"调查"一词与英文中"survey"的词义相当①。其实，术语的界定是一种约定，即研究者在相互交流中达成的一种共识。不同的学者基于不同的学术传统，依据不同的理论，对某个术语产生不同的认识是正常的，这里不存在绝对的对错之分。至于一种定义是否能被大多数读者认可，则取决于市场选择：一种定义用的人多了，自然就会流行开；用的人少了，自然也就销声匿迹了。关键是要在使用某个术语时，界定清楚其内涵和外延。

简单地从字面含义分析，"研究"（research）一词意指"再看一看"，隐含有搜寻有用信息解决问题的意思。而"调查"一词则是对研究的一种限定，即限定以量化测量这种方式来搜寻信息、解决问题。在实践中，调查研究方法经常被简称为调查方法。由此可见，将社会调查研究方法理解成社会研究的方法之一，是有一定合理性的。至于"社会"一词则是对研究领域的限定，可以有广义和狭义两种理解。其中，广义的社会泛指人类一切活动领域，政治、经济无所不包；而狭义的社会是指与政治、经济相对的人类活动领域。因此，如果采取广义的理解，那么可不对调查研究方法做进一步的限定；但如果采取狭义的理解，那么把调查研究方法界定为社会调查研究方法更合适一些。

从所涉及的内容看，本书介绍的调查方法属于以上观点中的后一种，即一种量化的社会研究方法。具体说来，就是通过向被访者询问问题来搜集资料，然后对资料进行统计分析的社会研究方法。其中，询问既可以通过由被访者自己填答问卷，也可以通过当面访问或电话访问进行。

对于调查方法的定义，可以从以下三点来理解。

第一，询问作为调查研究的基本要素，是一个科学测量过程。一般说来，询问是人们进行信息交换的一种有效方法。但是，与日常生活中的询问有所不同，在调查研究中，询问是一个科学测量过程，询问的每一个步骤，都要经过理论上的检验。这样做的目的首先是保证将询问作为科学方法来使用；其次是只有经过对每个步骤的检验，才能确定得到的询问结果在多大程度上受到进行询问时的环境条件的

---

① 对此问题有兴趣的读者可参见：风笑天. 社会调查方法还是社会研究方法?：社会学方法问题探讨之一. 社会学研究，1997（2）.

影响。更进一步来看，要想实现对询问过程的理论检验，必须先确立标准化询问规范。无论是自填问卷，还是当面访问或电话访问，要检验的其实都是实际询问过程对标准化询问规范的偏离程度。所谓科学的询问，就是那些偏离程度没超出允许范围的询问。

第二，选取有代表性的被访者，是调查研究成功的关键。在调查研究中，如果不是无一遗漏地询问每一位被访者，而是从目标总体中抽出一部分来询问，就存在一个合理挑选样本的过程。如果抽出的样本能够代表总体，这个抽样过程就是合理的；如果不能代表总体，就是不合理的。其实，从理论上讲，抽样过程并不是调查研究必不可少的构成要素，但由于大部分研究需要进行抽样，因此，抽样调查（sampling survey）几乎成了调查研究的同义语。由于样本状态总是或多或少地偏离总体状态，因此，只要进行抽样就有抽样误差存在。这样在抽样调查中，通过抽样设计来减少抽样误差，提高样本的代表性，就成为调查研究成功的关键。在实践中，可以按照不同原则设计抽样方法，但唯有按随机原则设计的概率抽样方法，才能根据统计理论比较精确地估算出抽样误差，实现由样本推论总体。与询问测量过程相比，概率抽样过程的科学化程度更高。

第三，资料的统计分析是完成调查研究的必要环节。进行一项研究，目的就是说明事物及事物间的关联性。研究方法不同，探寻因果关系的逻辑也不同。实验方法是将被试者分组，然后，通过实际控制时间顺序以及其他可能的替代解释，检验因果关系。而调查研究则是从有关过去事实的问题中推论出时间顺序，并利用控制变量及统计相关分析，排除其他可能的解释，检验因果关系。因此，调查研究通常又被称为相关研究。由于各种统计方法和模型内容繁复，特别是一些高级统计模型，需要大量的统计知识，故除了一些入门教材外，比较通行的做法是，将这部分内容与资料搜集过程分开，即在讲调查方法时，主要谈如何搜集资料，而资料分析则专门归入统计教材来介绍。因此，本书也遵此惯例，主要介绍与资料搜集过程相关的内容。

二、调查研究发展简史

按时间顺序，调查研究的发展大体可以划分为近代和现代两个阶段。近代调查研究主要包括行政统计调查和社会问题调查，而现代调查研究则主要包括研究性调查、民意调查、市场调查。虽然存在着多种调查形式，但从内在发展脉络看，无论是在近代还是在现代，都始终贯穿着实地观测和统计量化两条线索，因此，了解调查研究的发展过程，要始终把握住这两条线索。

（一）近代调查研究

虽然在公元前的古代埃及和中国，就有过以征税和征兵为目的，进行人口调查的记录，但是，作为一种社会研究方法，调查研究肇始于近代的行政统计调查。

17世纪下半叶，一些学者和政府官员逐渐意识到，人口、土地和经济方面的统计数字，有助于了解基本国情和社会整体状况，于是出现了德国"国势学"和英国"政治算术"等不同学派的统计学。在随后的发展中，政治算术学派的统计学逐渐取得主导地位。这一学派的代表人物是英国经济学家配第（W. Petty），他在《政治算术》一书中，首次用计量和比较的方法，对英国与法国、意大利、荷兰等国进行了国力的比较研究。在对社会经济现象进行数量描述和数量分析比较的过程中，他采用了统计分组、图表和统计指标等一系列比较系统的统计技术。英国政治算术学派的影响扩散到了整个欧洲大陆。进入18世纪后，欧洲各国纷纷开展行政统计调查，并逐渐将调查制度化。英国、法国都于1801年开始了人口普查，同年，法国还成立了国家统计局。其后，这些举措被欧洲其他国家先后效仿。

在行政统计调查得到广泛应用的同时，学者们对概率论和数理统计的研究，也进一步加深了人们对蕴含于总体数量特征中的规律性的认识。18世纪，拉普拉斯（P. S. Laplace）和高斯（C. F. Gauss）对概率论进行了开创性的研究。高斯证明，天文学和其他科学观察中的误差分布曲线呈钟形，此分布后来被称为高斯分布。凯特勒（L. A. J. Quetelet）秉承"国势学"和"政治算术"的传统，并将概率论引入对社会现象的统计研究，开创了数理统计研究的先河。他坚信社会生活服从一定的统计规律，认为生物和社会现象的观察结果呈正态分布，其原因在于这些现象本身，而不在于观测误差；通过大量观察和综合平均，就可以发现这些规律。19世纪，另一位统计学家高尔顿（F. Galton）也向人们表明，对人类行为的研究可以置于稳固的、科学的根基之上。高尔顿与皮尔逊（K. Pearson）合作发明了多种统计方法，包括相关、标准分数、中位数等。

从18世纪后半叶至20世纪初，社会调查（social survey）开始被广泛用于社会事业，特别是用来记录工业化所带来的都市贫穷状况。其中比较具有代表性的调查包括：霍华德（J. Howard）在18世纪后半叶有关英国监狱状况的调查，以及与欧洲其他国家监狱状况的比较研究，后来他出版了《英伦和威尔士的监狱情况以及外国监狱的初步观察和报告》一书；勒普莱（F. Le Pley）从1835年起，用了20年时间，先后调查了英、法、德、匈、俄、土等国大量工人家庭的收支情况，开了家计调查的先河，并于1855年出版了6卷本的《欧洲工人》；布思（C. Booth）从1886年起，历时18年，对伦敦工人状况进行了长期调查，调查结果被汇集在17卷的《伦敦居民的生活和劳动》（1891—1903）中；凯洛格（P. Kellogg）于1907年主持了匹兹堡调查，首次采用社区系统调查方法，探讨都市化的社会结果，并于1914年出版了调查结果《匹兹堡调查》。

以上这些社会调查的主要目的，是希望通过记录早期工业化过程中都市的贫穷、犯罪和居民生活状况，促进社会改革运动。这些社会调查大多是针对某个特定地区所进行的详细经验研究，其目的是提供令人印象深刻的社区日常生活图像。布思在自己的调查中，就根据不同的标准将伦敦划分为50个区，并用不同色彩将50个区在伦敦地图上标出，形成了一幅直观的社会生活状况地图。在调查中，研究者还大量采用参与观察、访问和问卷调查等实地观测方法，搜集第一手经验资料，给调查研究打上了鲜明的经验性社会研究的烙印。但这些调查大多没有明确的理论框架，因此调查结果很难形成一般的社会理论。另外，在获取调查对象时，这些调查也缺少科学的抽样方法。

（二）现代调查研究

进入 20 世纪后，社会调查与社会理论的结合，导致研究性调查的出现。与此同时，随着小样本检验和抽样理论的建立，抽样调查方法日益完善。而社会统计调查模式和多变量分析方法的出现，标志着量化调查研究方法已成为一项成熟的经验社会研究方法。

1. 研究性调查模式的确立

1897 年出版的涂尔干（É. Durkheim）的《自杀论》，通过对欧洲各国自杀统计资料的分析，检验了涂尔干关于自杀原因的各种假设，建立了一套完整的自杀理论。涂尔干的研究首次成功地将经验研究与理论研究结合在一起，表明在社会研究中，也可以建立类似自然科学中的那种既可以解释经验资料，又要接受经验资料检验的实证科学理论。从研究方法看，虽然涂尔干没有采用一手的经验调查资料，他做的研究属于二手资料的分析研究，但他确立的"假设—经验检验—理论总结"的实证研究程序，为研究性调查提供了可参考的范例。

早期的研究性调查多由美国社会学家完成，这些经验调查研究一方面延续了布思的传统，另一方面又接受了涂尔干的研究范式，进而将社会调查与社会理论研究相结合，使研究性调查不再仅仅是搜集经验资料，更重要的是服务于社会理论，检验或建立某种社会理论。其中，托马斯（W. I. Thomas）与兹纳涅茨基（F. W. Znaniecki）研究了移民问题，他们根据研究结果出版了五卷本的《身处欧美的波兰农民》，成为社会学理论与个案调查相结合的经典范例之一。受到这种研究取向的刺激，以帕克（R. E. Park）为核心的"芝加哥学派"，将城市作为研究主题，对城市贫困、种族关系、社会特征等一系列问题进行了实地研究，开创了"城市生态学"的研究领域。此后，林德夫妇（R. S. Lynd & H. M. Lynd）进行了小城镇调查研究，成功地将文化人类学的社区研究方法应用于现代城市研究。

上述调查研究虽然完成了经验资料与社会理论的结合，但研究对象的涉及范围相对较小，基本上都是个案调查或社区调查。如果将社会调查与工业发展做一类比，那么这个阶段的社会调查还处于手工业阶段，调查研究的操作往往是由某个中心人物（老师傅），在一两名助手（徒弟）的帮助下完成的。调查研究方法经常带有一种秘传性质，虽然也很具体、周密，但通常缺少一套经过检验的标准化程序、技巧和工具。

2. 抽样方法的完善

20 世纪 20 年代以后，随着经济、政治的发展，全面、精确地了解选民的意愿，了解快速变化的市场动态，成为调查方法面临的新议题。新的调查形式必须能一次调查大量的调查对象，而且调查周期不能太长。从以往的调查形式看，经验性及研究性社会调查由于主要以个案和社区研究为主，不能一次调查大量调查对象。虽然行政统计调查能一次调查大量调查对象，但直到 19 世纪末，统计学家还没有能清楚地在总体与样本之间做出区分，当时普查几乎是唯一的方法。而普查的周期一般较长，成本也很高，很难满足此类调查议题的需要。

抽样调查形式的出现，在一定程度上解决了以上难题。而抽样调查方法的完善，在很大程度上得益于费歇尔（R. A. Fisher）于 1928 年建立的小样本检验的理论。具体说来，最初的抽样调查方法，是 1895 年由凯尔（A. N. Kiaer）提出的"代表性调查"，它指的是一种局部调查，希望将局部作为总体的缩影来代表总体。凯尔抽样时，采用的是判断抽样，它属非概率抽样。抽样调查在早期阶段，基本上都是采用非概率抽样。非概率抽样最大的问题是无法事先估计抽样误差的大小，无法根据样本情况对总体情况做出正确的推论。

抽样调查最早被应用于民意调查中，而非概率抽样方法的不足，也正是通过民意调查失败的例子被逐渐认识到的。其中一个著名的例子，是美国《文学摘要》（*The Literary Digest*）1936 年民意调查的失败。这一杂志以邮寄明信片的方式进行民意调查，并且颇为准确地预测出了 1916 年、1920 年、1924 年、1928 年和 1932 年的总统选举结果。该杂志所根据的理论是"所询问的选民愈多，则结果愈可靠"，因此，它通常会采用上千万个调查单位的样本，而这些样本名单则是通过全美杂志订户、电话簿和汽车俱乐部会员名单搜集到的。当 1936 年总统大选来临时，该杂志仍以同样的方式进行了民意调查，并从寄出的 1 000 万份明信片中，回收了 200 多万份。测验结果显示，57％的人支持共和党候选人兰登（A. Landon），而民主党候选人、在任总统罗斯福（F. D. Roosevelt）的支持率为 43％。然而，两星期后的选举结果，使杂志的编辑们大跌眼镜，罗斯福以 62％的得票率，获得连任。该杂志因此声誉扫地，不久就关门大吉了。

无独有偶，盖洛普（G. H. Gallup）也对 1936 年总统大选进行了民意调查，预测结果与《文学摘要》的正好相反，他预测罗斯福会赢。而且，盖洛普曾公开预言，《文学摘要》的民意调查是注定要失败的，因为它的样本严重地偏向高收入的选民。在当时的条件下，收入较低的人或失业者家里通常不设电话，也没有汽车，故根据电话簿和汽车俱乐部会员名单选定的样本，主要涵盖的是经济地位较高的上层选民。当时下层选民是罗斯福社会及经济政策的主要受益者和支持者，而共和党候选人则更受上层选民的青睐。这样，由于抽样结果与经济地位及党派偏好高度相关，最终会导致民意调查失败。

当年盖洛普采用了配额抽样方法，其样本是根据选民总体的结构确定的。具体做法是将选民按地区、年龄、性别、种族、收入和政党等标志进行分类，然后根据历史资料确定各类人员应抽取的比例数。配额抽样方法是一种比较科学的非概率抽样方法，在 1936 年、1940 年和 1944 年，盖洛普使用它成功地预测了美国总统的选举结果。但是，这种非概率抽样方法仍然无法完全排除主观因素的影响，而且不可能估计抽样误差的大小，更难控制误差。所以，在 1948 年对于杜威和杜鲁门总统竞选的预测中，这种方法也失败了，没有预测出杜鲁门会当选总统。导致盖洛普预测失败的原因是多方面的，但最主要的原因就是样本配额没能准确地代表所有地理区域和所有实际去投票的选民。

非概率抽样方法的失败刺激了概率抽样方法在调查研究中的应用。概率抽样是按照随机原则来选取对象，这样就能根据概率理论来计算抽样误差，从而对总体进行推论。完成概率抽样必须解决两个问题：一个问题是如何选取对象才能保证每一个总体元素单位都有同等被抽选的机会。蒂皮特（L. H. Tippet）通过编制《随机数字表》，解决了随机取样问题。另一个问题是如何确定样本与总体的关系，或者说怎样保证样本的代表性。解决这个问题的途径是，运用概率理论来计算样本与总体之间的差异，究竟在多大程度上是由偶然因素引起的。揭示样本与总体内在联系的理论基础是大数法则和中心极限定理。其中，大数法则揭示出随着抽样单位数的增加，样本平均数有接近于总体平均数的趋势，即阐明了大量随机现象平均结果的稳定性。而中心极限定理证明了，如果总体存在有限的平均数和方差，则无论这个总体的分布如何，随着样本单位数的增加，样本平均数都将趋于正态分布。这一定理为计算抽样误差提供了可靠的理论依据。

以上理论虽然解决了抽样误差的计算问题，但解决得并不彻底，因为它们是以大样本为前提的，即只有在样本规模很大时，才能估算抽样误差，进行统计推断。在现实生活中，并非所有的样本都是大样本，而且在有些情况下，大样本由于影响因素太多，反倒不容易反映总体情况。英国达布林啤酒公司的技师戈塞特（W. S. Gosset），为了解决啤酒质量的检验问题，发明了小样本的 t 检验方法。这一方法后来被费歇尔从数学上进行了严格证明，由此确立了抽样推断理论。此后，抽样调查逐渐成为社会调查的主要形式。

3. 问卷与多变量分析技术的提高

除抽样技术外，问卷测量和多变量分析方法，也是最终促成当代调查方法形成的重要因素。从某种意义上讲，调查实际上就是通过询问或观察完成测量的过程。前面已谈到，布思就曾在自己的研究中使用过问卷调查方法。但首先使用问卷对心理现象进行精确测量的是高尔顿，其问卷的内容涉及许多被假定与智慧、天赋有关的环境因素。在 20 世纪的前 25 年，问卷调查方法在各种理论研究和应用研究领域中逐渐成为相当普遍的方法。1918 年，为了探明哪些美国士兵可能不适应军人生活的压力，心理学家伍德沃思（R. S. Woodworth）曾编制了一个由 116 个项目组成的人格问卷——伍德沃思个人资料调查表。继个人资料调查表之后，接踵而来的是瑟斯顿（L. L. Thurstone）和他的同事编制的各种态度问卷，以及斯特朗（E. K. Strong）编制的男性职业兴趣问卷，这些问卷主要关注对智力、能力倾向和成就的测量。但是，很快人们就意识到仅仅通过能力上的差异并不能预测和解释行为，而对于动机、情绪、兴趣以及其他一些情感特征的测量有助于对个体行为和态度的预测。

另外，早期调查在分析资料时，基本上限于单变量或双变量分析。而现代调查研究中常用的多变量分析方法，则是由斯托弗（S. Stouffer）与拉扎斯菲尔德（P. F. Lazarsfeld）引入的。第二次世界大战期间，斯托弗主持了一项有关美国士兵的研究。在分析资料时，他通过引入其他控制变量来理解两个变量之间的关系。在斯托弗等人对美国士兵的研究的基础上，拉扎斯菲尔德与他在哥伦比亚大学的同事们，发展出了多变量分析的详析模式，即通过在两个变量之间同时引入另外一些变量，来理解两个变量之间的关系。沿着这一思路，越来越多的多元统计分析方法被引入社会调查研究。第二次世界大战以后，社会调查研究的定量化趋势日趋明显，出现了越来越多适用于社会调查的抽样技术；问卷及其他社会测量方法、访问程序都在逐渐精细和标准化；多变量统计分析模型也在不断丰富，并在更大的范围内得到了应用。所有这些都使得日益成熟的调查研究方法，成为现代社会中一种有效的研究手段。

纵观调查研究发展简史不难看出，调查是一种综合了多项技术的研究方法。调查本质上是一个测量过程，抽样和统计分析技术的完善，进一步扩展了调查的应用范围。由于概率抽样也是统计学的一个分支专业，因此，当代调查方法比较贴切的名称，应该是统计调查。民意调查、市场调查实际上都属于统计调查的范畴①。相应地，当代社会调查方法则应被称为社会统计调查。

三、调查研究的局限性

当研究对象是一个大型群体，如一大群人、一个城市或一个国家时，那就应该选择调查研究方法。因为，通过审慎的概率抽样，并结合一份标准化的问卷，调查研究能够很好地描绘大样本的特征，并对总体做出推论。不仅如此，它还能非常准确地得出有关失业率、投票意愿等指标的信息，而这是其他研究方法无法做到的。但是，调查研究方法绝非"万灵丹"，它也有自身固有的局限性。

首先，缺少弹性。通常调查研究总是事先完成研究设计，并且该设计在研究中保持不变。这使得研究者无法察觉新的变量，有时即使察觉到了，也很难做出相应的处理。这一点在很大程度上限制了研究者进一步深化研究。另外，利用标准化问卷进行测量，是调查研究的特色之一。但这种标准化处理，常会使实际访问削足适履。因为被访者情况各异，适用于某些被访者的问卷，可能并不适用于另一些被访者。因此，标准化问卷的问题和答案选项，为了能适用于所有的被访者，就只能选择代表被访者态度、意向、生活情境和经验的最小公分母。这样的问卷一方面对于许多被访者来说，适用程度可能都不是最高的，另一方面也使得调查研究难以处理比较复杂的议题。

---

① 统计学领域抽样专业的学者更愿意称之为抽样调查。

其次，无法了解被访者具体的生活情境。调查研究是用问卷来搜集被访者信息的，调查访问仅限于问卷设定的内容，而且调查的时间很短。因此，研究者很难进入被访者的生活情境中，深入细致地把握被访者在真实生活情境中的行为和想法。但是，同样的话语会因为社会情境、说话的人、说话的方式，以及说话的人与听众之间的社会距离的不同而具有不同的意义。也就是说，社会意义不仅存在于文字中，也存在于人们的社会生活情境、人际互动以及文化架构中。人们的日常对话含有特别的设计特性，用来侦察和校正误解，建立相互理解。但在调查访问中，为了确保每个被访者都受到标准化处理，这些特性都被控制住了。这样，在调查访问中，被访者的答复，可能与其在真实社会情境中的表现，并不完全吻合。

最后，容易受到人为因素的影响。一般说来，被访者会比较准确地回答诸如年龄、职业和受教育程度等有关人口统计的指标，但是，对于态度类问题的回答就很难说有十足的把握，因为人们的态度很容易受到他人的影响，而在问卷访问中，这种影响又很难被发现。研究行为本身可能就会影响被访者的态度。如某位被访者对一项有关灾难救助的议题，可能并没有明确的看法，但当访问员问到这个问题时，他就可能对该议题形成自己的意见。需要强调的是，受到影响的可能仅仅是调查结果，而不是被访者的真实行为。某位被访者可能会明确地向访问员表示赞成改善学校条件，但在实际对增加教育投资的议案进行表决时，很可能会投反对票。某些人存在性别歧视的做法，可由于知道别人不赞成他的做法，他通常会不承认自己有性别歧视。也就是说，调查研究并不能测量社会行为，它搜集到的只是被访者对那些能回想起的过去的行为，以及未来的或假想的行为的自我报告。所以，研究者应该清楚，通过问卷访问得到的态度、意见，有时可能并没有反映出调查对象潜在的价值观，调查对象的行为也并不一定总是与态度保持一致。

总的看来，作为一种测量过程，标准化测量和概率抽样使调查研究具有较高的信度，但标准化测量、情境缺失和人为因素的影响，使其效度较低。采用调查研究方法，要对它固有的或可能的局限性始终有清醒的认识，注意在每一个具体的研究项目中努力克服它们。而克服调查研究局限性的一个有效方法，就是将它与其他研究方法结合使用，特别是与实地观察研究结合，这样就能取长补短，大大提升研究结果的效度。

第二节　调查研究的分类

调查研究是社会研究中最常用的方法，适合调查研究的课题五花八门，与此相对应，调查研究的形式也是多种多样的。为了在调查时能正确选择满足课题要求的调查形式，有必要依据一些标准，对当下流行的各种调查形式加以分类。本节将从调查对象的范围、调查目的、执行方式、时间维度和应用领域等方面，来介绍调查研究的分类情况。

一、按调查对象的范围分类

按调查对象涉及的范围分类，可以将量化调查研究分为普查和抽样调查两种形式。普查指的是对构成总体的所有个体无一例外地逐个进行调查。最常见的普查是人口普查（census），它也是最早进行的量化调查。目前世界各国都定期进行人口普查，我国分别于 1953 年、1964 年、1982 年、1990 年、2000 年、2010 年和 2020 年进行了七次全国人口普查。人口普查资料是通过对全国所有人口逐个进行调查获得的，除了全国人口数量的数据外，还包括了全国和省县各级行政单位的人口特征，因此，它已成为各级行政管理部门制定各种政策的重要依据，同时也是许多研究者重要的资料来源。但是，人口普查的工作量十分巨大，调查周期特别长，需要投入大量的人力和物力，一般 10 年才进行一次，而且包含的人口资料也比较有限，因此，其应用范围受到一定限制。

为了满足对数据资料的需求，调查研究在实际应用中，更多地采用抽样调查的形式，即从所研究的总体中，按一定规则抽取部分元素进行调查，并根据调查结果，对总体情况进行推断。由于抽样调查只询问目标人群中的一部分对象，因此，工作量要比普查少得多，这意味着较少的人力、财力投入，调查周期也缩短了许多。例如，我国在两次人口普查之间，会在全国进行一次 1‰ 人口抽样调查，另外，还每年针对人口变动量进行一次抽样调查。而美国则在两次人口普查之间，通过"当前人口调查"（Current Population Survey）这种经常性的抽样调查，逐月提供有关人口、劳动就业与失业情况的统计数据。

抽样调查得到广泛应用的另一个理由是准确性较高。尽管普查能避免产生抽样误差，但普查需要大量的工作人员。在实际普查中，工作人员大多是临时抽调的，他们缺少必要的专业素养，短暂的培训也很难改变他们的素质状况。这样，由于缺乏训练有素的工作人员，普查就不可避免地会产生大量非抽样误差。相反，抽样调查只需要少量的工作人员，可以尽量使用那些具有一定专业素养的工作人员，同时可以对他们进行充分的训练，而且可以在实际调查中对他们进行严密的督导检查，最大限度地控制非抽样误差的产生。这样，只要抽样方法科学得当，与普查中非抽样误差产生的损失相比，抽样误差所造成的损失反而小些，从而使得抽样调查的资料更准确、更可靠。

二、按调查目的分类

如果按调查目的分类，大部分教材将调查研究分成探索性调查、描述性调查和解释性调查三类。但是，探索性调查基本不用问卷形式，最主要的原因是问卷调查太贵。问卷调查主要用于描述性和解释性调查。

描述性调查就是对总体特征的分布情况进行详细的描述。它关注的焦点在于事情是如何发生的，有谁牵涉在里面。进行描述性调查，要求研究者对议题有一定程度的了解，而且一般会随机抽取一个较大的样本。人口普查是描述性调查最好的例子。另外，政府统计部门的各类统计调查、调查机构进行的民意调查、相当一部分市场调查，也都是描述性调查的例子。

解释性调查就是希望找出事情发生的原因。它关注的是事情为什么会以现在这个样子呈现出来。这种想要知道"为什么"的欲望，正是解释性调查最鲜明的特征。解释性调查通常是与描述性调查结合进行的：一项大规模的调查，先是进行总的描述，然后再针对某些具体问题进行解释。如进行一项城市犯罪调查，对城市各项犯罪指标的报告，就是描述性调查，而深入分析为什么某个城市青少年犯罪率较高，就是解释性调查。

三、按执行方式分类

按执行方式，可以将调查研究划分为三种主要形式：自填问卷（self-administered questionnaires）、当面访问（face-to-face interview）和电话访问（telephone interview）。自填问卷是研究者将问卷直接交给被访者，或用邮寄的方式寄给被访者，由他们自己阅读问卷，然后根据填答说明，写下自己的答案。自填问卷也可以将多个被访者召集到同一地点，在研究者的指导下统一填答问卷。当面访问是由研究者雇用一些访问员，由他们根据问卷内容，当面向被访者口头提问，同时逐一记录下被访者的回答。电话访问是当面访问的一种转化形式，访问员不再直接面对被访者，而通过电话向被访者进行提问。有关不同调查执行方式之间优缺点的比较，在下一章还会从资料搜集的角度详细展开讨论。

四、按时间维度分类

按进行调查的时点，量化调查研究可以分为两大类：单一时点的横剖调查（cross-sectional study）和多重时点的纵贯调查（longitudinal study）。其中，横剖调查是大多数调查采用的形式，因为纵贯调查花费很大，而且周期太长、很难控制样本。

横剖调查是在某一个特定时间一次性抽样，然后对样本进行调查访问。横剖调查是在某个单一固定的时点搜集有关信息，特别适用于描述性调查。人口普查是最典型的横剖调查，其目的就是搜集某个时点上的人口信息。

通过横剖调查得到的资料，也被用来进行解释性调查。由于解释性调查大多需要进行时间顺序上的因果分析，单一时点的资料无法满足这一要求。因此，研究者通常会再设计一些回溯性问题，用回忆的方法，获取被访者以往的信息。这种变通方法的缺陷是资料不够精确，因为被访者很可能无法准确回忆起当时的情况。另外，有些研究者还在分析资料时，利用不同年龄段被访者的资料，进行因果分析。这种做法受到质疑，因为它在方法论上存在着极大的漏洞。

纵贯调查至少在两个以上时点进行抽样，然后对样本在不同时点所展现的特性进行调查。由于在不同时点获取资料，纵贯调查比较适合用于因果分析，尤其适合用于探求社会变迁问题的解答。但与横剖调查相比，进行大规模的纵贯调查是比较困难的，特别是跨时段的抽样，技术上不太容易操作。按抽样的对象和目的，纵贯调查又可具体分为趋势调查、同期群调查与追踪调查三种形式。

趋势调查（trend study）是指研究者通过搜集总体在不同时期同一种类型的资料，来比较分析总体特性在一个较长时间段内的变化趋势。在趋势调查中，每个时点用来搜集资料的问卷应保持一致性，而且样本也应该从同一个总体中抽出，但入样的被访者可以是不同的。

同期群调查（cohort analysis）是指研究者在不同时点，对某个特定时间段内共享相似生活经验的某一群人的调查，这群人被称为同期群（也可翻译为"年轮""世代"等）。常见的同期群包括所有于同一年出生的人、所有在同一时间受雇的人、所有在某年或某两年内退休的人，以及所有在某年毕业的人等。同期群调查并不关心某个特殊的个人，它关注的是具有某种时间标识的一类人，把他们视为目标总体。每个时点被抽中的被访者只要具有共同的生活经验即可，并不一定需要完全相同。

追踪调查（panel study）是指研究者在不同时点，调查完全相同的一群人、一个团体或一个组织。这种调查操作起来相当困难，不难设想长期追踪一群人绝非易事，某些人可能已经死亡，或不知搬到哪里去了。但是，一个精心设计的追踪调查，即使是很短期的，获得的连续调查资料也是非常有价值的——可以清楚地显示出那些特殊生活事件的影响力。追踪调查也将趋势变化作为重点内容，所以使用的问卷也应保持内在的一致性。

比较三种纵贯调查形式，从样本看，除了追踪调查，趋势调查和同期群调查两次样本包括的都不是相同人选，但趋势调查关注的是两个不同时期的相同年龄组的比较，而同期群调查关注的是两组处于不同时期的具有共同特征的人群的比较。以民意调查为例，趋势调查关注选民意愿随时间的变化，同期群调查关注某一代人的选举意愿随时间的变化，追踪调查关注某个特定样本人群的选举意愿随时间的变化。

五、按应用领域分类

除了人口调查，抽样调查方法还经常被应用于以下一些领域。

第一，民意调查（poll/public opinion poll）。它是从一定范围内的社会民众中，抽取具有代表性的部分民众作为样本，直接询问他们对某些问题的看法，然后用这些民众的看法来推论全体民众的看法。民意调查源自美国总统选举预测，1936 年盖洛普借助于科学的抽样理论，准确地预测出罗斯福将当选美国总统。对于选举预测而言，如果候选人的实力极为接近，实际得票率的差距在 3 个百分点以内的话，民意调查很难有绝对的把握预测谁当选，因为这种差距在允许误差范围内。除了预测选举外，民意调查还经常被用来了解民众对一些重大社会问题的看法、意见和态度等。

第二，市场调查（marketing research）。广义的市场调查也被称为市场研究（市场调研或市场营销研究），它包含了从认识市场到制定营销决策的一切有关市场营销活动的分析和研究；狭义的市场调查则更偏重于搜集和分析市场信息。市场调查的对象主要是各式各样购买或使用商品的消费者，以及潜在的消费者；除此之外，还包括消费者以外的人群，如商家的生产、销售人员，媒体记者，政府官员，等等。市场调查既可以被用来研究消费者行为和对产品的满意度，也可以被用来研究产品品牌、企业形象、广告宣传效果以及产品营销环境等。在市场经济条件下，市场行为很难离开市场调查，一些大型跨国公司在进入中国市场前，都是以全面的市场调查为先导的。很难想象，一个现代企业的管理人员能够在没有市场调查的情况下，做出正确的企业经营决策。

第三，社会问题调查。它是针对社会中存在的各种社会问题进行的系统调查，如青少年问题调查、离婚问题调查、社会保障问题调查等，这些调查都是为了对问题现状加以描述，同时分析问题的形成机制，进而找到解决问题的办法。犹如医生给病人诊断，社会问题调查就是一种"社会诊断"。

第四，居民家计调查。它是一项基本国情调查，它以居民家庭为调查对象，搜集整理有关居民家庭人口、就业状况、货币收入、消费构成，以及主要生活消费品实物量等方面的资料，从而反映出居民生活水平的变动情况，进而为一些影响居民生活的决策的制定提供依据。

第五，学术性专业调查。它是社会科学专业研究人员从事的调查，其目的并不是解决某个社会问题、了解某种社会状况，而是探索社会现象背后的社会规律。与其他调查类型不同，这种调查在设计以及资料分析上，始终是以满足某个专业学科自身理论的发展需求为目标的，或者说，它是以学科理论建设为主要任务的。

第三节　调查研究的一般过程

调查研究是一种标准化程度较高的研究方法，其实施过程有一套相对固定的程序。如果按调查工作的性质来划分，大体上可以将调查过程分为调查设计和调查执行两大阶段。在调查设计阶段，主要的工作包括明确调查目的、内容和抽样总体，决定搜集资料的方法，设计抽样方案和调查问卷，等等。而在调查执行阶段，主要的工作则是实际抽取访问对象、搜集资料、进行资料处理和报告调查结果等。本节将按以上划分，简略介绍调查研究的一般过程。

一、调查设计

调查设计主要包括三方面内容：调查工作的总体规划、抽样设计、资料搜集和处理方案。

第一，调查研究的整个过程，工作项目相当繁杂，又牵涉到相当多的人员，因此必须对整个调查工作有一个总体规划，以保证整个过程顺利无误。调查的总体规划应以书面形式，形成一份计划书，内容主要包括对调查目的、调查内容和范围、调查经费预算和进度安排的说明。为了能更有效地完成下一步的调查执行工作，最好能在调查设计阶段，形成一份比较详细的调查工作流程表，把调查访问过程所需进行的工作分类，尽量完整列出每一类中的工作项目，并预设各工作项目的完成期限。调查工作流程表其实就是一个标准化调查程序，它在调查执行过程中能起到工作检查表的作用，能帮助研究者关注每一个调查环节，以免因遗漏某项工作而发生难以补救的缺失。

第二，抽样设计是调查设计的另一项重要工作。之所以要特别强调抽样设计，主要是因为在调查的各个执行程序中，抽样由于涉及许多统计知识，相对比较复杂，难度也较大。设计抽样方案首先要解决的问题是界定总体的范围，明确调查对象是什么。在界定总体时，真正有操作意义的是确定抽样框，没有抽样框，实际抽样就无法进行。一般说来，人口普查的数据资料是最好的抽样框，户籍资料、流动和暂住人口登记资料也都可以用作抽样框。接下来要确定样本规模，然后确定是否需要分层次或者分阶段。在进行分层设计时，要注意层的总和应覆盖整个总体，并且互不重叠。而分阶段则要根据实际情况，做出合理的选择，确定每一级的抽样单元。目前比较常用的全国 PPS 抽样，一般是将县一级单位确定为初级抽样单位（primary sampling units，PSU），接下来是街道、居委会、居民户和被访者。另外，在设计中还需要确定在每一层或每一个阶段，使用何种概率抽样方法进行抽样，是否有辅助信息、辅助变量可以利用。再有就是确定参数与误差的估计方法，并推导出相应的估计公式。与抽样设计有关的内容将在第二、三章详细讨论。

第三，设计资料搜集和处理方案。这里需要完成三项工作。首先是选择资料搜集方式，是用自填问卷，还是进行访问调查。选择资料搜集方式，主要考虑的因素包括调查成本、抽样总体、调查周期、调查内容、问卷回收率和资料质量等几项，有关内容将在第六章详细讨论。其次是设计调查问卷。在调查研究中，问卷设计的好坏对调查结果影响很大，因此对于问卷设计应该予以特别注意。从设计问卷初稿开始，就要针对调查主题，邀请相关专业研究人员进行认真细致的研讨。而在完成问卷初稿后，应对其进行相应的测试，包括实验室测试和实地的预调查，以有效保障问卷的效度与信度。问卷设计的有关内容将在第四、五章详细讨论。最后是设计资料处理方案，主要内容包括确定资料编码的格式，一般适宜预编码的形式，与问卷设计结合在一起。另外，还要确定数据录入的软件类型，落实计算机设备。

二、实地抽样

实地抽样是指根据抽样方案，实地抽取调查对象的过程。能否成功地完成实地抽样，关键在于能否正确地执行抽样程序。实地抽样通常包括以下具体步骤。

第一，训练抽样员。无论是自填问卷，还是访问调查，实际抽取调查对象的工作量都很大，而且具有一定的技术难度，因此需要对有关人员进行专门训练。另外，在当面访问中，为了防止出现由访问员误差造成的样本偏差，一般将抽样与访问两项工作分开进行。抽样训练主要是教会抽样员如何完整、正确地记录抽样资料，同时还要安排抽样员进行抽样练习和实地试抽样。

第二，与抽样方案中的各级抽样单位取得联系。例如，在全国PPS抽样中，一般要与街道或乡镇、村/居委会取得联系，在征得同意后，才能派遣抽样员前往，获取调查对象的相关资料，以及进行实地抽样工作。

第三，具体执行抽样工作。在进行正式抽样时，抽样员应携带由调查单位出具的各种身份证明文件或抽样员聘书，到各级抽样单位进行抽样。抽样员聘书应载明抽样员姓名、调查项目名称、调查项目的主持单位，以及调查持续的时间。详细的身份证明文件能减轻相关单位及调查对象的疑虑，有利于抽样工作的进行。在实际抽样时，抽样员应使用统一印制的样本记录表，详细记录抽样中的各种相关信息，例如，调查对象的姓名、地址、邮政编码，各级抽样单位的居民户数和人口数，以及等距抽样的间距值和起始值，等等。这些信息可以再现完整的抽样过程，并为检查样本的正确性提供依据。

第四，检查样本的正确性。在抽样员完成抽样工作后，督导员应对样本的正确性进行检查。检查内容包括：抽样员所记录之样本表中的资料的完整性，以及抽样方法运用的正确性。

除此之外，在电话访问中，抽样对象是电话号码而非个人，因此具体的抽样过程与以上内容略有不同。特别是随机数字拨号抽样，基本是由电脑执行的，情况要简单一些，具体执行过程可参考第三章有关内容。

三、资料搜集

在确定了调查对象，设计好测量工具后，就可以进入调查现场搜集资料了。相比之下，这一阶段持续的时间较短。如果是访问调查，则执行步骤为招募并培训访问员、找到并联络被访者、询问问题并记录答案；如果是自填问卷，则执行步骤为邮寄或发送问卷、监控问卷的回收、补寄问卷。

（一）访问调查

第一，招募访问员。对于访问调查而言，资料搜集工作的具体操作是由访问员完成的，因此访问工作一启动，就要招募访问员。可以通过登报、张贴海报或在互联网上发布公告的方式，公开征求访问员。招募海报或公告的内容应包括：调查项目的名称及内容简介、访问地点和预定的访问时间、访问员的应征条件、报名时间和方式、面试时间和地点等。对访问员的考察，最好采取面试的方式进行。通过面试，研究者可以了解应征者的背景资料，并对他们进行初步的评估，其中重点是评估他们的语言表达能力和执行访问的意愿。与此同时，研究者也有义务向应征者解答各项与访问相关的问题，例如，访问的酬劳与福利、安全措施、保险情况、访问员违纪的处罚方式等。

第二，培训已录用的访问员。研究者要制定详细的培训程序，并将访问员培训程序表事先交给各个培训项目的主讲人，使其对培训的时间、地点做到心中有数。在访问员培训中，要特别注意培训内容的选择。除了由负责问卷设计的研究人员逐条讲解问卷外，在培训中还要让访问员了解自己在调查研究中的角色及重要性，了解标准化程序的含义及其对访问工作的意义，知晓调查执行单位对访问工作的各项要求。另外，在培训课程结束后，还应由经验丰富的督导员分组带领访问员进行模拟访问，让访问员在真实的场景中，进一步体会访问的操作技巧。有关招募和培训访问员的进一步讨论，可参见第七章的相关内容。

第三，与被访者取得联系。由于当面访问的成本很高，因此研究者最好在派遣访问员进行实地的访问前，寄一封通知信给被访者。在信中，研究者应向被访者说明调查的内容及重要性，同时对调查执行单位进行必要的说明，以减少被访者的顾虑，进而提高访问的成功率。寄送通知信的一个突出优点是可以过滤出那些地址不详的被访者，以免访问员徒劳往返。另外，一些被访者在收到通知信后，可能会与调查执行单位取得联系，确认或进一步了解访问的细节，或预约访问时间和地点，因此在发信的同时，最好准备一份被访者来电记录表，随时记录被访者的反馈信息。

第四，进行实地访问。进行实地访问是整个调查研究最关键的工作环节，因为只有访问员严格按照规定的内容和形式完成了访问，搜集到高质量的数据资料，才能真正达到调查的预定目标。虽然在此时期，访问是以访问员与被访者为中心的，但当访问员独自在外进行访问时，也需要随时与督导员或研究者取得联系，以妥善处理那些访问员训练手册未提及的情况。

从实地访问的工作流程看，访问的第一步是查找被访者，因为若找不到被访者，其他事情就都谈不上了。查找被访者首先要找到他的住处，可能会出现找不到被访者的住处或被访者搬迁的情况。有时即使找到了被访者的住处，也可能被拒于门外。访问员的仪表和谈话方式，对能否获准入户有很大影响。不难想象，衣冠不整、言辞粗俗的访问员，一定会遭遇较高的拒访率。在找不到被访者或拒访的情况下，访问员如果随意更换样本，就很有可能使得实际调查样本偏离计划样本，影响样本的代表性。因此在抽样时，就应对拒访和样本遗失情况，规定统一的解决方案，如事先多抽取一些备用样本，并规定好更换样本的规则。在获准入户后，就要确认合格的被访者。当前 Kish 表抽样方法是比较流行的筛选被访者的方法，此项技术可参见第三章的有关内容。一旦确认了被访者，接下来就是正式的问答过程。标准化访问一般涉及三项技巧：询问、追问和记录。这些技巧能有效地防止访问员将个人偏见带入访问。有关标准化访问的技术可参见第七章的相关内容。

另外，访问调查的实践表明，许多被访者总是对自己是否真的在以匿名身份回答问题心存疑虑，这种疑虑会降低被访者的合作意愿，影响访问资料的信度和效度。因此在访问中，访问员要向被访者做出保密性承诺，并绝不将被访者的名字和住址抄在问卷上。最后，在结束访问时，访问员一定要向被访者表示感谢，同时别忘记将礼物赠送给被访者。

第五，对访问过程和问卷进行复查。为了保证访问过程的真实、有效，保证问卷资料的质量，调查执行单位应有相应的复查程序。复查工作既可以由熟悉访问员的督导员负责，也可以委托受过专门训练的复查人员进行。复查工作既可以在访问结束后进行，也可以在访问进行中随时展开。复查可以采取给被访者寄信、打电话或上门回访等几种形式进行。复查的主要内容包括：确认访问员是否真实地进行了访问，访问员是否访问了符合要求的被访者，被访者对访问员的工作态度做何评价。也可以从问卷中选一些比较敏感、回答比较困难的问题或事实性问题，对被访者进行回访，以检验是否为访问员自行填答。通过复查可能对访问做出三种判断：正确无误、执行不当和有舞弊行为。对于不符合要求的访问和问卷资料，要进行相应的处理。有关复查的进一步讨论，可参见第七章的相关内容。

（二）自填问卷

自填问卷是采用通过邮局邮寄，或派专人将问卷发送给被访者的形式来搜集资料的方法，所面临的最大挑战是回收率偏低的问题，相比之下，邮寄问卷比专人发送的回收率更低。因此，在采用邮寄问卷方法时，一般应保证有较大的样本量。同时邮寄问卷时要特别注意为调查对象尽可能地提供方便，例如：信封上的收件人地址及姓名尽可能采用印刷形式，提供返回问卷用的信封、不干胶封条，等等。在邮寄时，最好分批在不同邮局投递，以此来分散各邮局的工作量，争取处理时效，同时也可降低信件丢失的风险。另外，选择适当时机寄送提示信和补寄问卷等后续邮件，也是提高问卷回收率的重要步骤。从寄送时机看，如果以寄出问卷为时间起点，则在两个星期后寄送第一封提示信；之后，可在第四个星期再寄一封提示信，并附上一份问卷；如果回收率仍不理想，则可以在第八个星期再寄一次提示信及问卷，再次恳请被访者协助填答。有关自填问卷的进一步讨论，可参见第六章的相关内容。

四、资料处理

当资料搜集完成后，还必须对资料进行处理。由于调查对象的数目巨大，因此资料处理都是通过计算机完成的。利用计算机处理问卷资料，先得给每个变量的每个相关类别一个独一无二的编码，然后用计算机软件录入数据。用计算机软件录入数据的常用方法包括把数据录入诸如 Excel、Lotus Notes 等电子表格，或利用标准统计软件包如 SPSS 等建立数据；如果数据来自电话访问，数据在调查的同时就已被录入计算机辅助数据输入系统中了。最后还要对已录入的数据进行清理，并处理缺失数据，才能最终形成可以进行分析的数据文件。资料处理中最重要的原则是确保每一个环节的正确性，因为这三项工作环环相扣，前面的错误会影响后面，进而影响整个数据资料的质量。因此在进行资料处理时，必须谨慎规划及细心操作，才能将访问成功的问卷转换成可以使用的数据。资料处理的有关内容将在第八章详细讨论。

五、撰写报告

调查研究的最后一步是撰写调查报告。一种形式的调查报告是对调查数据的说明，包括对调查抽样、问卷、资料搜集过程、数据编码的说明，以及对数据信度和效度的分析结果、调查局限性分析。此种形式的报告主要是为数据使用者提供的，通常被公布在互联网上，供数据使用者查阅。另一种形式的调查报告是向调查委托方提交的有关调查问题的分析报告，包括对研究问题的界定、对相关文献的讨论、对概念和变量的定义说明，以及对数据分析结果的讨论等内容，通常是以论文的形式，发表在学术期刊上。

◀ **复习思考题** ▶

1. 如何理解抽样方法在现代调查研究方法形成中的关键作用？
2. 调查研究方法主要存在哪些局限？
3. 纵贯调查包括哪几种具体形式？
4. 怎样完成实地抽样工作？
5. 实地访问中应注意哪些问题？

◀ **推荐阅读书目** ▶

1. 巴比. 社会研究方法基础（第 4 版）. 北京：华夏出版社，2010.
2. 袁方. 社会调查原理与方法. 北京：高等教育出版社，1990.

◀ **参考文献** ▶

1. AIKEN L R. 心理问卷与调查表：民意调查与人格评估. 北京：中国轻工业出版社，2002.

2. 巴比. 社会研究方法基础（第 4 版）. 北京：华夏出版社，2010.

3. 陈义彦，洪永泰. 民意调查. 台北：五南图书出版有限公司，2001.

4. 风笑天. 社会调查方法还是社会研究方法？：社会学方法问题探讨之一. 社会学研究，1997（2）.

5. 风笑天. 现代社会调查方法. 2 版. 武汉：华中科技大学出版社，2001.

6. 福勒. 调查研究方法. 重庆：重庆大学出版社，2004.

7. 柯惠新，丁立宏. 市场调查与分析. 北京：中国统计出版社，2000.

8. 柯惠新，黄京华，沈浩. 调查研究中的统计分析法. 北京：北京广播学院出版社，1992.

9. 纽曼. 社会研究方法：定性和定量的取向. 北京：中国人民大学出版社，2007.

10. 水延凯，等. 社会调查教程. 北京：中国人民大学出版社，1996.

11. 宋林飞. 社会调查研究方法. 上海：上海人民出版社，1990.

12. 唐盛明. 实用社会科学研究方法. 上海：立信会计出版社，1998.

13. 虞祖尧. 社会学和社会调查. 北京：中国人民大学出版社，1988.

14. 袁方. 社会调查原理与方法. 北京：高等教育出版社，1990.

15. 袁方. 社会研究方法教程. 北京：北京大学出版社，1997.

第二章

抽样设计

本章要点

- 无论抽样设计多么精致，都会产生抽样误差，但概率抽样能够比较精确地估算出抽样误差，从而能根据样本推论总体，而非概率抽样不能估算抽样误差，也不能推论总体。

- 常用的非概率抽样方法包括：方便抽样、配额抽样、判断抽样和雪球抽样。

- 抽样设计包含以下内容：编制抽样框，选择抽样方法，估计抽样误差，确定样本规模。

- 在确定总体时，真正有操作意义的是确定抽样框，没有抽样框，实际抽样就无法进行。

- 常用的概率抽样方法包括简单随机抽样、系统抽样、分层抽样、整群抽样、不等概率抽样和多阶段抽样等。

- 对于多阶段抽样和整群抽样中样本规模随机变动的问题，一般通过保持总抽样比不变的方法来处理。具体的处理方法包括：分层多阶段等概率抽样和多阶段 PPS 抽样。

- 影响样本代表性的误差分为抽样误差和非抽样误差两类，其中抽样误差是一种随机误差，是由样本范围与总体范围的差异而引起的误差。

- 根据中心极限定理，当样本规模很大（$n > 100$）时，抽样分布近似为正态分布。

- 样本规模一方面会影响到样本的代表性，另一方面则直接影响到调查成本的大小。

- 在经费一定的条件下，样本规模主要取决于抽样精度和总体标准差。

基本概念

抽样 ◇ 总体 ◇ 元素 ◇ 抽样框 ◇ 样本 ◇ 抽样设计 ◇ 非概率抽样 ◇ 方便抽样 ◇ 配额抽样 ◇ 判断抽样 ◇ 雪球抽样 ◇ 目标总体 ◇ 抽样总体 ◇

名单抽样框 ◇ 区域抽样框 ◇ 简单随机抽样 ◇ 随机数 ◇ 伪随机数 ◇ 系统抽样 ◇ 等距抽样 ◇ 准随机抽样 ◇ 抽样间距 ◇ 循环等距抽样 ◇ 分层抽样 ◇ 分层等距抽样 ◇ 整群抽样 ◇ 初级抽样单位 ◇ 次级抽样单位 ◇ PPS抽样 ◇ 规模测量值 ◇ 抽样误差 ◇ 标准差 ◇ 总体标准差 ◇ 抽样比 ◇ 样本规模

　　抽样设计包括以下几点内容：第一，定义总体和编制抽样框，即给目标总体下一个操作化定义。第二，根据不同的目标总体，选择合适的抽样方法。第三，对总体的变异性做出估计，即估计抽样误差。第四，确定样本所含个体数目，即确定样本规模的大小。由于本书并非从统计学的角度探讨抽样过程，因此只说明具体的抽样方法，而对于估计量的抽样误差和样本规模等统计问题的讨论，仅限于简单随机抽样过程。

第一节　抽样概述

　　抽样是研究者选择对象的方法，与社会调查研究的其他议题相比，有关抽样的讨论更加严谨和精确。针对抽样逻辑和操作程序的讨论，是通过专门的抽样术语来表述的。因此，为了更好地了解抽样设计的具体内容，这一节将先对抽样的概念、非概率抽样方法和概率抽样设计要点等内容做一简要的介绍。

一、抽样的概念

　　在社会调查研究中，研究者经常从一个规模很大的研究对象集合中，选出一部分作为研究对象，这个选取过程就是抽样（sampling）。如果用专业术语来严格定义，则抽样是指根据某种既定规则从一个总体（population）中选取一组元素（element）的过程，由此产生的元素集合称为样本（sample）。也就是说，在抽样的专业化表述中，每一个具体的研究对象被称为元素，全体研究对象被称为总体，样本则代表一部分研究对象——既可以是个人、家庭、学校、医院、地块、交易事件，也可以是文章、杂志，甚至是歌曲。

　　之所以要抽样，主要是因为考虑调查项目的可行性。一方面，在社会调查中，经费是一项硬约束，多增加一个调查对象，就意味着多花一份钱。因此，如果总体太大，那么限于资源，无法逐一对总体中的每个元素进行调查。而借助抽样就能克服这个困难，因为，根据抽样理论，无论社会调查涉及的总体有多大规模，只要抽样是按随机原则（random principle）实施的，则被抽出的少数元素的情况，就能够比较准确地代表总体的情况。另一方面，即使有充足的调查经费，当总体太大时，也很难找到足够多训练有素的研究人员来完成调查。这时如果聘用训练不足的工作人员，或对调查主题进行过于简单的调查，势必降低调查质量。而抽样由于只涉及较少的元素，因此可以集中使用资源，进而提高调查的质量。

抽样方法大体可分为两种：一种是非概率抽样（non-probability sampling），主要依据研究者的主观意愿、判断或是否方便等因素来选取对象；另一种是概率抽样（probability sampling），主要按照随机原则来选取对象，完全不带研究者的主观因素。两种方法最大的差别是，非概率抽样无法估算出抽样误差（sampling error），概率抽样则能够比较精确地估算出抽样误差。在非概率抽样中，研究者无法知道抽出的样本是否具有代表性，因为非概率抽样的代表性，只有将抽出的少数对象的情况与总体的情况进行比较后才能得知，但总体的情况又是不知道的。相反，在概率抽样中，研究者根据抽样误差，便能够判断出样本的代表性，进而根据被抽出的少数对象的情况，对全体对象的情况进行推论。正是由于概率样本能推论总体，本书将主要介绍概率抽样。

不过，在应用概率抽样方法时，有两点是需要特别注意的。首先，要注意被抽出的少数对象与全体对象毕竟不是一回事，因此，无论抽样设计多么精致，抽样误差都是无法避免的，通过抽样得到的少数对象的情况很可能并不一定完全符合全体对象的情况。也就是说，根据抽样结果来推断全体对象的情况，可能是对的，也可能出错。问题在于推论对或错的可能性有多大：如果出错的机会很小，便可以接受推论；如果出错的机会太大，就无法接受推论。其次，在有些情况下，可能无法使用概率抽样方法，例如，对于类似非法使用毒品人员、行乞人员等特殊人群，是不可能得到抽取概率样本所需的人名清单的。这时唯一可行的是使用非概率抽样方法。下面将简略介绍一下非概率抽样方法，概率抽样方法留待第三节详细介绍。

二、非概率抽样方法

如上所述，在现实中有时无法界定总体，因此无法进行概率抽样。在这种情况下，经常会采用非概率抽样，即放弃随机原则，依据研究者的主观意愿、判断或是否方便等因素来抽取样本。非概率抽样的成本比较低，操作也比较方便，但无法预先估计抽样误差，因此，很难对总体情况做出可靠的推断。这一部分将介绍方便抽样、配额抽样、判断抽样和雪球抽样等几种常见的非概率抽样方法。

（一）方便抽样

方便抽样（convenience sampling）又称偶遇抽样，是指研究者使用对自己最为便利的方法来选取样本。这种方法很容易产生系统误差，样本代表性很差，因此，在使用时要特别小心。总体的情况越复杂，方便抽样的效果就越差。

电视台、电台和报纸记者的"街头拦人"调查，采用的就是方便抽样。从表面上看，"街头拦人"这种碰到谁就选谁的抽样方法，貌似是简单随机抽样，有些人、有些媒体也认为这就是随机抽样了。其实这种看法并不正确。因为，虽然方便抽样旨在排除主观因素的影响，纯粹依靠客观机遇来抽取对象，但它并没有通过随机过程，使总体中的每一个元素有相等的被抽中概率。那些最先被碰到的、最容易见到的、最方便找到的对象，具有比其他对象大得多的被抽中机会。与"正常"的研究对象相比，那些衣着破烂、年纪太大、不善言辞的研究对象，很少有机会进入电视镜头。

另一个方便抽样的例子是报社要求读者剪下报纸刊登的问卷，填完后寄回去。这里存在系统偏差是显然的，因为并不是每一个人都看报纸，也不是每一个人都对问卷调查的主题感兴趣，还有人懒得花时间把问卷剪下来，填答后寄回去。当然报社可能有奖励，填答后寄回问卷的人的数目也可能很多，但这种方便抽样可能仅具有娱乐价值，它可能得到的是扭曲的观点，无法对读者总体做出正确推论。

（二）配额抽样

配额抽样（quota sampling）首先要根据某些参数值，确定不同总体类别中的样本配额比例，然后按比例在各类别中进行方便抽样。例如，研究者想要用配额抽样方法，抽取一个 40 人规模的样本。他首先决定把性别和年龄作为决定样本配额的参数值。通过查阅相关资料，他了解到总体中男女各占 50%，30 岁以下、30～60 岁和 60 岁以上的比例分别为 25%、50% 和 25%。在实际操作中，他可以依据参数值，建立相应的样本配额矩阵（见表 2-1），然后，按矩阵中的配额进行方便抽样。

表 2-1　40 人样本按性别和年龄的配额矩阵

		性别		合计
		男	女	
年龄	30 岁以下	5	5	10
	30～60 岁	10	10	20
	60 岁以上	5	5	10
合计		20	20	40

配额抽样的逻辑是通过样本配额，使样本结构尽可能与总体结构保持一致，对总体进行"克隆"。不难想象，配额矩阵所依据的总体参数值越多，则样本元素的分类也越细，样本与总体的结构也越接近。但随着参数值的增加，配额矩阵的分布会越来越复杂，抽取到符合条件的对象也就越来越困难。配额抽样中经常采用的参数值包括性别、年龄、受教育程度、婚姻状况、收入和职业类别等。

配额抽样有两点先天不足之处。首先，为了不偏离总体，配额矩阵中的数字必须十分准确，要做到这一点，就必须掌握总体的最新资料，但这并不容易做到。对此，抽样史上有个很好的例证：盖洛普采用配额抽样，在 1936 年、1940 年和 1944 年，成功地预测了美国总统选举的结果，但在 1948 年，他没能正确地预测出杜鲁门会当选总统。导致预测失败的一个主要的原因，就是样本配额没能正确地代表所有地理区域和所有实际去投票的选民。

其次，尽管配额方法是一种改进，但最后抽样仍由访问员根据方便原则执行，他们在从某些特定的矩阵格子中选择样本时，有很大的随意性。例如，访问员很可能会访问最先碰到的 5 位 30 岁以下的男性，即使这 5 人恰好刚从同一公司下班走出来。这不仅会降低样本的代表性，而且无法避免过多地抽中那些想要接受访问的人。正是最后采用的方便抽样方式，使配额抽样与分层抽样具有了本质的区别，后者依据随机原则抽样，排除了主观因素，即使被抽中的研究对象是身居高楼、家养恶犬的人，访问员也不能图方便而不去拜访。

（三）判断抽样

判断抽样（purposive sampling）又称立意抽样，是指研究者根据研究目的或专家判断来选取样本。在判断抽样中，样本能否满足研究目的的要求，能否正确反映总体情况，在很大程度上依赖于研究者的主观判断，因此，判断抽样对研究者个人的研究素质有较高的要求。

判断抽样经常被用于以下三种研究场景。

第一种，研究者用判断抽样来选择特别能提供信息的独特个案。例如，在问卷设计阶段，为检验问题设计是否得当，研究者常有意地选择一些观点差异悬殊的人作为研究对象。又如，为发掘流行的文化议题，研究者在对杂志进行内容分析时，会特别选择一些比较流行的女性杂志作为研究对象，他看中的就是这些杂志领导文化潮流的特点。

第二种，研究者用判断抽样来选取难以接近的特殊人群。例如，在娼妓研究中，研究者既可以通过搜寻一些主观信息，如娼妓聚集的地区、与娼妓相关的社会团体，也可以通过访问"专家"，如老鸨、皮条客、在"红灯区"执勤的警察等，来界定研究计划所要包含的娼妓样本。

第三种，研究者用判断抽样来选取某种特殊的个案类型，以便进行深入探究。例如，选择一些人均收入远高于农民人均收入水平的农民作为研究对象，深入分析他们的致富途径。这种研究是希望获得对这种类型的深入了解，它的作用在于发现问题，提出假设，而不在于对总体做出概括，因此，无须根据样本对总体进行推论。

（四）雪球抽样

雪球抽样（snowball sampling）也称网络抽样，是一种根据已有研究对象的介绍，不断辨识和找出其他研究对象的累积抽样方法。它的名称源于滚雪球的类比：雪球开始时可能很小，但当它在潮湿的雪地上滚动时，就会不断粘上新的雪片，越变越大。与此类似，雪球抽样开始时，样本可能只有一个或少数几个人，但在随后的时间里，这几个人会凭借自己的社会关系，介绍新人加入，同时新人也有社会关系，于是，随着关系网络的不断扩大，样本也越滚越大。可见雪球抽样是一种多阶段的技术。

雪球抽样特别适合用来对成员难以找到的总体进行抽样，如城市中的散工、无家可归的流浪者和吸毒者等。另外，也可以用雪球抽样对具有一定网络联系的总体进行抽样。例如，可以用这种方法抽取一个高收入人群的样本，开始时，可以先设法找到几个高收入者，而他们肯定会有高收入的朋友，故可以请他们介绍，进而找出新的高收入者来。

雪球抽样理想的结果是"雪球"滚到了大于所需样本规模的人群，这时可在某个时点中止"雪球"的滚动。当然，也不排除"雪球"滚到一定数量的对象后，样本就无法再扩大了。这种情况通常是由于在"雪球"滚动的过程中，人们互相介绍的对象都属于同一个圈子或关系网络，如果圈子里的人被介绍完了，"雪球"也就滚不下去了。这时需要找到圈子以外的人，以他们为核心继续"雪球"的滚动，直至"雪球"达到样本规模为止。

三、概率抽样设计要点

抽样的目的是用较少的费用得到较高的估计精度。而抽样设计则是根据这一目的的要求，预先制定出抽样工作具体的内容和步骤。具体说来，抽样设计包含以下内容：编制抽样框，选择抽样方法，估计抽样误差，确定样本规模。

（一）编制抽样框

研究者要进行概率抽样，必须先找到一份近似涵盖所有总体元素的清单，然后从中抽取部分元素。这份元素清单被称为抽样框（sampling frame）。抽样框可以看作总体的操作定义。不同的调查形式，会形成不同的抽样框。例如，要调查某大学本科毕业生的就业情况，抽样框就是该大学全体本科毕业生的花名册。另外，对于整群抽样，不需要编制整个总体元素的清单，只需要编制完整的群的清单即可。而对于多级抽样，只在最后一级才需要编制总体元素的清单，此前各级则只需要编制相应的各级抽样单位（群）的清单就行了。最后，应最大限度保证抽样框的完整性，一旦抽样框中缺失了总体元素，便会产生非抽样误差，进而直接影响总体推论的精度。

（二）选择抽样方法

概率抽样是按照随机原则从总体中抽取部分元素构成样本来推断总体数量特征的方法。所谓随机原则，是指抽样时总体的每个元素都有一个已知的、非零的被抽取选择的概率。给每个总体元素以相等的抽取概率的抽样设计被称作等概率抽样，如果总体中至少有一个元素的抽取概率与其他元素的抽取概率不相等，就是不等概率抽样。对于不等概率样本，通常需要利用加权（weighing）技术对其数据进行修正。常见的概率抽样方法包括：简单随机抽样、系统抽样、分层抽样、整群抽样和多阶段抽样等。在调查中究竟选择何种抽样方法，则与抽样框的获得、目标总体的相关信息及地理分布、抽样效率和实地调查的执行方式等因素有关。在实际抽样设计中，更经常的是综合采用几种抽样方法。

（三）估计抽样误差

在通常情况下，由参数值（parameter）描述的总体情况或特征是未知的，而抽样调查的一个主要目的就是通过由抽样获得的统计值（statistic）来估计未知的总体参数值。统计值与参数值之间的差异被称为抽样误差，它由抽样变异性——由随机选择过程引起的样本统计值围绕总体参数值波动——所致。其大小主要取决于总体的异质性程度和样本规模，总体异质性高或样本规模小，都可能导致较大的抽样变异性，反之亦然。在抽样设计中，考虑到抽样变异性的存在，必须事先确定可容忍的抽样误差和估计效应的大小。可容忍误差取决于某一置信度（level of confidence）下预期统计值的置信区间（confidence interval）的大小，而置信度则代表了置信区间包含参数值的概率。而所谓估计效应的大小是指自变量可能给因变量造成的变化。只有明确了估计效应的大小，才能判断出因变量的变化究竟是由自变量的影响所致，还是仅仅是抽样变异性作用的结果。

（四）确定样本规模

由于样本规模的大小直接影响到抽样变异性，因此抽样设计需要事先估计有效样本规模。抽样方法不同，所需的有效样本规模也不同。用于有效样本规模计算的方法有两种。一种与可容忍误差有关，主要用于描述性研究，将在第三节具体介绍。对于分析性研究而言，则可以使用另一种方法——效力检验（power test）来计算有效样本规模。它主要与估计效应有关，即确定某一特定的样本规模，能否使所关注的因变量的变化对自变量的影响具有足够的敏感性。这里，增加样本规模能够减少标准误差，进而提高拒绝零假设的可能性。另外，有效样本规模还会受到抽样方案变动和子群体数量较少等因素的影响。所以，在考虑到多种因素之后，在抽样设计中，样本规模的确定通常是一个多次更改的迭代过程，设计之初未考虑到的后续影响因素，往往会改变前面做出的决定。

第二节　总体与抽样框

如前所述，抽样设计始于编制抽样框。抽样框的质量取决于它与总体之间的拟合程度，较高的拟合度将会减少非抽样误差，进而降低抽样设计的总误差。另外，类似随机数字拨号抽样的特定抽样方法会形成某种特定的抽样框。

一、定义总体

编制抽样框工作的第一步是定义总体，只有对总体构成及边界有一个清晰的认识，才能最大限度地使抽样框与总体保持一致。具体说来，总体还可以进一步被划分为目标总体和抽样总体[①]，其中，目标总体是理论上具有研究者所考察特征的全体总体元素的集合体。例如，在某市进行的一项有关大学生择业倾向的调查研究中，"大学生"这个概念所代表的总体，就是所有在该市就读的大学生的集合体。在实际抽样中，有些总体元素并不一定能有机会被抽取到。如在上例中，有的学生可能由于休学、去外地实习等原因而无法被抽取到。由那些有机会被抽取到的总体元素构成的集合体，就是抽样总体，它是排除了目标总体中的一些特例后的总体。

在定义总体时，首先要明确分析单位，即要搞清楚调查研究所关注的是个人、家庭户、集体户，还是其他类型的居住单位。通常"个人"一词是无须定义的，但家庭户和集体户是需要给出定义的。根据1999年版《辞海》的定义，在我国当前的户口管理中，通常把以家庭立户的，即以"具有血缘、婚姻或收养关系"立户的称为家庭户。2008年中国综合社会调查（Chinese General Social Survey，CGSS）（CGSS 2008）还对临时与家庭成员住在一起的亲戚、保姆等人做了补充说明："除了上面谈到的人，目前还有哪些人居住在这所房子里（如亲戚、保姆等）？指的是在这里居住一周或将要居住一周以上的人。如果有，请您也谈谈他们的情况。"CGSS 2008给集体户下的定义为：无家庭关系的多人共居（如企业员工合租的宿舍）。研究者采用何种分析单位，主要取决于他的研究问题。例如，有关家庭去年总收入或耐用消费品的调查，最好以家庭户为单位。与农民工有关的调查，就不能将集体户排除在外。而针对食品安全的态度调查，则以个人为单位比较合适。因为即使在同一家庭中，不同的成员也会因为年龄和性别的不同而产生态度差异。总之，在抽样的设计阶段必须明确符合研究目的的调查对象的居住方式。

确定总体边界是定义总体时另一项需要完成的工作。定义总体首先要对总体涉及的地理或行政边界加以说明。总体的地理区域可能是全国、省份、城市或区县等。例如，CGSS对总体边界的定义为：根据行政区划资料，全国（含22个省、5个自治区、4个直辖市；不含港澳台地区）共有2 801个区县单位，这些区县单位作为初级抽样单位构成调查总体[②]。其次，还需要对调查对象进行必要的说明，包括合格的调查对象的年龄、居住类型等。例如，CGSS 2008规定"调查对象为在现

---

① 需要注意，对于在理论和操作层次进一步细分的总体，不同的研究者可能会用不同的概念来表示。例如，理论层次可表示为"目标总体"或"研究总体"，操作层次可表示为"抽样总体"或"调查总体"。

② 中国人民大学中国调查与数据中心中国综合社会调查（CGSS）项目．中国综合社会调查报告（2003—2008）．北京：中国社会出版社，2009：6.

地址居住的年满 18 周岁及以上的人口"。具体确定哪个年龄段的人为调查对象取决于研究目的。有时只有某一年龄段的人才符合研究目的，如在妇女生育率研究中，通常只有那些仍处于生育年龄的妇女才能成为调查对象。另外，CGSS 2015 还规定了"在全国 28 个省区市抽取家庭户，然后在每个被选中的居民户中按一定规则随机选取 1 人作为被访者"。也就是说，CGSS 排除了那些居住在学校宿舍、医院、监狱等的人。

二、编制抽样框

对于抽样而言，真正有操作意义的是确定抽样框。没有抽样框，实际抽样就无法进行。一类抽样框是把抽样总体中所有能找到的调查对象名单排列起来，构成名单抽样框。除了名单抽样框外，还有由区域或面积构成的另一类抽样框——区域抽样框。区域抽样框由定义明确的区域组成，除少数由纯区域（如农田地块）构成的区域抽样框外，在大多数情况下，区域是由个体单位组成的。纯区域的抽样单位就是区域本身，而其他区域的抽样单位则是区域内的个体单位。这时可以有两种抽样方法：一种是抽出区域后对其中的所有单位进行调查，即整群抽样；另一种是抽出区域后对区域内的单位再抽样，即多阶段抽样。多阶段抽样经常用于抽样总体较大，编制全体抽样单位的名单很困难的情况。

抽样框在多大程度上覆盖了总体是统计中关注的中心问题。在上文中我们提到，目标总体与抽样总体之间是可能存在差异的，这就产生了抽样框与目标总体匹配的三种情况：被覆盖的合格单位、未被覆盖的合格单位，以及被覆盖的不合格单位（见图 2-1）。

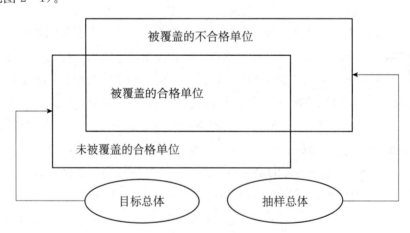

图 2-1　目标总体被抽样框覆盖的程度

资料来源：格罗夫斯，福勒，库珀，等 . 调查方法 . 重庆：重庆大学出版社，2017：46.

如果目标总体的元素都在抽样框中，这就意味着目标总体被覆盖了（covered）。当然也有目标总体没有或者不可能被抽样框覆盖的情况，这就是覆盖不足（uncovered），即总体中的合格成员没有出现在任何用于调查的样本中。如果抽样框中出现了非目标总体的单位，则是不合格单位（ineligible units）的情形。如果抽样总体与目标总体元素能够一一对应，那就是完美的抽样框，但在实际调查中，完美的抽样框是不存在的。对一个抽样框而言，考核以下四个要素是衡量其质量的重点：（1）是否覆盖不足；（2）是否存在不合格单位；（3）是否重复（duplication）；（4）是否聚类（clustering）。前两者已在前面做了介绍，在此不再赘述。重复指的是多个抽样框元素指向目标总体的单一元素，即抽样框元素与目标总体之间多重对应的问题。譬如一个人同时使用了两个甚至多个手机号码，那么在电话调查中，这个人就会被多重列入。聚类则指的是目标总体中的多个元素与抽样框的单一元素关联，即同一个抽样框元素代表了多重目标总体元素。譬如，一家人使用一个固定电话号码，此时，在电话调查中，一个电话号码可能代表了一个、两个甚至更多的个人。但在目标总体中，家里的每一个人都应该是一个独立的抽样元素，这就需要将样本电话号码所代表的每一个人（合格个体）都纳入样本。在调查中，如果遇到聚类的情形，样本规模就会过小或者过大。当然也可能重复和聚类的情况同时出现并交叉，即出现多个抽样框元素与多个目标总体元素关联的复杂情况。

抽样框中的总体元素又被称为抽样单位，有时抽样单位与分析单位是相同的。但较大范围的多阶段抽样可能有多个层次的抽样单位。例如，当在全国范围内对居民进行社会调查时，编制全国范围的名单抽样框是不现实的。通常的做法是首先通过对区域的划分，建立区县一级的区域抽样框，抽出区县；然后依同样的程序，分别编制下面街道/乡镇和居委会/村的区域抽样框，抽出街道/乡镇和居委会/村；最后再从居委会/村抽取居民户的名单。这时，抽样单位分别是区县、街道/乡镇、居委会/村、居民户四种，通常研究者将第一级抽样单位称为初级抽样单位。在这个抽样中，抽样框的数目与抽样单位的层次是相对应的，即与区县、街道/乡镇、居委会/村、居民户相对应，有四个抽样框：所有区县的名单、全区县所有街道/乡镇的名单、街道/乡镇样本中所有居委会/村的名单、居委会/村样本中所有居民户的名单。

在各式各样的抽样框中，人口普查数据是比较完整、比较可信的抽样框。特别是对于全国抽样调查来说，缺少人口普查数据可能会使抽样框产生无法避免的误差。以往的 CGSS 都是采用人口普查数据作为抽样框的。但在 CGSS 2005 和 CGSS 2008 中，人口普查数据主要用来抽取区县、街道/乡镇、居委会/村，而在居委会/村样本中抽取居民户则采用地图法进行实地抽样[①]。另外，对于城市抽样，也可采用城市居民户籍资料构建抽样框。

---

① 有关CGSS采用地图法实地抽取居民户的详细操作方法请参见：中国人民大学中国调查与数据中心中国综合社会调查（CGSS）项目. 中国综合社会调查报告（2003—2008）. 北京：中国社会出版社，2009：23-25.

第三节 概率抽样

在抽样实践中，根据不同的研究目的，可以有各式各样的抽样设计。但这些抽样设计无论多么复杂，其实都是以下几种基本抽样方法的组合和扩展。具体说来，这些基本抽样方法包括简单随机抽样、系统抽样、分层抽样、整群抽样、不等概率抽样和多阶段抽样等几种形式[1]。

一、简单随机抽样

简单随机抽样（simple random sampling）也称纯随机抽样，是严格按照随机化原则从含有 N 个单位的总体中抽取 n 个单位组成样本（$N>n$），在抽样过程中，总体的每个单位都有同等的机会入选样本，而且每个单位的抽取都是相互独立的。根据被抽中的元素是否放回总体，简单随机抽样又可分为放回简单随机抽样和不放回简单随机抽样，在实际抽样中大多采用不放回抽样。简单随机抽样是概率抽样的最基本形式，其他概率抽样方法都是在此基础上派生出来的。常用的简单随机抽样方法包括抽签法和随机数法。

（一）抽签法

当总体数目不大时，可以采用抽签法。具体操作方法是：先用均质材料做成 N 个签，给每个签编一个号码，并将这 N 个签充分混合。然后一次抽出 n 个签；或每次抽取一个但不放回，再抽另一个直至抽到 n 个签为止。这抽出的 n 个签上的号码就是入样的单位号码。

（二）随机数法

当总体单位很多时，通常采用随机数法。具体来说，可以利用随机数表、随机数骰子、计算机产生的伪随机数等进行抽样。

在几种操作方式中，最经常用到的是随机数表。随机数表是由范围在00001～99999 内的 5 位数的随机数，按行和列排序构成的。参见本书附录"随机数表"，该随机数表允许从一个规模小于 10 万的总体中抽取简单随机样本。下面结合一个实例来介绍随机数表的使用方法。

假设要从一个 900 人的总体中，用简单随机抽样方法抽取一个 100 人的样本。

---

[1] 由于本书并非从统计学的角度探讨抽样过程，因此只说明具体的抽样方法，并不详细讨论这些抽样方法所涉及的相关统计内容。对抽样的统计估算有需求的，可以进一步参考相关统计书籍。

在利用随机数表产生随机数之前，先要建立抽样框，即给这 900 人中的每一个人按 1～900 的顺序编号。接下来再从随机数表中选出 100 个随机数，抽样框中编号与选出的随机数相同的那些人将组成样本。假如已经有了所有人的名单，就不一定非要给所有的人编号了，因为，在选出随机数后，可以用计数的方式，将被选到的人"数"出来。

用随机数表产生随机数，需要解决以下一系列问题：

第一，确定选出的随机数的位数。在本例中，由于总体人数为 900，在使用随机数表时，需要有 3 位数的随机数才能保证所有人都有被选中的机会。同样，如果总体规模为 4 位数，随机数就应是 4 位数。因此，要从 001～900 范围内抽出 100 个随机数。

第二，决定从 5 位数组中选择哪几位数字。要从随机数表的 5 位数组中产生 3 位数，可以有以下几种情况：选择从左到右的前 3 位数字；选择中间的 3 位数字；选择从左到右的后 3 位数字。如选取随机数表第 1 页的第 1 个 5 位数组——10097，从中可分别选出 100、009、097 等 3 个 3 位数字。这里关键是要预先约定好规则，然后一直按此规则行事。本例从方便角度考虑，选择从左到右前 3 位数字。

第三，确定在表中选择数字的顺序。选择数字时遵循的顺序也可以随意确定，如可以顺着每一列自上而下或自下而上，也可以顺着每一行从左到右或从右到左，还可以顺着对角线方向。同样，这里顺着什么方向并不重要，关键是在选定了一个顺序后，一直都按这个顺序选取。本例从方便角度考虑，选择顺着每一列自上而下的选取方式，一列选完后，从右边的一列继续自上而下选取；一页选完后，从下一页的第一列继续自上而下选取，直到选够随机数为止。

第四，确定开始选择的 5 位数组起点。这个问题的答案很简单，只需闭上眼睛，用铅笔随意在随机数表上戳一下，戳中的那个 5 位数组，就是开始的 5 位数组。或者，也可以在纸上随意写下某一行与某一列，然后找到这个 5 位数组作为开始。本例随意戳中的 5 位数组，是第 1 页第 2 列第 12 行的 05431，从左到右前 3 位数字为 054，这样抽样框中号码为 054 的人就被选入样本了。

第五，处理大于总体规模或重复的随机数。按自上而下的顺序，如下一个数是996，但由于总体一共是 900 人，故抽样框中没有 996 号。一个简单的处理办法是跳过（舍去）这个数，接着选取下一个随机数 402；再往下选，号码分别为 673、176、356……选完第一页后，接着从第二页继续选，一直到选够 100 人为止。如果在选择过程中，碰巧选中了两个相同的随机数，如两次选中了 054，则应跳过（舍去）第 2 次选中的 054。

除了随机数表，随机数骰子也是一种产生随机数的工具，它是由均匀材料制成的正 20 面体，每一面上分别标有 0～9 的数字各 2 个。使用时，可根据总体规模 N 的位数，决定使用几枚骰子，并同时规定好不同颜色骰子所代表的位数。例如，当 $N=7\ 356$、$n=100$ 时则可选用 4 枚骰子，并规定红色代表个位数，黄色代表十位数，绿色代表百位数，蓝色代表千位数。将骰子放入盒内摇匀，然后打开盒盖，读取各枚骰子面朝上的数字，即可获得一个随机数。不断重复以上步骤，直到产生100个随机数为止。

由于许多统计软件都有产生随机数的程序，因此利用计算机产生随机数是一种方便、快捷的方法。但必须指出的是，由统计软件产生的随机数是伪随机数，在通常情况下有循环周期，故一般无法保证其随机性。尽管有些统计软件产生的伪随机数有较长的循环周期，但为了保证抽样的随机性，在有条件的情况下，最好还是使用随机数表或随机数骰子来产生随机数。

二、系统抽样

在实际抽样中，只有在名单很短，而且事先已将所有单位编号，或用电脑处理过，便于编号的情况下，才会使用简单随机抽样，否则抽样工作量太大，没有实际操作意义。实际抽样中经常采用的是系统抽样（systematic sampling），又称机械抽样，即将 N 个总体单位按一定顺序排列，然后先随机抽取一个单位作为起始单位，再按某种确定的规则抽取其他 $n-1$ 个样本单位。系统抽样是独立于简单随机抽样的另一种随机抽样方法，其效果与简单随机抽样相近，但操作起来容易得多。在系统抽样中，等间距抽取是最常用的规则，故系统抽样经常被称为等距抽样。由于抽样使用的是抽样间距（sampling interval），而不是随机数，故等距抽样是一种准随机（quasi-random）抽样方法。常用的等距抽样方法包括直线等距抽样和循环等距抽样，二者的区别在于总体规模 N 是否为样本规模 n 的整数倍。

（一）整数抽样间距

当 N 是 n 的整数倍，即抽样间距 $k=N/n$ 是整数时，可使用直线等距抽样。即在算出抽样间距后，先在 $1\sim k$ 范围内抽取一个随机数 r 作为起点，然后每隔 k 个单位抽出一个单位，直到抽出 n 个单位。被抽中单位的号码分别为：

$$r, r+k, \cdots, r+(n-1)k$$

不难看出，直线等距抽样实际上是将 N 个单位排列成了 n 行 k 列的矩阵，再从 $1\sim k$ 列产生一个随机数 r，取第 r 列的全体单位做样本。这时每一列被选中的概率是相等的，因此总体中每个单位入样的概率也是相等的。

（二）非整数抽样间距

当 N 不是 n 的整数倍，即抽样间距 $k=N/n$ 不是整数时，不难看出，这时上述矩阵有些列有 n 个单位，有些列不足 n 个单位，若再利用直线等距抽样就无法保证每个总体单位以相等的概率入样。为了使样本均值为无偏估计，可以采用以下两种方法进行抽样。一种方法是循环等距抽样，即先将 N 个总体单位首尾相接排成一个封闭圆，抽样间距 k 取最接近 N/n 的整数，再从 $1\sim N$ 中抽取一个随机起点作为起始单位，然后每隔 k 抽取一个单位，直到抽满 n 个单位为止。由于随机起点是 $1\sim N$ 中的任意一个，因此每个总体单位入样的概率是相等的。

另一种方法是调整直线等距抽样[①]：先将非整数的抽样间距 k 的小数点后移，使其成为整数 $[k]$，然后在 $10\sim[k]$ 中选定一个整数的随机起点 $[r]$；接下来再将 $[r]$ 的小数点移回来，成为非整数的随机起点 r。由 r 开始每隔 k 个单位抽出一个单位，直到抽出 n 个单位。抽中号码分别为：r，$r+k$，…，$r+(n-1)k$。接下来再将这些号码的小数部分略去，便相应地得到入样单位的号码。例如，$N=2\,580$，$n=300$，则 $k=8.6$。利用调整直线等距抽样，在 $10\sim86$ 中选定整数的随机起点 $[r]=27$，将小数点移回，得到非整数的随机起点 $r=2.7$，由此得到号码：2.7、11.3、19.9、28.5……将小数点后面的部分略去，就是选中单位的号码：2、11、19、28……可以证明，调整后所有单位都具有相同的中选概率 $1/k=1/8.6$。

(三) 总体单位的排列

一般说来，以简单随机抽样为基础的概率抽样，在抽取样本之前需要对总体单位编号，如果总体单位很多，则工作量较大。而使用系统抽样则无须对总体单位编号，所需要的只是将总体单位按顺序排列。不过并非所有排列顺序都能满足系统抽样的要求，例如，当单位的排列存在周期性的变化时，样本的代表性就可能很差。与系统抽样有关的单位排列大致有以下几种情况。

首先，总体单位随机排列。例如，调查个人收入，总体单位是按姓氏笔画排列的，收入与姓氏笔画通常是没有必然联系的，这种按照无关标志排列的总体单位，可以被视为是随机排列的。这种总体单位按随机顺序排列的系统抽样被称为无序系统抽样，其效果等价于简单随机抽样。

其次，总体单位线性趋势排列，即总体单位按某个辅助变量的大小顺序排列，而这个辅助变量与所研究的指标值线性相关。例如，调查家庭消费情况，而家庭是按总收入多少排列的；通常消费与收入是相关的，故该总体单位是按线性趋势排列的。对线性趋势总体进行系统抽样被称为有序系统抽样，其效果优于简单随机抽样，但不如分层抽样效果好。因为分层抽样在 n 个层中的抽样是随机的，避免了系统抽样在 n 次抽样中单位偏大或偏小的弊病。

最后，总体单位周期排列，即总体单位指标值按其顺序呈周期性变化。对于周期排列的总体，系统抽样的估计效果与抽样间距以及单位指标值的变化周期有关。当抽样间距等于周期倍数时，抽到的任意一个样本单位都有相同的取值，相当于从总体中随机抽取了一个单位，这时样本的代表性最差。当抽样间距等于半周期倍数

---

① KISH L. 抽样调查. 北京：中国统计出版社，1997：127；郭志刚，郝虹生，杜亚军，曲海波. 社会调查研究的量化方法. 北京：中国人民大学出版社，1989：100；施锡铨. 抽样调查的理论和方法. 上海：上海财经大学出版社，1999：165.

时，在大部分情况下，样本会依次重复地取两个高低不等的值，系统抽样会得到无偏的均值估计，样本的代表性会有所改善。而如果抽样间距不等于周期倍数或半周期倍数，那么在掌握了总体周期结构的基础上，选择合适的抽样间距，可以抽到周期排列总体中的大部分指标值，得到代表性较好的样本。不过如果对总体的周期结构没有把握，则要么重新排列总体，打乱总体排列的周期性，要么最好放弃系统抽样，改用简单随机抽样或分层抽样。

三、分层抽样

分层抽样（stratified sampling）也称类型抽样，是先将总体 N 个单位，按某种特征划分成若干个子总体，即层，然后在每个层中分别独立地进行抽样，最后，将抽出的子样本合起来构成总体的样本。

分层抽样遵循的逻辑并不复杂：如果单位之间差异很大，那就对它们进行分组，使得各组内的差异变小，这样在各组内进行抽样就会提高精度，增加样本的代表性。不难看出，分层抽样并不是一种独立的抽样方法，它实际上是一种重新组织总体单位的方法，最终各层内的抽样仍要采用简单随机抽样或系统抽样方法。除了具有降低总体异质性程度的好处外，分层抽样还便于对各层指标进行推算，也有利于抽样工作的组织。对总体进行分层需要考虑以下几个问题：样本规模在各层的分配、层的划分和分层抽取样本的方法。

（一）样本规模在各层的分配

最常见的样本规模分配方式是按比例分配（proportional allocation），即各层的子样本单位在总样本中所占的比例，与各层单位在总体中所占的比例完全相同，按比例分配是自加权的，这时样本结构与总体结构完全一样。无疑按比例分配具有一种直观上的合理性，能使估计量具有简单形式，使用起来也很方便。除了可以按比例分配样本外，有时分层设计还有意识地利用非比例分配样本。非比例分配设计最常见的目的，一是对总体中规模太小的层进行比较研究；二是在费用一定的情况下，获得尽可能高的抽样精度。后一种又被称为最优分配（optimum allocation）。

首先，当某些层的单位在总体中的比例太小时，如果按比例分配样本，则这些层的样本规模会很小，无法进行统计分析。这时可以加大该层的样本规模，即使用较大的抽样比 f_h，以便对这些层的子总体进行研究和比较。例如，研究人员希望比较高等院校某些特殊专业男生和女生的差异，而在某所学院的某个专业中，男生4 500人，女生500人，女生在全体学生中仅占10%。如果按比例抽样，则当样本规模 $n=500$ 时，女生为50人，显然女生人数太少。如果研究人员希望调查100名女生，不难看出，为了增加50名女生，就得多调查450名男生。这时可采用不等概率抽样，即女生抽样比为1/5，男生抽样比为1/10。这样在进行男女生比较时，就有了 100 名女生和 450 名男生。

其次，在最优分配中，当各层的单位调查费用相等时，最优分配的原则是：层内单位标准差越大的层，抽样比越高。这时抽样比与层内单位标准差成正比。如果各层的单位调查费用差异较大，最优分配的原则是：单位调查费用越低的层，抽样比越高。这时抽样比与层内单位平均调查费用的平方根成反比。有关最优分配具体的操作细节，请参见有关抽样的统计教材。

显然，在非比例分层抽样中，不同层的抽样比不一样，因此不同层的单位入样的概率也不一样，是不等概率抽样。这时各层的单位不像比例抽样那样能自加权，因此在将各层的单位合并成总体样本时，应进行加权处理。否则在推断总体时，必然会使得推断结果出现偏差。为了避免推断结果出现偏差，在进行总体推断时，需要给那些以较大概率入样的单位，赋予一个较小的权重，或反过来，给那些入样概率较小的单位，赋予一个较大的权重，从而保证对总体推断结果的无偏性。例如，在将上面例子中的男女生合并在一起推断总体时，女生的权数要减一半，才能表示她们的抽样比为男生的两倍。

一般说来，如果各层均值有很大差异，则采用按比例分配较好；而如果各层标准差有很大差异，则采用最优分配较好。在实际抽样中，除非各层的标准差相差非常大，否则大多采用按比例分配的方式。这除了简单便利外，还因为最优分配的设计一般只针对某个单一变量，而实际调查通常会涉及多个变量，这时相对于某个变量的最优分配，对其他变量而言可能并不是最优的。

（二）层的划分

层的划分涉及以下问题：使用什么样的分层变量？划分多少层？

理论上，按调查目标变量进行分层是最好的，但在调查之前，目标变量的值是不知道的，因此只能根据与目标变量尽可能相关的辅助变量进行分层，常用的辅助变量包括性别、年龄、职业、受教育程度、收入、地域、民族和宗教等。有时在有多个变量的情况下，还可以采用聚类分析方法进行分层。

除非层的划分是按自然层或单位类型，如性别、职业等进行的，否则从理论上讲，分层时层的数量越多越好，因为层越多，就越容易形成层内个体的相似性。但在实际抽样中，层的数量受到以下限制。首先是样本规模的限制，因为要考虑估计量方差的无偏估计，故每层至少要有两个样本单位，这样层数就不能超过 $n/2$。其次是调查经费的限制：一方面，增加层数势必增加调查的管理费用，而当层数增加到一定程度的时候，在精度上的收益将非常小，这就是所谓的收益递减现象；另一方面，在调查费用一定的情况下，增加层数必然导致样本规模降低，而每层的样本规模越小，对总体方差的估计值也就越不精确，这时就要考虑增加层数而降低样本规模在精度上是否合算。

（三）分层抽取样本的方法

在分层抽样中，有两种常见的样本抽取方法。一种方法是先将所有总体元素按分层变量进行分层，并计算各层在总体中的比例。接着，如果采用等比例分层抽样，则直接将总体比例视为样本比例；如果采用不等比例分层抽样，则需要对样本比例做一定的调整。最后，再按确定的样本比例，用简单随机抽样或系统抽样的方法，抽出适量的样本元素。例如，计划从 1 000 名大学教师中，用分层抽样的方法，抽取一个包含 100 名教师的样本，将职称设为分层变量，抽样结果如下（见表 2 - 2）：

表 2 - 2　大学教师分层抽样

职称	人数	百分比（%）	等比例分层样本	分层等距样本
正教授	253	25.3	25	25
副教授	375	37.5	38	37
讲师	108	10.8	11	11
助教	61	6.1	6	6
教辅	203	20.3	20	21
总计	1 000	100.0	100	100

另一种方法适用于等比例分层抽样。先将所有总体元素按分层变量进行分层，然后将各层的总体元素，一层一层连续排列，最后，对连续排列的总体元素进行等距抽样，这种方法被称为分层等距抽样。在上面的例子中，抽样间距为 10，起始元素为 1。从表 2 - 2 中，可以看到两种方法最后的样本构成基本一致，误差的数量大概是 1～2 个元素，误差元素究竟落在哪一层，取决于抽样起始元素的位置。

四、整群抽样

整群抽样（cluster sampling）是先将总体划分成若干个群（视为初级单位），每个群包含若干个次级单位，然后以一定方式从总体中抽取一部分群，并由中选群中的所有次级单位构成总体的样本。在通常情况下，整群抽样的抽样误差大于简单随机抽样。但进行简单随机抽样或分层抽样需要包括所有总体单位的抽样框，这在实际抽样中，由于缺乏足够的信息资料，往往是难以实现的。有时即使有可能找到相关资料，编制此种抽样框的工作量也大得令人难以接受。而编制群的抽样框相对是比较容易的。而且在大范围调查中，抽取群也使得调查单位的分布相对集中。

（一）群的性质

从群的划分类型看，经常被用到的是那些自然群，即由行政或地域区划形成的群，如学校、企业、省市或村镇。另一类群则是调查员人为划定的，如将一大块面积划分为若干个较小面积的群，这时需要考虑如何划分群才能使在调查费用一定时抽样误差最小。群的划分可以遵循以下原则：群内方差尽可能大，群间方差尽可能小，即群内各单位的差异尽可能大，群与群之间的差异尽可能小。这个原则与分层原则恰好相反。简言之，异质的群，同质的层。从群的规模看，一方面群的大小没有严格限制，可大可小。另一方面，总体中各个群的规模可以相等，也可以不等。

（二）规模不等的群

在社会调查中，总体中的群大多是规模不等的，即群的规模不再是常数。这时不同的抽样可能会抽中不同的群，因此样本规模也不再是常数了。

为了保证样本单位满足等概率原则，可以采取相应措施来控制样本规模的变化[①]。一方面，可以按群的大小进行分层，然后对各个层使用相同的抽样比。这样可以保证在抽样结果中，总是分别包括了一定数量规模不等的群，进而使得样本规模不至于有很大的变化。另一方面，可以重新组合大小不等的自然群，形成一些新的规模相差不大的人工群，进而使得样本规模约等于常数。后一种措施通常用在总体中大多数群相差不大，只有少数群较大或较小需要重新组合的情况下；如果有太多的群需要重新组合的话，则工作量太大，不合算。

五、不等概率抽样

不等概率抽样（sampling with unequal probabilities）是指在抽样过程中，总体中的每个抽样单位有一个被抽中的概率值，这些概率值可能不相等，即不同的总体抽样单位入样的可能性是大小不等的。之所以采用不等概率抽样方法，主要是因为当总体抽样单位之间差异较大时，等概率抽样可能会增大估计误差，降低估计精度，从而对抽样效果产生不良影响。不等概率抽样分为放回和不放回两种类型，这里只讨论放回类型。样本规模固定，且每个抽样单位被抽中的概率与单位的大小或规模成比例（probability proportional to size，PPS）的不等概率抽样，简称 PPS 抽样。不等概率抽样的实施有两种方法。

（一）代码法

代码法比较适用于总体抽样单位的规模 N 不太大时。下面通过一个实际例子来具体说明代码法的抽取方法。设总体为某高校，抽样单位由 $N=10$ 个院系组成，每个院系编号、规模 M_i（$i=1$，…，N）及代码数请参见表 2-3 中的数字。现利用代码法抽取 $n=3$ 个院系的样本。在具体抽样时，先赋予每个院系或抽样单位与 M_i 相等的代码值，再将单位 M_i 值累加，并根据累加值对应每个 M_i 设定一个代码

---

① 如果样本规模变大了，则每个样本单位的入样概率也会随之增大，反之亦然。因此要保证每个样本单位的入样概率不变，就要控制样本规模的变化。

区间。

表 2-3　利用"代码法"进行 PPS 抽样举例

院系编号 i	学院规模 M_i	累积 M_i	代码区间	抽中代码
1	92	92	1～92	
2	120	212	93～212	100（等距法）
3	335	547	213～547	
4	143	690	548～690	628（随机数表法）
5	442	1132	691～1132	828（等距法）
6	121	1253	1133～1253	
7	73	1326	1254～1326	1305（随机数表法）
8	447	1773	1327～1773	1556（等距法）
9	66	1839	1774～1839	
10	345	2184	1840～2184	1874（随机数表法）

　　接下来即可以采用随机数表法（也可使用等距抽样方法）抽取三个院系。在代码区间 [1, 2184] 中产生的第一个随机数为 628，第二、三个随机数分别为 1305 和 1874，它们所对应的 4、7 和 10 号院系被抽中。

　　如果使用等距抽样方法，则先要算出抽样间距 $k=N/n=2184/3=728$，然后在 1～728 中抽取一个随机数 100，则代码 $r=100$、$r+k=828$、$r+2k=1556$ 所对应的院系入样，其序号分别为 2、5、8。相比之下，等距抽样的操作比较简便。另外，将群按某种与调查变量有关的变量排序后，使用等距抽样可取得隐含分层的效果，故 PPS 抽样中一般采用等距抽样。

（二）拉希里（Lahiri）法

　　当总体抽样单位的规模 N 很大时，使用代码法抽样会很麻烦，这时可以使用拉希里法。其方法是：设 $M^*=\max\{M_i\}$。每次从 [1, N] 中抽取一个随机数 i，并在 [1, M^*] 中抽取一个随机数 m。如果 $M_i \geqslant m$，则第 i 个抽样单位入样；如果 $M_i < m$，则依照上述步骤，重新抽取 [i, m]。不难看出，第 i 个抽样单位是否被抽中与 m 有关，只有 $m \leqslant M_i$ 时它才能被抽中，也就是说，第 i 个抽样单位被抽中的可能性与 M_i 的大小成正比。

　　继续采用上面的例子。此时，$M^*=447$。从 [1, 10] 中抽取出的随机数为 $i=2$，$M_i=120$，而从 [1, 447] 中抽取出的随机数为 $m=89$。由于 $M_i=120 \geqslant m=89$，则 2 号院系入样成为第一个样本单位。继续重复以上程序，抽出第二、三个样本单位。

　　以上两种方法都能保证每个总体单位被抽中的概率与其规模大小 M_i 成正比。这一点在代码法中表现得比较直观，而拉希里法中每个总体单位被抽中的概率虽然与代码法不同，但也仍然是与 M_i 成正比的。例如，第 i 个总体单位每次被抽中的概率为：

$$P_i = p(i) \times p(M_i \geqslant m \mid i) = (1/N) \times (M_i/M^*)$$

六、多阶段抽样

前面介绍过的几种概率抽样方法，在总体规模或范围很大的情况下，会遇到两个很难解决的问题。首先，在很多情况下，无法获得抽样所需要的总体元素名单（抽样框）。其次，样本分布过于分散，实地调查的成本极高。例如，在全国城市居民综合调查中，要想获得一份登记有所有居民的名单几乎是不太现实的。即使通过由电脑管理的人口普查资料得到一份抽样名单，抽到的居民也会是天南地北四处分散的，要耗费巨资才能接触到他们。在这种情况下，就需要采用多阶段抽样（multistage sampling）方法。

这里"多阶段"指的是按总体内的层级关系，把抽样分成几个阶段来进行。最初从总体中抽出的群被称为初级抽样单位（PSU），如果 PSU 的规模相等，用简单随机抽样或等距抽样方法，直接进行第二阶段的抽样，这时第二级单位是等概率入样的，而且样本规模是常数。这个原则也适用于更多阶段的抽样。问题是如果 PSU 规模不等，多阶段抽样也存在与整群抽样类似的样本规模随机变动问题。多阶段抽样中的样本规模随机变动问题，在很大程度上是由于要保持抽样的等概率条件，即保持总抽样比不变而产生的。如果不考虑等概率条件，则可以使样本规模保持不变。也就是说，要么保持样本的等概率条件，接受一个规模不确定的样本；要么保持样本规模不变，放弃样本等概率条件。由于不等概率样本需要进行复杂的加权处理，故实践中用得更多的是前一种方式，即保持总抽样比不变。具体处理方法包括：分层多阶段等概率抽样和多阶段 PPS 抽样。

（一）分层多阶段等概率抽样

在分层多阶段等概率抽样中，需要先将总体中规模不等的群按规模（或重要性）分层，然后在不同阶段对不同的层使用不同的抽样比。以两阶段抽样为例，假设将总体分为大群、中群、小群三个层。在第一阶段抽群时，大群、中群、小群三个层的抽样比 f_a 依次递减；在第二阶段抽单位时，大群、中群、小群三个层的抽样比 f_b 依次递增。为保证样本单位等概率入样，即总的抽样比 f 保持不变，可使 $f = f_a \times f_b$ 保持不变。如果 $f = 1/400$，则可以进行以下样本设计（见表 2-4）：

表 2-4　按规模分层抽样举例

层	f_a	f_b	f
大群	1	1/400	1/400
中群	1/20	1/20	1/400
小群	1/400	1	1/400

这里 $f_a=1$ 意味着该层中的所有群都入选。例如，在全国抽样中，可将北京、上海、天津、重庆这四个直辖市构成一个层，设定抽样比为 1，即让这几个城市直接入样。$f_b=1$ 意味着在这个群内的所有单位都入样。不难看出，只要保持各阶段抽样比的积为常数，各阶段抽样比就有很大的变动余地，而且可以扩展到三阶段以上的抽样。

（二）多阶段 PPS 抽样

多阶段 PPS 抽样的关键是在第一阶段抽取 PSU 时，要先放弃等概率抽样条件，采用 PPS 抽样方法，即赋予规模不等的群与其规模（或辅助变量）成比例的入样概率。这样一来，规模大的群以大概率入样，规模小的群以小概率入样。由于抽取 PSU 的过程是不等概率抽样，因此如果要保证总抽样比不变，就需要以一个固定的样本规模从抽中的 PSU 内抽取样本单位。因为如果抽取的单位规模对每个 PSU 来说都一样，那单位入样的概率就会与群的规模成反比。这样大概率抽取群，小概率抽取样本单位，一大一小相互抵消，就保证了总体单位抽取的等概率性。与此同时，由于不论 PSU 大小，都抽取固定规模的样本单位，因此也控制了样本规模的变动。下面以两阶段抽样为例，说明多阶段 PPS 抽样的抽取方法。

假设总体由 A 个规模分别为 N_α（$\alpha=1,2,\cdots,A$）的群构成，总体规模为 $\sum_{\alpha=1}^{A} N_\alpha = N$。第一阶段需要抽出 a 个群（PSU），第二阶段再从每个被抽中的群中分别抽出 b 个总体元素，样本规模 $n=ab$。在第一阶段抽取 PSU 的概率为：

$$\frac{aN_\alpha}{N} = \frac{N_\alpha}{N/a} = \frac{N_\alpha}{Fb}$$

这里 $F=\frac{1}{f}=\frac{N}{n}=\frac{N}{ab}$，$f$ 是抽样比。在第二阶段，在被抽中的 PSU 内，不考虑 N_α 的大小，全部抽取 b 个单位，于是第二阶段抽取单位的概率为：

$$\frac{b}{N_\alpha}$$

对于总体内任意一个单位，不论其属于哪个 PSU，被抽中的概率都是上述两个阶段抽样概率的乘积：

$$\frac{N_\alpha}{Fb} \cdot \frac{b}{N_\alpha} = \frac{1}{F} = f$$

不难看出，由于 f、a 和 b 都是常数，所以，总体中每一个元素最终被抽中的概率是相等的，即这里的两阶段抽样是一个等概率抽样，而且样本规模是不变的。

沿用前文"五、不等概率抽样"部分中的例子。如果接着从前面利用 PPS 抽样方法抽取的 3 个院系中，每个院系分别再抽取 50 名学生，构成一个 150 人的样本，即完成了一个两阶段 PPS 抽样。

以上关于两阶段 PPS 抽样的讨论可以推广至三阶段和更多阶段抽样中。以三阶段抽样为例，各阶段抽样单位分别为，第一阶段抽出 a 个 PSU，第二阶段从每个被抽出的 PSU 中再抽出 b 个二级单位, 第三阶段从每个被抽出的二级单位中抽出 c 个三级单位, 样本规模 $n=abc$, 总抽样比为每个阶段抽样比的乘积:

$$\frac{N_\alpha}{Fbc} \cdot \frac{bN_{\alpha\beta}}{N_\alpha} \cdot \frac{c}{N_{\alpha\beta}} = \frac{1}{F} = f$$

这里 $F = \frac{1}{f} = \frac{N}{n} = \frac{N}{abc}$, $N_{\alpha\beta}$ 是第 α 个 PSU 内, 第 β 个二级抽样单位的规模, $\sum_{\beta}^{B} N_{\alpha\beta} = N_\alpha$。需要说明的是, 在用 PPS 抽样方法进行多阶段抽样时, 第一阶段以及中间各个阶段的抽样都是 PPS 抽样, 只有最后阶段的抽样才抽取固定数量的抽样单位。

(三) 规模测量值

进行 PPS 抽样的一个前提条件是在具体抽样前, 要知道各级抽样单位的规模。可是在抽样前一般无法确切知道抽样单位的实际规模, 为了能使用 PPS 抽样方法, 只能代之以各级抽样单位规模的估计值 M, 即规模测量值 (measure of size)。估计值可以从离调查时点最近的一次普查资料或其他统计资料中查找到。

以两阶段 PPS 抽样为例。如果以 PSU 的规模测量值 M_α, 代替 PSU 的实际规模 N_α, 以在使用 M_α 时计划要抽取的二级单位的规模 b^*, 代替实际应抽取的二级单位的规模 b, 则两阶段抽样总的抽样比为:

$$\frac{M_\alpha}{Fb^*} \cdot \frac{b^*}{M_\alpha} = \frac{b^*}{Fb^*} = f$$

在实际调查中, 估计值通常不等于实际值, 即 $M_\alpha \neq N_\alpha$, 不过从以上公式不难看出, 只要在两阶段抽样中都使用同一个 M_α 值, 在等式中其作用就可被抵消掉, 总体中的每个元素仍能保持同样的中选概率。

问题是为了保证抽样过程满足等概率原则, 第二阶段抽样的抽样比必须等于 $\frac{b^*}{M_\alpha}$, 也就是说, 第二阶段实际抽样时的抽样比 $\frac{b}{N_\alpha}$ 必须等于 $\frac{b^*}{M_\alpha}$, 即

$$\frac{b^*}{M_\alpha} = \frac{b}{N_\alpha}$$

由此可见, b^* 与 b 的关系取决于 M_α 与 N_α 的关系, 即

$$b = \frac{b^*}{M_\alpha} \cdot N_\alpha$$

不难看出, 当 $M_\alpha > N_\alpha$, 即 PSU 的规模被估计高了时, PSU 的抽样概率就变大了, 这样在抽元素时就需要降低抽样比, 即减少抽取的元素数目, 使 $b < b^*$, 以保证整个样本满足等概率原则。同理, 当 $M_\alpha < N_\alpha$, 即 PSU 的规模被估计低了时, PSU 的抽样概率就变小了, 这样在抽元素时就需要提高抽样比, 即增加抽取的元素数目, 使 $b > b^*$。

对于整个样本规模来说, 如果所有 PSU 的 M_α 与 N_α 之间的相对差异一样, 则各个 PSU 内的 b 都会以同样比例增大 (或减小), 因此各个 PSU 内的 b 是相等的,

这时尽管实际样本规模也偏离了计划样本规模，但偏离值是个常数。但是，如果所有 PSU 的 M_a 与 N_a 之间的相对差异不同，各个 PSU 内的 b 就会不同，这时实际样本规模对计划样本规模的偏离值是个随机数。也就是说，由于使用了规模测量值 M_a，因此即使采用 PPS 抽样，$M_a \neq N_a$ 仍将导致样本规模变动。不过相比较而言，PPS 抽样即使存在这个问题，在实际抽样中控制样本规模变动的效果也要优于其他方法。

同样，在三阶段或更多阶段抽样中，在最后一级抽样时，也可用实际规模计算出实际应抽取的样本规模，问题是如何确定最后一级群实际的规模。通常抽样设计人员不可能走访所有的最后一级群，因此，利用实际群规模校正样本规模的工作只能由调查员来完成。在培训调查员时，就应将计算实际样本规模的内容纳入培训计划。

第四节　抽样误差与样本规模

在实际抽样中，影响样本代表性的有两类误差——抽样误差和非抽样误差。其中抽样误差是一种随机误差[1]，它是由样本范围与总体范围的差异引起的，无论抽样设计有多精致，都会产生抽样误差。不过在概率抽样中，抽样误差是可以估算出来的。本节将讨论在简单随机抽样中抽样误差和样本规模的计算。

一、简单随机抽样的抽样误差

简单随机抽样可按抽取的单位是否放回分为放回抽样与不放回抽样。两种方式对抽样误差的估算略有差异，下面将分别计算样本平均值和比例这两个统计量在推论总体参数时的抽样误差。

（一）放回简单随机抽样

根据中心极限定理，在放回抽样条件下，如果样本规模为 n，总体标准差为 σ，则样本平均值 M 的抽样分布的标准差，即标准差 SE（standard error）为：

$$SE = \frac{\sigma}{\sqrt{n}}$$

不过总体标准差是很难知道的，在样本规模很大的情况下，通常可以用样本的标准差 S 作为总体标准差的近似值，于是有：

---

[1]　抽样中的随机误差并非都是抽样误差，有些可能是由调查员的失误引起的非抽样误差。

$$SE = \frac{S}{\sqrt{n}}$$

在实际抽样中，还经常用到样本比例 p 的标准差。在放回抽样条件下，如果样本规模为 n，总体比例为 P，总体标准差 $\sigma = \sqrt{P(1-P)}$，则样本比例 p 的标准差为：

$$SE = \sqrt{\frac{P(1-P)}{n}}$$

同样，由于很难知道总体比例 P 的数值，当样本规模很大时，可以用样本比例 p 来代替总体比例 P，于是有：

$$SE = \sqrt{\frac{p(1-p)}{n}}$$

（二）不放回简单随机抽样

在不放回抽样中，计算标准差要在放回抽样的基础上，引入一个不放回抽样校正因子 $\sqrt{\frac{N-n}{N-1}}$，这时样本均值和样本比例的标准差分别为：

$$SE = \frac{S}{\sqrt{n}} \sqrt{\frac{N-n}{N-1}}$$

$$SE = \sqrt{\frac{p(1-p)}{n}} \sqrt{\frac{N-n}{N-1}}$$

式中 N 为总体容量。

由于在社会调查中 N 一般较大，$N-1$ 近似等于 N，于是有：

$$SE = \frac{S}{\sqrt{n}} \sqrt{1-\frac{n}{N}}$$

$$SE = \sqrt{\frac{p(1-p)}{n}} \sqrt{1-\frac{n}{N}}$$

式中 $\frac{n}{N} = f$ 称为抽样比。

不放回抽样主要用于总体较小时，如果 N 较大（$\frac{n}{N} < 0.05$），则校正因子可以忽略。另外，由于 $(1-\frac{n}{N}) < 1$，所以放回抽样的抽样误差总是大于不放回抽样的抽样误差。

（三）标准差的意义

由中心极限定理可知，如果样本规模很大（对于正态分布的总体，一般要求 $n > 30$；对于非正态分布的总体，一般要求 $n > 50$。在社会调查中，由于变量较多，最好能保证 $n > 100$），则抽样分布近似为正态分布，抽样分布的均值 M 就是总体的

均值 μ。

由于抽样分布近似为正态分布，因此任意两个样本均值 $\bar{X}$ 之间，样本均值频数所占的比例是可以知道的。根据抽样分布的均值 M 和 SE 的数值，可以求得有 68.26% 的样本均值落在 $M\pm SE$ 这两个数值范围内，有 95.46% 和 99.37% 的样本均值分别落在 $M\pm 2SE$ 和 $M\pm 3SE$ 范围内。在社会调查中经常会用到以下数值（见表 2-5）：

表 2-5 正态分布表

置信度	Z 值	拒绝域（双尾）
90%	1.65	0.05
95%	1.96	0.025
98%	2.33	0.01
99%	2.58	0.005

上述抽样分布的特征在统计推论中的意义在于，假定总体均值 $\mu=M$，可以推测，从该总体中抽出一个样本的均值落在 $M\pm 1.96SE$ 范围内的概率为 95%，落在范围以外的概率为 5%（0.05）。社会研究通常认为，如果样本均值以如此大的机会落在上述范围内，有关总体均值的假设就是正确的。

二、简单随机抽样的样本规模

样本规模又称样本容量，是指样本中所包含元素的数量。样本规模一方面会影响到样本的代表性，另一方面则直接影响到调查成本的大小。太小的样本其代表性可能较差，但太大的样本又会增加不必要的成本。因此，在实际抽样中，选择合适的样本规模是非常重要的。下面先分析影响样本规模的各种因素，然后介绍估算样本规模的方法。

（一）影响样本规模的因素

如果先不考虑经费问题，那么样本规模主要取决于抽样精度和总体标准差。一般说来，抽样希望达到的精确度越高，总体的异质性程度越显著，所需的样本规模就越大。

首先，抽样精度是指抽样中希望达到的精确度，其实就是能够容忍的抽样误差 e。抽样误差是样本统计量与总体参数值之间的偏差，而偏差是由样本与总体不一致造成的。不难想象，样本越小，与总体的差异就越大，因此，误差也越大。由此可以推论，能够容忍的抽样误差越小，即要求的抽样精度越高，则样本规模越大，反之亦然。

按照上面的分析，似乎可以得出这样一个推论：在一定的精确度要求下，总体越大，则样本也要越大。笼统地讲，这个推论并没错，但问题是一个占总体比例

5%的样本，是否其抽样精度一定会比占总体比例1%的样本高出5倍，即增大样本带来的绩效如何。一般说来，总体较小，增大抽样比，对抽样精度会有较大的改善。但有研究表明，对于较大的总体，在给定精度的条件下，总体规模与样本规模之间，是一种如图2-2所显示的非线性关系，样本增大速度远远低于总体增大速度。换句话说，当总体规模达到一定程度时，如果总体规模继续增加，样本占总体比例与抽样精度之间，并不是一种正向的线性关系，样本增大并不会带来精度的线性增长。

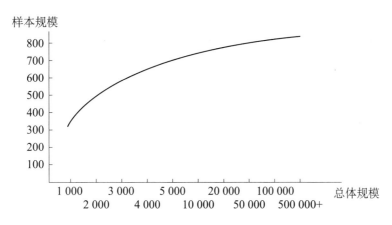

图2-2　不同的总体规模所需要的样本规模

注：图中相对于95%的置信度、±3%的置信区间和总体参数值以50%对50%比例均分的假定而言。

资料来源：林楠. 社会研究方法. 北京：农村读物出版社，1987：183.

其次，总体标准差 σ 是反映总体元素间异质性程度的指标。一般说来，在给定抽样精度后，总体异质性程度越小，所需样本规模也越小，反之亦然。这是因为异质性越高，总体参数的分布越集中，波动性越小，大小相同的样本的代表性就越好。举一个极端的例子，如果总体元素之间无差异，则只要抽取一个元素就行了。反过来，异质性越高，参数分布越分散，波动性越大，大小相同的样本的代表性就越差。

（二）样本规模的估算

假设研究目的是求出某个变量（X）在总体中的均值 $\mu = M$。从一个随机样本（n）计算出来的均值（$\bar{X}$）与总体均值（M）的差就是允许误差 e，即：

$$e = |\bar{X} - M|$$
$$M = \bar{X} \pm e$$

又假定总体标准差为 σ，则在置信度给定时，置信区间为：

$$M = \bar{X} \pm ZSE = \bar{X} \pm e$$

在放回抽样中：

$$e = \frac{Z\sigma}{\sqrt{n}}$$

样本规模为：

$$n = \left(\frac{Z\sigma}{e}\right)^2$$

在不放回抽样中：

$$e = \frac{Z\sigma}{\sqrt{n}}\sqrt{1-\frac{n}{N}}$$

样本规模为：

$$n = \frac{NZ^2\sigma^2}{e^2 N + Z^2\sigma^2}$$

估计总体比例或百分比 p，只要相应地将 σ^2 换成 $p(1-p)$ 就行了。如果推测总体比例或百分比 p 有困难，则可采用保守估计 $p=0.5$，这样即可获得所需的最小样本数。这时在不放回抽样中有：

$$n = \left(\frac{Z\sigma}{e}\right)^2 = \frac{Z^2 p(1-p)}{e^2} = \frac{Z^2}{4e^2}$$

根据这个公式，可以计算出在最大容许误差条件下所需的最小样本规模。下面介绍一个利用该公式估算简单随机抽样所需的样本规模的实例。

假设某市场调查公司接受委托，调查该市居民 5 年内购买私人轿车的意向。从成本考虑，公司首先要与客户商谈样本规模。客户要求有 95％的把握肯定调查结果是可靠的，同时抽样误差不能超过±3％。由于没有居民总体的构成资料，公司为慎重起见，将 p 定为 50％［因为 $p(1-p)$ 在 $p=0.5$ 时达到最大值］。

以上条件表明，此次抽样的置信度为 95％，查正态分布表可知 Z 值为 1.96；抽样误差 e 等于 0.03。将数据带入样本规模计算公式，可得到：

$$n = \frac{Z^2}{4e^2}$$

$$= \frac{1.96^2}{4 \times 0.03^2} = 1\,067$$

调查中发现，12％的居民有购买私人轿车的意向，于是公司告知客户，他们有 95％的把握确定，该市有 9％～15％的居民，在 5 年内有购车的打算。

如果在该案例中，客户提出的抽样误差要求为不能超过±2％，其他条件不变。那么调查公司必须将样本规模从 1 067 人增加到 2 401 人，才能维持以上结论不变。其实，±3％是个普遍被接受的误差范围，因此，在普通调查中，样本规模在 1 000 人左右，就能够满足要求了。当然，如果进行大规模的社会调查，牵涉到很多变量，就需要考虑增大样本规模。在 CGSS 2003 中，样本规模为 10 000 人，其中城市样本为 5 894 人。但是，正如前面谈到的那样，除非有特殊理由，否则样本规模一般不要超过 2 500 人。

◀◀ 复习思考题 ▶▶

1. 为什么要进行抽样？

2. 为什么说"街头拦人"不是随机抽样?

3. 判断抽样比较适合用于哪些场合?

4. 目标总体与抽样总体之间有哪些差异?

5. 在简单随机抽样中,有哪几种方法可以产生随机数?彼此之间有何差异?

6. 为什么说等距抽样是一种准随机抽样方法?

7. 为什么系统抽样的代表性与总体单位的排列顺序有关?

8. 为什么在分层抽样中,对各层的样本规模要进行非比例分配?

9. 在分层抽样中,层的数目受到哪些因素的限制?

10. 群的划分原则与分层原则有什么不同之处?

11. PPS抽样是如何保证大小不等的群中的元素以相等概率入样的?

12. 总体规模与样本规模之间是一种什么关系?

◀ **推荐阅读书目** ▶

1. 柯惠新,黄京华,沈浩. 调查研究中的统计分析法. 北京:北京广播学院出版社,1992.

2. 李沛良. 社会研究的统计应用. 2版. 北京:社会科学文献出版社,2002.

3. 扎加,布莱尔. 抽样调查设计导论. 重庆:重庆大学出版社,2007.

◀ **参考文献** ▶

1. 风笑天. 现代社会调查方法. 2版. 武汉:华中科技大学出版社,2001.

2. 福勒. 调查研究方法. 重庆:重庆大学出版社,2004.

3. 格罗夫斯,福勒,库珀,等. 调查方法. 重庆:重庆大学出版社,2017.

4. 郭志刚,郝虹生,杜亚军,曲海波. 社会调查研究的量化方法. 北京:中国人民大学出版社,1989.

5. 亨利. 实用抽样方法. 重庆:重庆大学出版社,2008.

6. KISH L. 抽样调查. 北京:中国统计出版社,1997.

7. 金勇进,蒋妍,李序颖. 抽样技术. 北京:中国人民大学出版社,2002.

8. 柯惠新,黄京华,沈浩. 调查研究中的统计分析法. 北京:北京广播学院出版社,1992.

9. 李沛良. 社会研究的统计应用. 2版. 北京:社会科学文献出版社,2002.

10. 林楠. 社会研究方法. 北京:农村读物出版社,1987.

11. 施锡铨. 抽样调查的理论和方法. 上海:上海财经大学出版社,1999.

12. 袁方. 社会调查原理与方法. 北京:高等教育出版社,1990.

13. 扎加,布莱尔. 抽样调查设计导论. 重庆:重庆大学出版社,2007.

14. 赵俊康. 统计调查中的抽样设计理论与方法. 北京:中国统计出版

社，2002.

15. 中国人民大学中国调查与数据中心中国综合社会调查（CGSS）项目. 中国综合社会调查报告（2003—2008）. 北京：中国社会出版社，2009.

本章要点

- 在实践中，分层多阶段区域抽样是应用范围比较广泛的多阶段抽样方法。

- 按户籍资料进行区域抽样的步骤包括：计算总的抽样比，确定各级抽样单位和计划样本规模，对 PSU 分层和确定层内计划样本规模，在层内抽取 PSU，在 PSU 内抽取次级抽样单位。

- 按居住地地图法抽样的步骤包括：选定绘制地图的区域，获取或制作参考底图，绘制地图（或选取现有地图），制作住户清单列表，抽取样本。

- 随机数字拨号技术的优点就是在抽样时，不一定要具备一个描述完整的抽样框；而它的缺点则是会遗漏未装电话的家户单位。

- 随机数字拨号抽样的步骤包括：搜集电话局编码，确定电话局编码的线路数量，确认无效号码的范围，随机确定将要拨打的电话号码。

- 抽样框误差产生的原因包括以下几种类型：（1）抽样框丢失了本该列入的目标总体单元；（2）抽样框包含了不应该列入的目标总体单元；（3）抽样框与目标总体存在复合连接。

- 无应答误差产生的原因包括以下几种类型：（1）地址不准确，找不到被抽中的被访者；（2）被访者访问时不在家；（3）被访者拒绝接受访问。

基本概念

    区域抽样 ◇ Kish 表抽样 ◇ 抽样页 ◇ 地图法抽样 ◇ 随机数字拨号 ◇ 电话号码字冠 ◇ "种子"号码 ◇ 非抽样误差 ◇ 抽样框误差 ◇ 样本轮换率 ◇ 无应答误差

    基本抽样方法是一种理想设计，实际抽样通常会与理想设计有一定的偏离。根据实际环境来设计抽样方案，正是抽样实务要解决的问题。本章首先介绍的是区域抽样方法，包括按户籍资料和按地图进行的区域抽样；然后介绍电话访问中的随机数字拨号技术；最后将讨论抽样中的非抽样误差问题，特别是针对流动人口的抽样，并提出一些解决方案。

第一节　区域抽样

区域抽样是一种实用的抽样方法，它能为抽选居民户提供很好的抽样方法。以往常用的区域抽样方法，通常是按户籍资料进行 PPS 抽样。而根据居民居住地的地图进行的抽样，则是近年流行起来的一种区域抽样方法。下面将分别介绍这两种方法及与之相关的问题。

一、按户籍资料 PPS 抽样[①]

多阶段抽样能以多种形式实施，但在实践中，分层多阶段区域抽样是应用范围比较广泛的多阶段抽样方法。只要能以区域划分总体，就能够采用多阶段区域抽样，例如，利用街区划分一个城市，利用各级行政单位划分一个国家。以下是一个按行政区划和户籍资料，利用 PPS 方法进行分层多阶段区域抽样的实例。

假设某省一个调查研究中心计划进行一次全省范围的抽样调查，希望利用调查数据进行社会结构变迁研究。根据最近的普查，该省共有家庭户 17 699 115 户，计划用 PPS 方法从中抽取 4 000 户作为样本，步骤如下。

（一）计算总的抽样比

$$f=\frac{n}{N}=\frac{4\ 000}{17\ 699\ 115}=0.000\ 226=\frac{1}{4\ 425}$$

即在全省范围内从每 4 425 户中抽取一户。

（二）确定各级抽样单位和计划样本规模

设此次抽样为四级抽样，各级抽样单位依次为：县（PSU）、乡、村、户。计划在全省共抽取 40 个县，每个县抽取 2 个乡，每个乡抽取 2 个村，每个村抽取 25 户，即 $a=40$，$b=2$，$c=2$，$d=25$，$b\times c\times d=100$（每个县计划抽取 100 户），由此产生类似表 3 - 1 的结果：

---

① 该实例的数据取自：郭志刚，郝虹生，杜亚军，曲海波 . 社会调查研究的量化方法 . 北京：中国人民大学出版社，1989：131 - 137.

表 3 - 1　各级抽样单位计划抽取的数目

县的数目	乡的数目	村的数目	户的数目	样本合计
40	40×2	40×2×2	40×2×2×25	4 000

(三) 对 PSU 分层和确定层内计划样本规模

由于该省社会经济发展水平由南至北逐渐下降，故结合各县的地理位置，由南至北将所有 PSU 划分为四个层。假设某一层的规模为 1 935 851 户，采用按比例分配样本，因此层抽样比 f_b 等于总抽样比 f，层内计划样本规模可由 $f_b = f$ 求出：

$$1\ 935\ 851 \times 0.000\ 226 = 437.5 \text{（户）}$$

不难看出，按此方式进行分层后，各层内子样本规模不一定是 100 的整数倍，即不同层的 PSU 内的子样本规模并不一定是完全相等的，而是大致为 100 户。在这种情况下，可取层内 PSU 数目 a_h 值，使每个 PSU 内子样本规模接近 100 即可。这样，在此层可取 $a_h = 4$，则此层的每个 PSU 内计划子样本户数为 109.4 户，同样可以得出乡、村的子样本数目，由此产生类似表 3 - 2 的结果：

表 3 - 2　各级抽样单位计划抽取的户数

层的子样本户数	县的子样本户数	乡的子样本户数	村的子样本户数
1 935 851×0.000 226=437.5	437.5÷4=109.4	109.4÷2=54.7	54.7÷2=27.35

(四) 在层内抽取 PSU

第一，从普查资料或其他资料取得 PSU 的规模测量值 $M_{h\alpha}$（参见表 3 - 3 第二列），将层内 PSU 排列起来。可采用以下方式排列 PSU：一是在获得 PSU 的某个与调查变量相关的变量资料的基础上，将 PSU 按该变量值排序，以取得隐含分层效果，例如，将各 PSU 按各个县的人均收入值大小进行排列。二是在地图上将各个 PSU 用一条蛇形线串起来，然后将各个 PSU 按此线穿过的先后顺序排列，这样可以使样本 PSU 在空间上较为分散。

第二，按层内 PSU 的排列顺序，将规模测量值 $M_{h\alpha}$ 累加，参见表 3 - 3 第三列。

第三，首先，采用系统抽样，先计算抽样间距 $k = \sum_{a_h}^{A_h} M_{h\alpha} / a_h$。在此例中：

$$k = \frac{1\ 935\ 851}{4} = 483\ 962.75 \approx 483\ 963 \text{（}k \text{ 很大，故四舍五入影响不大）}$$

其次，在 $1 \sim k$ 范围内抽取一个随机数 r 作为起点，假设从随机数表中查得一个 8 位数字 26804292，则 $r = 268042.92$。最后，抽出 a_h 个 PSU，抽中号码分别为：

$$r, r+k, \cdots, r+(a_h - 1)k$$

在此例中，抽中的号码分别为：268042.92，752005.67，1235968.42，

1719931.17。这 4 个号码分别落在第 2、5、7、10 号 PSU 的号码范围内，因此这四个县被抽中，由此产生类似表 3-3 的结果：

表 3-3 使用 PPS 方法抽取 PSU（县）

PSU（县）序号	规模测量值 M_{ha}（户）	累积规模测量值 M_{ha}（户）	抽中号码
1	149 285	149 285	
2	138 205	287 490	268042.92
3	106 683	394 173	
4	178 305	572 478	
5	498 133	1 070 611	752005.67
6	144 122	1 214 733	
7	125 931	1 340 664	1235968.42
8	125 248	1 465 912	
9	120 157	1 586 069	
10	214 139	1 800 208	1719931.17
11	135 643	1 935 851	

（五）在 PSU 内抽取次级抽样单位

第二、三级抽样分别用 PPS 方法，从每个样本县中抽选出 $b=2$ 个样本乡，从每个样本乡中抽选出 $c=2$ 个样本村，抽取方法与上述抽取 PSU 的步骤类似，不再赘述。

第四级抽样，从每个样本村内抽取样本户。计划样本户数为 d^*，这里 $d^* = 27.35$（户）。这样，第四级抽样的抽样比为 $d^*/M_{ha\beta\gamma}$，其中 $M_{ha\beta\gamma}$ 为第 α 县内第 β 乡的第 γ 村的规模测量值。第四级抽样的期望样本户数由该抽样比乘实际村规模（户数）得到，即 $d=(d^*/M_{ha\beta\gamma})\times N_{ha\beta\gamma}$。假设某样本村的规模测量值为 $M_{ha\beta\gamma}=374$（户），而调查时的实际规模测量值 $N_{ha\beta\gamma}=397$（户），则从该村实际应抽户数为 $d=\frac{27.35}{374}\times397\approx29.03\approx29$（户）。抽户可按线性系统抽样进行，即先算出抽样间距，然后将户名单随机排列进行等距抽取。

（六）对 PPS 抽样过程的说明

第一，在确定各级抽样单位数目时，需要考虑两方面的因素。一方面，需要考虑各阶段抽样总体的异质性程度。异质性越高，样本规模就越大，反之亦然。另一方面，需要考虑所拥有的人力和经费。一般说来，在其他条件不变的情况下，样本的覆盖面越大，代表性越好，这意味着 PSU 越多，代表性也就越好。但 PSU 越多，调查员需要走访的范围越大，所需的时间和经费也越多。

第二，除了例子中列出的分层方法外，还可以使用另一种分层方法，即将总体 A 个 PSU 划分为 $a/2$ 个大小相近似的层，每层抽取两个 PSU，这种分层方法由于划分得较细，因此可以较大地降低总体异质性程度。不过这种分层方法需要较多的分层信息，工作量也比较大。

第三，可能有些抽样单位的规模会大于抽样间距。这样无论随机起点落在何处，该抽样单位都会被选中，而且很可能会被选中两次。对于这种情况，有两种处理方法：一种方法是将该抽样单位与其他抽样单位同样看待，如果它被选中两次，就将其视为两个抽样单位，从中抽取两倍的次一级抽样单位。另一种方法是将所有大于抽样间距的单位挑出来，单独组成一个层；在该层内用总抽样求出该层样本规模，然后直接抽取次一级单位。具体抽样时更经常使用后一种方法，但需要注意的是在重新分层后，要重新计算每个层的抽样间距。

第四，可能有些最后一级群的规模测量值小于计划从中抽取的样本数。在上面的例子中，有些村子的规模测量值 $M_{ha\beta\gamma}$ 可能小于计划从每个样本村中抽选的户数 d^*，即 $M_{ha\beta\gamma} < d^* = 27.35$，这样就会使最后一级的抽样比 $\dfrac{d^*}{M_{ha\beta\gamma}} > 1$。解决这个问题的方法是事先规定村的 $M_{ha\beta\gamma}$ 下限为 $2d^*$ 或 $3d^*$，不要以 d^* 为下限，因为即使村的 $M_{ha\beta\gamma} > d^*$，村的实际规模仍有可能小于 d^*。如果某村的 $M_{ha\beta\gamma}$ 小于下限值，就将其与邻近的村子合并成一个村子。如果需要合并的村子太多，那么也可将这些小村子单独组成一个层，对层内的村子规定较小的 d^* 值。

二、从住户中抽取被访者

一般说来，多阶段抽样设计的最后一级抽样单位往往是居民户，但所抽到的居民户大多是由多名成员构成的。在实际调查中，通常需要从这些成员中按一定规则抽取一位成年人作为调查对象，这就是所谓的户内抽样。可采用多种方法进行户内抽样，这里介绍当前抽样调查中比较常用的 Kish 表抽样方法[①]。

Kish 表抽样方法是通过附在问卷的第一页上的一份抽样页来进行的，抽样页内包括被访住户的地址、住户家庭成员情况登录表和抽样表等项内容。访问员在住户同意被采访后，即可以通过以下步骤来抽取被访者。

（一）填写住户成员情况

访问员先要询问住户成员的基本情况，包括性别、年龄和与户主的关系。之后，将成员进行排序并对符合被访问条件的成员编号，然后依次填入住户家庭成员情况登录表中。排序遵循的原则是：男性在前，女性在后；年龄大的在前，年龄小的在后。也就是说，要把年龄最大的男性排在第一位，次年长的男性排第二，以此类推；年龄最大的女性排在年龄最小的男性后面，其他女性也按年龄从大到小依次排列。例如，某项调查将调查对象的年龄限定为 16～69 岁。某住户共有 7 位成员：

---

① KISH L. 抽样调查. 北京：中国统计出版社，1997：447-451.

户主、妻子、户主的父亲、户主的母亲、儿子、大女儿和小女儿。其基本情况如表3-4所示。

表 3-4　住户家庭成员情况登录表

性别	年龄	与户主的关系	编号	被访
男	65	户主的父亲	1	
男	45	户主	2	
男	6	户主的儿子		
女	61	户主的母亲	3	
女	40	户主的妻子	4	√
女	16	户主的大女儿	5	
女	6	户主的小女儿		
……	……	……		

（二）根据抽样表抽取被访者

每份问卷抽样页上的抽样表包括以下内容：抽样表的编号、住户中成年成员数目和抽取成年住户成员的号码。其中抽样表的编号分为 A1、B1、B2、C、D、E1、E2 和 F 等 8 种，即共有 8 种抽样表。每种抽样表占抽样表总数的比例分别为：1/6、1/12、1/12、1/6、1/6、1/12、1/12 和 1/6。每一份问卷的抽样都有一种抽样表，问卷也因此被分为 8 类。问卷抽样页上的抽样表格式如表3-5所示。

表 3-5　抽　样　表

抽样表的编号	住户中成年成员数目					
	1	2	3	4	5	6 或更多
	抽取成年住户成员的号码					
A1	1	1	1	1	1	1
B1	1	1	1	1	2	2
B2	1	1	1	2	2	2
C	1	1	2	2	3	3
D	1	2	2	3	4	4
E1	1	2	3	3	3	5
E2	1	2	3	4	5	5
F	1	2	3	4	5	6

访问员访问时就是根据问卷抽样页上的抽样表，从住户家庭成员情况登录表中抽取被访者的。在实际使用抽样表时，要事先用荧光笔按一定顺序，将抽样表的某一横行画上记号，也就是在某一份问卷上选定某一种抽样表。例如，访问员在访问上例中的住户时，问卷上的抽样表已被事先标记为编号 D，如表3-5所示。由于符

合调查要求的住户成员人数为 5，抽样表中标记 5 这一列与标记 D 这一行的相交处的数字是 4，则编号第 4 位的住户成员——户主的妻子便成为被访者。

使用 Kish 表抽样方法的关键是一定要事先将访问地址和抽样表种类分配给问卷，尽量不要让访问员根据地址决定抽样表的种类，这样很容易产生误差。关于这点，将在非抽样误差中进一步讨论。在实际抽样中，如果无法事先确定访问地址，可以将与问卷配套的抽样表藏在密封的信封中，由访问员在排列好住户成员顺序后打开。另外，要注意在 A 类、B 类和 C 类抽样表中一般容易抽中较小编号，被分配给这些抽样表的地址，主要产生男性被访者，因此，晚上访问比较合适，特别是在农村调查更是如此，但要注意女性访问员晚上出访，一定要有男性工作人员陪同。访问员可利用白天时间访问分配给 D 类、E 类和 F 类抽样表的地址。

最后提醒访问员应将住户所有成员的情况，尽可能完全准确地填入住户家庭成员情况登录表。因为这些资料不仅可以用来抽取被访者，也可以使研究者搜集到这些住户成员的个人样本的资料。利用这些资料可以很方便地描述抽样区域居民的总体情况，因为按这种方法抽出的样本，在年龄、性别、文化程度等方面的分布与总体的分布往往十分接近。

三、按居住地地图法抽样[①]

20 世纪 60 年代，美国著名统计学家基什就在他的著作中对地图法抽样进行了详尽的介绍。在调查中最重要的是获得抽样框，但是我国正处于转型期，高速的城市化进程、日益庞大的流动人口群体、严重的人户分离状况，使利用村委会和居委会户籍资料进行抽样困难重重；而村委会和居委会的常住人口登记又非常不完备，无法充当抽样框。较为可靠的方法是利用村（居）委会中的住宅进行抽样。由于我国尚未建立起完备的门牌地址系统，因此地图法更加实用，即可以直接从居住地抽取居民户。具体做法是：深入村（居）委会的实地，用地图法绘制出村委会和居委会的所有建筑物，并进一步列举出建筑物中的所有住宅，以此作为抽样框来抽取家庭。另外，通常一个家庭会居住在一个住宅中，而不管这个住宅是出租房还是商品房或其他来源的住宅，而且住宅容易识别，相对稳定，并且大部分能和家庭一一对应。由于住宅能够和一定区域内的人口对应起来，并且具有不重不漏的特点，我国2000 年第五次全国人口普查就采用了绘制普查小区地图的方法进行摸底调查。自2008 年 CGSS 采用地图法抽样以来，近几年国内的几个大型社会调查也采取了地图法抽样。地图法抽样既可以在 PPS 抽样的基础上，在一个相对较小的区域内使用——利用 PPS 抽样先抽出某区县、街道/乡镇、居委会/村等，然后用地图法抽取居民户；也可在较大范围内使用，例如，在某城市直接用地图法抽取居民户。采用

① 本版对"按居住地地图法抽样"的修改主要参考了王卫东与唐丽娜的《中国综合社会调查（CGSS）实地抽样绘图手册》（北京：中国社会出版社，2012）一书的相关内容，在此对两位作者表示感谢。

地图法抽样的具体步骤如下。

（一）选定绘制地图的区域

在实际调查中，如果进行调查的行政区域较大，实际抽样需要分阶段进行。例如，CGSS是全国调查，采取四级多阶段抽样，初级抽样单位是区县，第二级抽样单位是居委会/村，第三级抽样单位是家庭户，第四级抽样单位是个人。其中，初级和第二级抽样按PPS方法依据行政统计资料抽取，第四级抽样按户内抽样方法抽取，地图法针对的是第三级抽样，即针对居委会/村所辖地域绘制抽样地图。采用地图法抽样的最终目的是保证每一个抽样单位（居委会/村）里的所有家庭户都能进入调查的抽样框。

（二）获取或制作参考底图

在选定相应区域后，需设法提前与被抽样的居委会/村的主要负责人取得联系，获取该居委会/村已有的地图作为参考底图。

> 在一般情况下，村委会会存有最近一次农业普查时绘制的住宅分布图，居委会一般会有社区规划图或者小区楼群分布图。2010年的中国第六次人口普查同样采用地图抽样调查法，虽然在具体的操作方法和绘制规则上有所不同，但全国各居委会/村都有国家发给的根据卫星绘制好的社区分布地图。上述三类都可以作为参考底图。[1]

在无法获得上述地图作为底图的情况下，调查员在熟悉调查区域的基本情况及地形后，可以自行绘制底图。具体步骤如下：一是明确调查区域行政边界范围；二是绘制出调查区域建筑物的分布情况，包括道路、地貌、建筑物的类型和分布，并做好标记；三是从居委会/村的西北角开始，按顺时针方向，绘出含有以上信息的参考底图。本阶段的注意事项包括：首先，参考底图不能直接当成调查地图来用，其作用仅仅是帮助绘图员从整体上把握要绘制的居委会/村的整体情况和绘图比例。这是因为，大部分区域提供的参考底图与实际情况有出入，调查的严谨性和科学性要求得不到满足；而自行绘制的参考底图，由于无须遵守任何绘图规则和技术规范，仅绘图员明白即可，因此其规范与地图抽样法不一致，不能满足后期制作住户清单列表和抽取样本户的要求。其次，有时为了明确调查区域的边界或便于在调查时清晰地找到相关的住宅建筑物，可以绘出样本区域外的标志性建筑物或地貌，以便调查员找寻调查对象所在位置。最后，在绘制参考底图时，如果遇到山区，那么不用边走边绘制底图，只需从小山丘上画出俯视全貌即可。绘图纸如图3-1所示。

---

① 王卫东，唐丽娜. 中国综合社会调查（CGSS）实地抽样绘图手册. 北京：中国社会出版社，2012：32.

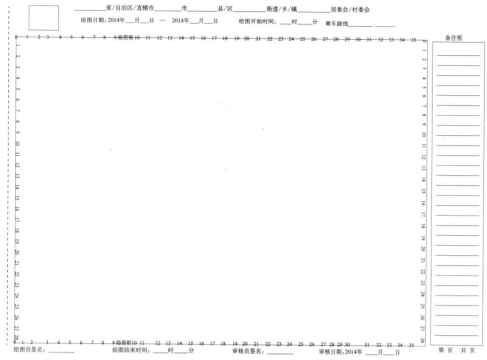

图 3-1　绘图纸示例

（三）绘制地图（或选取现有地图）

以参考底图为依据，调查员可以按照绘图规则和技术规范绘制清晰的居委会/村调查地图。由于参加社会调查的人一般都不是专业的测绘人员，因此绘图时要尽量做到与实际情况相符为好。需要解决的两个重要问题是：其一，确保调查区域内的所有住宅建筑物都进入调查地图；其二，控制好绘图比例，使调查地图与实际尽量一致。第一个问题的解决方案是右手原则，即以该居委会/村的西北角为起点边走边绘制地图，可防止遗漏。第二个问题的解决方案是尽可能在一张纸上完成调查地图的绘制。当然，在调查区域建筑物、住宅太多的情况下，可以将该调查区域分隔成若干小区域分别绘制，形成不同的分图，并按照顺序连续编号，然后根据分图绘制一张总图。总图不需要太具体，只需标出调查区域（居委会/村）的位置和各个极点的经纬度，并按照最优行走路线①和实际地理方位对各分图进行标示。同时，如果被抽中的调查区域（居委会/村）由多个边界分明的小居委会、自然村/社、村民小组、大队等组成，并且在一张地图上包含了两个及以上的小居委会、自然村/社、村民小组、大队等，就必须绘制分布概要图。绘制分布概要图主要是为了注明这些元素的具体分布位置。通常，分布概要图无须单独为图，只需在相关图中的较大空白处加入即可。

---

① 最优行走路线指的是以最短的距离走完所有的住宅类建筑物的行走路线。需要注意的是，最优行走路线要保证每一住宅类建筑物的门口都要被走到。

采用地图法抽样的最终目的是保证每一个抽样单元（居委会/村）里的所有居民户都有相同的机会被抽中。因此，在绘制地图时要注意建筑物的实际居住情况。譬如，有些建筑属非住宅类建筑（大型商场、展览馆等）、尚未交付住人的新建房（包括商品房以及农村的自建住宅）以及一些特殊的公共服务建筑（如宾馆、养老院、学生宿舍等）。还有一些建筑会出现一宅多户（这里定义的"户"指的是户籍的"户"）的情况，如城市中的合租、农村中的分家（不同"户"）但依然同住一个宅院的情况。在实际绘图过程中，绘图员需要实地核实，根据情况在绘图纸上进行绘制与标示。常见的绘图图例符号见图3-2。

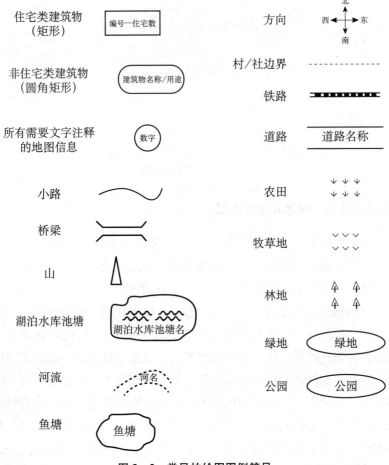

图 3-2　常见的绘图图例符号

如果使用既有地图作为调查地图，则需要选出地图上的坐标点。先在选定的地图上绘制二维网格，然后从地图上按照某种概率规则抽取出一些二维坐标点，例如，可以用电脑随机产生一些二维坐标点。这些坐标点不一定落在地图上某个特定的行政区域内，然而对于某个给定的行政区域，落在该行政区域内的坐标点的概率是可以被推算出来的。在地图上确定坐标点后，还需要再到户外对这些坐标点进行实地考察，并根据真实的地貌状况，按照一定的规则，进行适当的修正，以弥补地图过时导致的偏差。选择地图要考虑以下因素：一是地图出版的时间，由于国内社会经济发展迅速，地图更新非常快，特别是一些大城市。因此，在抽样时最好能找到最新出版的地图。二是地图的比例尺，原则上，比例尺大的地图比较精密。但精密的地图一般都是专业部门在使用，不太容易找到。在一项使用地图法进行的抽样中，经过训练的调查员依据一份比例尺为两万五千分之一的地图上标示的坐标点去确认"实地目标"，误差不超出五户。

（四）制作住户清单列表

在地图抽样法中，完整的住户清单列表就构成了调查的抽样框。绘制调查地图和制作住户清单列表并抽样，是地图抽样法的两项核心工作。它们实际上是同时进行的。绘图员在绘制调查地图的时候，列表员也会同时记录每一栋住宅类建筑物的具体信息，以便在调查地图绘制完成之后，能够进入抽样阶段。当然，如果是选定的地图，调查员就需要在定稿上再次确定没有遗漏和重复建筑，画出调查的最优行走路线，给所有的住宅建筑物编号，并在此基础上制作住户清单列表。住户清单列表一般包括两大部分：住户清单列表封面和住户清单。

1. 住户清单列表封面制作

住户清单列表封面（见表3-6）主要包括总住户数、总住宅数、住宅类楼房数量、住宅类平房数量、抽取样本数量。采用系统抽样时需要填写抽样间距。如果采用随机抽样，则不用填写抽样间距。

表3-6　CGSS住户清单列表封面

北京省/自治区/直辖市海淀县/区中关村街道/乡/镇人民大学居委会/村委会
制表日期和时间：2010年05月30日08时15分—12时08分（24小时制）
2010年05月31日10时10分—12时23分（24小时制）

总住户数	883	总住宅数	890
制表人	李明	住宅类楼房数量	34
制表人手机号码	1234567890	住宅类平房数量	22
当地联系人	张亮	抽取样本数量	100
当地联系人手机号码	0987654321	抽样间距	9

制表人签名：李明　　　　　审核员签名：刘红
列表总页数：共91页　　　　审核时间：2010年06月10日
资料来源：王卫东，唐丽娜. 中国综合社会调查（CGSS）实地抽样绘图手册. 北京：中国社会出版社，2012：70.

2. 住户清单列表制作

住户清单列表由若干张居委会/村住户清单及抽样名单组成（见表3-7）。住户清单列表必须保持三个一致。这三个一致还可以作为检查抽样员工作是否准确的标准。

（1）"封面"中的总住宅数与"表单"中标出的最后一个序号要一致；

（2）在"表单"中，单个建筑物的"楼层住宅数量"之和与该建筑物总住宅数要一致；

（3）在"表单"中，"楼层住宅数量"与"住户编号"要一致。[1]

表 3-7　住户清单列表

序号	建筑物编号	所在楼层	楼层住宅数量	住户编号	对应分图	实际门牌号码	抽样标示	户主姓名	住宅地址	备注
1	1	2	1	1	3-1	自由村79号				
2	1	1	1	2	3-1	自由村79号				
3	2	1	1	1	3-1	自由村31号	√	张亮	自由村31号	被替换，举家常年在外打工
4	3	1	1	1	3-1	自由村32号				
5	4	1	1	1	3-1	无				
6	5	1-3	1	1	3-1	无				
7	6	1-2	1	1	3-1	无	√	李红	自由村编号为5的3层小楼	棕红色铁门，门上贴着"福"字，白瓷砖墙，绿玻璃
8	7	1	1	1	3-1	无				
9	8	1	1	1	3-1	无				
10	9	1	1	1	3-1	无	O_2^*	王东	自由村编号为9的平房	

制表人签名：胡三　共275页　第1页

*O_2为替换样本，即第二次抽中的样本。第二次抽中的用O_2标示，第三次抽中的用O_3标示，以此类推。

资料来源：王卫东，唐丽娜. 中国综合社会调查（CGSS）实地抽样绘图手册. 北京：中国社会出版社，2012：71.

（五）抽取样本

抽样环节的主要工作是：根据地图及住户清单列表抽取调查样本；核实抽中的住户；替换增补样本。

1. 抽取样本

抽取样本既可以用随机抽样法，也可以用整群抽样法或系统抽样法。

首先可以采用随机抽样法。抽取的对象为该楼某一住户所在的坐标点所对应的"样本户"。需要指出的是，这里定义的"户"并非户籍单位所指的户，而是以邮差

---

[1]　王卫东，唐丽娜. 中国综合社会调查（CGSS）实地抽样绘图手册. 北京：中国社会出版社，2012：76.

送信的"地址"为单位的户，凡是使用这个地址收信的人都被视为该户的一个成员。例如，几个从外地来工作的朋友合租一间房屋，共用一个邮政地址，他们便被视为同住在一"户"内的成员。又如在一栋居民楼内，凡独立拥有一个供邮差投递信件的信箱的"人家"，就是一户。而在某个四合院内可能住着好几个"人家"，但只有一个地址供邮差投递信件，这些"人家"也都被视为同一户的成员。也就是说，地图法的调查总体是由那些有人居住的各个地址所形成的"户"组成的。其次，除了对坐标点对应的每一"户"进行调查外，还可以采用整群抽样法，这时各坐标点所对应的户被称为群的首户。从首户开始，按门牌号码自然排列顺序，将相邻的若干户一同列为一个群。例如，设定15户为一个群，这15户最好是在首户周围方圆200米的一个完整地理区域内，没有河川或较宽的街道分隔。访问员找到首户后，应马上抄录下包括首户在内的15户地址，并将近日即将前来调查的通知邮寄或直接放入各户的信箱内。最后，也可以使用系统抽样法。这需要计算抽样间距等相关数据。

考虑到实际住户规模的差异性，地图抽样法多采用随机抽样法。这种抽样法的优点在于能保证抽样的随机性。这种随机性首先保证了在实际操作环节，即使个别随机数出错，也无须整体重新抽样，只需修改用过的随机数即可。其次，在第二年的抽样框复核时，即使住户人数有所变化，也无须重新制作住户清单列表，只需根据需要增减相关住户即可。

2. 核实和替换样本

对被抽中的住户，要进一步核实其是否用于民住，是否都有家庭户常住。如果有人常住，则判断为有效住户，进一步获取户主的姓名、住户门牌号码即可。对于没有门牌号码的住户，则要在备注栏中标注找到该住户的帮助性信息。如果被抽中的住户为空户（无人居住），或用作非居住用途，则要加以替换补足。对于用来替换的样本，也一定要进一步核实和补全信息。

四、调查实施

（一）训练访问员

组织所在地区的抽样小组和调查小组，对访问员进行必要的培训。先让访问员通过地图熟悉他将要访问的坐标点及其周围的标志性建筑；然后借助地图比例尺，帮助访问员建立起坐标点与周围标志性建筑之间距离的初步印象。另外，要对访问员进行"步测训练"。具体做法是让访问员在200米长的直线道路上来回行走几趟，记下每趟所需的步数和时间，计算出每个访问员的平均"步距"。这样在交通流量大或人流拥挤的道路上，无法使用尺来测量距离时，访问员就可以用自己的步数测出实地的距离。

（二）访问员实地调查

访问员必须按事先确定的实地坐标点、相关顺序和最优行走路线依次访问。访问员在到了实地坐标点后，应将实地坐标点附近 200 米范围内的建筑物和其他地貌状况记录下来。如果放弃该坐标点，则必须详细列出放弃的理由。这样督导员可根据访问员描述的地貌情况，进行实地核查。

（三）质量控制

在调查过程中，督导员要进行实地核查和指导。一是要对调查地图进行实地审核。如果出现调查边界不清晰、地貌特征不明显、方向标注错误、建筑重复或编号错误、住宅建筑物标识重复或不准确的现象，应当及时进行修改或重新绘制地图。二是要对住户清单列表进行督导、审核。尤其要注意住户清单列表封面和列表信息是否填写完整、是否有准确的门牌号码、样本及替换样本的标注是否清晰等问题。一旦出现问题，就需要修改或重新制作住户清单列表。

第二节　随机数字拨号抽样

由于采用访问员当面访问的费用很高，加上入户调查越来越困难，因此，除了一些有特殊目的的调查外，电话访问正越来越普遍地取代访问员当面访问。与其他形式的调查一样，电话访问也需要先进行随机抽样，但是获得一份完整的电话号码资料是很困难的，有时几乎是不可能的。这主要是因为有很多人，尤其是居住在城市中心区的居民出于安全、保护隐私等方面的考虑，不愿意将自己的家用电话登录在公共电话号码簿中。通常抽样总体离中心城市越远，拥有未登录电话号码的家庭比例就会越低。这种未登录的问题，在调查中很可能会提高未涵盖范围所产生的误差，降低样本的代表性。而随机数字拨号（random digit dialing，RDD）可以减少未登录产生的样本代表性问题。

随机数字拨号是一组概率抽样的技术。它最大的优点就是在抽样时，不一定要具备一个描述完整的抽样框；而它最大的缺点则是会遗漏未装电话的家户单位。随机数字拨号可以使用人工或电脑的方式来完成，虽然电脑方式使用起来更加快捷方便，但理论上，借助电脑进行随机数字拨号的任何一种方法，都可以通过人工来完成，只是工作量大了很多。另外，随机数字拨号既可采用简单随机数字拨号抽样法，也可使用多阶段随机数字拨号抽样法。

一、搜集相关信息

在进行随机数字拨号抽样时，首先要搜集与电话号码相关的一些信息，包括中心电话局编码、每个编码所涵盖的电话线路数量，并确认无效号码的范围。这些信息能最大限度地减少无效拨打电话的数量，提高抽样效率。

（一）搜集电话局编码

大多数随机数字拨号抽样的第一步，就是在抽样区域的地理范围内（例如，一个城市、州或国家），无遗漏地搜集电话号码字冠（prefixes，例如北京的 8 位数电话号码的前 4 个数字）的清单，这种字冠叫中心电话局编码（central office code，COC）。搜集电话局编码的最简单方法，莫过于花钱或通过在电话公司中任职的熟人，从电话公司索取。如果电话公司拒绝提供帮助的话，就只能通过电话号码簿来搜集电话局编码了。

利用与抽样区域有关联的电话号码簿来搜集电话局编码，通常的做法是：先从电话号码簿中找出与电话局编码对应的地址，然后以所有能找到的地址为依据，在地图上将每个电话局编码所界定的范围标示出来。需要说明的是，除非调查是在某个相当小的抽样区域内进行的，否则的话，这个电话局编码的确认过程可能会相当耗时，有时甚至让人不得不放弃。因此，在计算调查抽样成本时，应考虑到搜集电话局编码的费用。

无论电话局编码是从电话公司获得的，还是以人工方式自己搜集的，都需要特别注意一个问题：抽样区域的范围与电话局编码所界定的范围是否一致？有时两个区域的地理界线完全相符；但某些时候，电话局编码所界定的范围并不见得会与抽样区域的范围完全一致。如果二者相差太大，出于成本考虑，就有可能放弃随机数字拨号抽样。但如果两个区域的范围相当接近，或许就能够利用地理上的筛选性问题，把那些居住在抽样区域之外的人排除掉；或者也可以考虑缩小或扩大抽样区域，使其与电话局编码所界定的范围相互匹配。

（二）确定电话局编码的线路数量

除了电话局编码外，最好还能从电话公司获得抽样区域内每个电话局编码所涵盖的，可以正常运作的家用电话线路的数量，因为这样就可以针对每个电话局编码所占的线路比例来产生电话号码。在此情形下，最终样本会以电话局编码为依据，呈现出分层化的状态。例如，某市共有 8 个属于家用电话的电话局，通过电话公司了解到其中的 3 个局——6864、6866、6869——几乎占了该市 8 000 条家用电话线路的 3/4。其中，6864 局共有 3 000 个有效的家用电话号码，6866 和 6869 局分别有 2 000 个和 1 000 个有效的家用电话号码。不难算出，3 个局的电话线路比例分别为 37.5%、25.0% 和 12.5%。这时，如果需要随机拨出的电话号码样本规模为

1 000 个，在样本中就应包含 375 个以 6864 开头、250 个以 6866 开头、125 个以 6869 开头的电话号码。另外，如果无法从电话公司获得该信息，那么也可从电话簿中抽取几页有代表性的家用号码，对电话局编码与家用电话线路的比例进行估计。注意，进行估计的前提是各个电话局编码所涵盖的未登录电话号码的比例大致相等，否则就不能进行估计了。

（三）确认无效号码的范围

从理论上讲，调查员只要能知道抽样范围内的电话局编码，就可以利用各种不同的技术在这些编码后面再加入几位随机数字，形成一系列将要拨出的电话号码。但是，这些号码可能有效，即号码恰好对应家用电话；这些号码也可能无效，即号码不与家用电话相对应。无效号码可能是非家用电话号码或电话公司未分配的号码。如果能事先将这些无效号码去除掉，那么无疑会大大提高随机数字拨号的效率。例如，假设已经知道了在 6864、6866 和 6869 的字冠范围内，属于家用电话号码的范围分别为 2000～3999，5000～7999，0000～0999、4000～4999，那么产生出来的随机数就应该是 3 位数，也就是说，应将一系列 3 位随机数添加在 6864 - 2、6864 - 3、6866 - 5、6866 - 6、6866 - 7、6869 - 0 和 6869 - 4 的后面。

假设某地区电话局编码后有 4 位号码，在形成电话号码前，最好能从电话公司获取有关这后 4 位号码中的无效范围的信息。如果无法从电话公司取得此类信息的话，那么可以从一般的电话号码簿中估计出此类信息，但这是一件极为耗时的工作。另外，调查员还可以根据实际情况，决定是否要针对每个电话局编码来搜集无效范围的信息。例如，如果访问员的劳务费是按工时决定的，而且筛选无效号码所需成本较低，那通过搜集无效号码的范围来提高拨号抽样的效率就是一项值得努力的目标。另外，对于那些在同样的地理区域中进行周期性调查的研究人员而言，尽可能搜集该区域中与电话局编码有关的大量信息，以供后续研究反复使用，即使需要花费一些原始成本，通常来说也是值得的。不过此时要特别注意的是，由于抽样区域中住户的流动性，以及伴随区域经济发展电话用户数量的增长，要及时对该区域的电话局编码、每个编码中所分配到的用户比例和未被使用的号码范围等有关信息进行周期性更新（例如每年更新一次）。

二、随机数字拨号的技术

在搜集到相关的电话号码信息后，便可以利用一些随机数字技术，进行随机数字拨号抽样了。这些技术包括随机数表、数字添加技术和电脑辅助电话访问方法。另外，还可以采用二阶段随机数字拨号方法，来减少简单随机数字拨号中无效电话号码的数量。

（一）随机数表

利用随机数表，以人工方式进行简单随机数字拨号抽样，是随机数字拨号最基本的技术。具体做法是，在确定电话局编码的基础上，先利用随机数表生成一系列随机数，并将随机数加在电话局编码后面，形成一系列将要拨出的电话号码。通常有必要抽出比预期样本规模多一些的电话号码，因为，用这种方法抽出的电话号码经常是无效的。在抽出一定号码后，让访问员实际拨打号码，如果被拨打的号码不是一个正在被使用的家用电话号码，就将其过滤掉，再接着拨打另一个被随机抽中的电话号码。继续这个过程，直至产生足够多的有效电话号码为止。例如，抽样区域内的电话局编码为 6864、6866、6869，被选出的随机数是 5471、9635、3826……则将要拨出的电话号码就是 6864－5471、6866－9635、6869－3826……接下来从电话号码 6864－5471 开始，拨打和筛选这些随机电话号码，形成抽样群体。如果在抽样区域内，以 6864、6866、6869 开头的电话线路比例分别为 20％、40％和 40％，则抽样人员就应该以下列顺序，将一连串四位随机数添加到所选择的电话局编码后面：6864、6866、6866、6869、6869、6864、6866、6866、6869、6869……以此类推，以便反映各电话局的电话比例（1∶2∶2）。

（二）数字添加技术

另外，在已有的电话号码的基础上，还可利用数字添加技术来产生新的电话号码。具体做法是先从电话号码簿中抽取一些"种子"（seed）号码，然后将某个（也可以是两个或三个）定数或随机数，添加在每个"种子"号码上。"往上加 1"就是一种数字添加技术。例如，已通过简单随机抽样或系统抽样方法，从电话号码簿中抽出一个电话号码 6869－5642，在这个号码的后四位的最后一位数字上再添加 1，产生一个新的号码 6869－5643。另外，也可以加 11 或其他数字，来产生新号码。在使用数字添加技术时，需要特别注意如果电话公司在分配未登录电话号码时，将它们集中于某个特定的后四位号码范围内的话，就可能导致这种数字添加技术产生严重偏差。因为此时由于依赖电话号码簿产生的"种子"号码，无法涵盖这些未登录号码，所以会有相当数量的电话号码无法被抽入调查总体。

（三）电脑辅助电话访问

随机数字拨号也可由电脑来完成，这时随机电话号码是由计算机程序产生的。需要说明的是，无论是人工拨号还是电脑辅助电话访问（computer-assisted telephone interviewing，CATI），都需要事先搜集一份抽样区域内的电话局编码。二者之间的一项不同之处在于，在电脑辅助电话访问中，可以将有关电话局编码线路数量和无效号码范围的信息，直接编入产生随机号码的程序。二者之间另一项重要的区别是，在电脑辅助电话访问的情况下，可以一次只产生一个电话号码，供访问员进行拨号访问使用。也就是说，借助电脑就可以不像人工拨号那样，必须在访问前就产生一个足够大的随机电话号码抽样群体。这是因为借助电脑可以随时产生随机电话号码，而人工拨号要求某人每次只产生一个随机电话号码供访问员使用。再有，在利用电脑或随机数表产生随机数字时，有可能会在同一组电话局编码中产生重复的随机数字，这时难免会产生完全相同的电话号码，虽然出现这种情况的概率不大，但还是存在这种可能性。在采用人工拨号方式产生样本时，很难核对出这种重复的号码，但借助电脑可以轻而易举地查出重复的号码。

（四）二阶段随机数字拨号

简单随机数字拨号抽样最不方便的地方，莫过于会产生大量无效的电话号码。除通过事先确定无效号码范围外，二阶段随机数字拨号也是有效减少无效号码的抽样方式，尤其是当抽样区域过于庞大时，这种方法更加有效。但这种方法带来便利性与有效性的代价便是会略为增加该项调查的抽样误差。下面以一项电话访问为例子，具体介绍二阶段随机数字拨号抽样的具体实施方法。

（1）取得涵盖抽样区域所有家用电话的电话局编码的目录。如果调查的区域面积过大（如全国），则可以从全部编码目录中随机抽出一些电话局编码来。

（2）利用简单随机数字拨号的原则，在抽样区域内确定一个相对较小的家用电话号码群体，作为第二阶段中的"种子"号码，通常可抽取 50～100 个。与此同时，还要根据可联系上的电话号码的比例，抽选一些备用的"种子"号码。例如，若抽取了 100 个"种子"号码，可联系上的电话号码比例为 25％，则需要准备 400 个"种子"号码。

（3）让所有的访问员拨打这 400 个"种子"号码，以判定哪些是可以联系上的家用电话，预计约有 100 个号码可以成功。有时依据一个简短的过滤性问题，便可做出判断；但在另一些情况下，可能必须对每一户联络上的家庭，进行真正无所遗漏的访问。无论如何，对于这些"种子"号码，都必须依据是否为家用电话来加以分类。从实际调查看，仅通过电话访问是无法达成这个目标的，通常还需要花时间和金钱与电话公司联系，以判定那些从未被接听的电话号码究竟是否属于家用电话。

（4）第一阶段确定的 100 个左右"种子"号码，代表了抽样区域内所有家用电话的一个简单随机样本。如果计划样本规模为 1 100 个住户，那么在第二阶段中每个"种子"号码必须派生出 11 次电话访问。具体做法是针对每个第一阶段抽取出的家用电话号码，以随机方式对后四位数字中的最后两位数字加以替换，每个号码都至少进行 11 次替换，直到产生 1 100 个各不相同的电话号码为止。另外，如果某些"种子"号码没有产生预计应完成的电话号码数量，就需要在抽样后以加权的方式，对每个"种子"号码中所完成的不相等的电话号码数量加以调整，以满足等概率抽样原则。

除了以上介绍的通过替换后两位数字来派生电话号码的方法外，第二阶段的抽样还可通过以下过程来完成。

假设某个选定的"种子"号码为 6864－5347，如果它不是一个正在被使用的家用电话号码，就接着拨打 6864 范围内下一组被随机抽中的电话号码。如果 6864 - 5347 是正在被使用的家用电话号码，就拨打在 6864 - 5300 到 6864 - 5399 之间的 100 个号码中另外的号码（这 100 个号码被称为群）。这些被拨打的号码叫"第二级号码"，第二级号码的个数取决于想要的样本规模。这里我们假定将要拨打的是 11 个第二级号码。如果 11 个第二级号码中没有一个号码正在被使用，那就接着拨打这 100 个号码中的其他号码，直到最后拨到 11 个正在被使用的第二级号码为止。在上述步骤完成后，再针对其他的"种子"号码，继续这个过程。

第三节　非抽样误差

在调查研究中，除了抽样误差外，还广泛存在着各种非抽样误差，它们主要是由于抽样框不完备、无应答和计量问题而产生的误差。不像抽样误差是纯粹的随机误差，非抽样误差中既有由疏忽导致无应答而产生的随机误差，也有抽样框不完备引起的系统误差。相比之下，后者会导致严重的估计偏倚。非抽样误差成因复杂，又难以识别和测量，因此在抽样中需要给予特别的关注，下面将结合实例来探讨其类型和消除办法。

一、抽样框误差

在抽样设计中，由于抽样框不完备引起的非抽样误差，通常被称为抽样框误差。在实际抽样中，造成抽样框误差的原因是多方面的，包括目标总体单元丢失或增添、抽样框与目标总体存在复合连接等。大量流动人口导致抽样框误差，就是由于目标总体单元丢失。而追踪调查中的样本轮换，如果处理不当，也可能会由于目标总体单元丢失或增添，而出现抽样框误差。

（一）误差类型及消除办法

具体说来，在抽样设计中，经常会出现具体的抽样总体与目标总体不一致的情况，这时编制出来的抽样框就是不完备的。一般说来，抽样框误差包括以下几种情况：

首先，抽样框丢失了本该列入的目标总体单元，即在编制抽样框时，没有将所有目标总体单元都编进抽样框。这样在抽样时，有些符合条件的目标总体单元，由于不在抽样框内，所以不可能被选入样。丢失目标总体单元不仅会导致低估目标总体单元的数量，在估计总体参数时也会出现偏差。一个解决目标总体单元丢失的办法是在编制抽样框时，事先针对丢失单元确定一些入样规则，这样一旦发现并找到丢失单元，便按照入样规则将其与抽样框单元连接起来。指定丢失单元入样规则必须满足等概率原则。另一个解决目标总体单元丢失的办法是使用多个抽样框，也就是针对不同的总体对象，编制不同的抽样框进行抽样。不过使用多个抽样框，要注意不要出现抽样框重叠现象，即要将那些同时出现在不同抽样框中的目标总体单元，从某一个抽样框中剔除掉。实践中剔除目标总体单元往往很困难，有时只能通过统计估算，来消除抽样框重叠引起的偏差。同时还要考虑到对由不同抽样框抽出的样本单元进行加权，以保证样本单元的等概率性。在调查实践中，流动人口经常引起目标总体单元丢失，关于这个问题将在下面详细讨论。

其次，抽样框包含了不应该列入的目标总体单元，即在编制抽样框时，将一些本来不符合调查条件的单元编进了抽样框。例如，在根据住址对居民户进行抽样时，将一些公司、机关单位的地址编进了抽样框，或将一些已经搬迁了的居民户住址编进了抽样框。这样在实际调查中，就会使得抽样总体的单元数量大于目标总体的单元数量，产生估计偏差。相对于解决目标总体单元丢失而言，发现非目标总体单元要容易一些，因此可以在编制抽样框时通过一定程序将不符合条件的单元筛选出去。

最后，抽样框与目标总体存在复合连接，即抽样框中的单元与抽样总体中的单元不是一一对应的关系，一个抽样框中的单元可能与多个目标总体单元相连接，或反过来，一个目标总体单元连接多个抽样框中的单元。抽样框在前一种情况中"小"，在后一种情况中"大"。例如，在根据住址对居民户进行抽样时，如果抽样框是按居民居住的门牌号码编制的，那么一个门牌号码内居住两户或多户人家，就属于一个抽样框中的单元可能与多个目标总体单元相连接；相反，一个住户若有两处或多处住房，便属于一个目标总体单元连接多个抽样框中的单元的情况。解决复合连接的方法是指定抽样框单元与目标总体单元唯一连接的规则，如前面提到的地图法抽样中就针对一个地址多户人家的情况，规定将一个邮政地址内的所有人家视为一户，这些人家的成员也都被视为一户的成员，从而保证抽样框单元与目标总体单元的唯一连接。而对于一户多处住房的情况，事先剔除掉是最好的，如果无法做到而且这种情况又很多，则可以对这部分样本的调查结果进行加权处理。

（二）对流动人口的抽样

从目前国内开展的调查实例看，流动人口引起的抽样框误差问题比较突出。流动人口引起的抽样框误差是指抽样框丢失了本该被列入的调查对象而引起的误差。由于目前中国正处在一个经济快速增长、城市化进程不断加快的过程中，大量的流动人口使得原有的社会人员管理制度，特别是户籍制度受到了冲击。大多数流动人口由于其流动特性，在某一行政区划内居住的时间相对短暂，加上变化中的社会管理体制的不完善性，许多流动人员并不向管理部门申报登记，有的即使申报登记了，也很快又由于流走而使得登记资料报废。这样，目前建立在政府行政管理体系［省、市、区（县）、街道（乡镇）、居委会（村）］基础上，被频繁使用的 PPS 抽样设计，就无法获得一个能涵盖某一行政区划内全部常住和流动人口的完备的抽样框。而得不到完备的抽样框，由此产生的非抽样误差就会使样本的代表性产生致命的缺陷。例如，截至 2001 年 8 月底，北京市户籍人口是 1 000 万多一点，不到 1 100 万，可是流动人口却有 300 多万。如果把流动人口这一块去掉，那北京就是残缺的北京；可找到这一块却是相当困难的工作。

解决由流动人口引起的抽样框缺失问题的第一步是想办法获得流动人口的资料。从流动人口的管理现状看，目前流动人口分两块管理，一块是集体户管理，另一块是居委会登记暂住人口。集体户的管理资料由公安局掌握，人口的平均年龄、受教育程度等变量都是可以知道的。另外，乡镇下面的村也好，街道下面的居委会也好，都比较清楚自己辖区有多少暂住人口，村或居委会这一级管理部门具体执行暂住人口管理费缴纳，而且有一定提成。正因为有管理费这样一个经济上的动力，所以从村或居委会比从其他任何单位所得到的数据与真实情况的差距都要小。

流动人口的集体户抽样[①]的具体操作步骤如下。首先，从市公安局[②]拿到有关的流动人口资料，包括：（1）全市流动人口集体户的总数，以及这些集体户所包括的流动人口总数；（2）全市管辖流动人口集体户的派出所数目；（3）每个派出所管辖的流动人口集体户数、每个集体户的流动人口数。其次，确定管辖流动人口的派出所为初级抽样单位，使用 PPS 方法抽出集体户。最后，在每个被抽中的集体户中用等距抽样的方法，抽取流动人口样本。

流动人口除集体户外，相当一部分属于暂住人口，他们中的绝大多数（以白领阶层居多）不住集体户，而是租用别人家的房屋居住。这些人是在居委会登记的暂住人口，办理了暂住证。这样集体户抽样就无法抽到他们。在实际抽样中，暂住人口的抽样问题是通过按照门牌号码抽样的方法（具体操作程序参见"无应答误差"部分）解决的。这里暂住人口的概念是相对于拥有常住户口的居民而言的，是户籍制度的产物。如果从居住地看，则不管房屋里面住着什么人——也许是常住人口，也许是暂住人口——差别都不大。这样就可以将进入居委会管辖的暂住人口，从居住地的角度与常住人口一视同仁，然后，在居委会范围内按照门牌号码抽样。

除了以上对集体户和暂住人口的具体抽样外，由于两块抽样所依据的是不同的抽样框，因此需要解决如何将两块抽样得到的样本合并在一起的问题。从理论上讲，概率抽样首先应做到的是保证样本中的所有单位有相等的概率被抽中。由此可见，如果将集体户样本与一般居民样本合并在一起分析，需要保证集体户中的流动人口被抽中的概率（抽样比）与一般居民被抽中的概率是相等的。如果为了分析流动人口方便起见（流动人口比例较小），加大了流动人口样本量，那么当合并在一起分析时，需要对流动人口或一般居民样本进行加权处理。

---

①　本方案主要参考了 1998 年国家科委（现科技部）与挪威社会科学研究所在北京、无锡、珠海三个城市进行的劳动力市场调查，此项调查对样本中 500 户流动民工采用了集体户抽样方法。

②　严格来讲，全国抽样应从公安部获得全国所有流动人口的集体户资料，全省（自治区）抽样应获得某一省（自治区）的资料，但这在实际操作上困难太大。故在较大范围内抽样，对流动人口应局限于市（县）范围内。

另外，由于使用了两个抽样框，因此必须处理抽样框之间的样本重叠问题。也就是说，流动人口在工作地点是流动的，但在自己的户籍所在地是常住的。这样利用两个抽样框抽样时，实际上流动人口被抽了两次。从理论上讲，对于流动人口中的集体户，特别是那些集体外出打工的施工队，可以考虑在这些人的常住户口所在地将其删除掉。当然，这只是理论上的考虑，实际操作存在很大的困难。而对于流动人口中的暂住人口，则可近似认为他们在自己常住户口所在地的分布是零散的，相对于那些地方的常住人口而言数量较少，因此可以考虑忽略不计。

解决流动人口抽样除了采用上面的按集体户和门牌号码抽样外，分层调查并进行加权抽样和区域抽样也是可行的解决方案。

（三）追踪调查中的样本轮换

追踪调查通常需要确定一个相对固定的样本，然后根据研究需要，连续追踪调查这个样本中的个体，这些个体至少被调查两次。通过固定样本对个体进行常规的追踪，不仅可以连续地获得信息，而且不要求个体对过去的事情进行回忆，这无疑可以减少观察误差。当前中国社会处于快速变动之中，追踪调查是一项经常被研究者采用的观察技术，特别是那些针对特殊人群或企业的研究，更是经常采用此项技术来观察某些变量或参数随时间变化的情况。例如，始于 1993 年的"中国私营企业调查"，就是每两年一次在全国 31 个省、自治区、直辖市进行调查的。

不过固定样本存在着个体的"消失"或"出生"问题，而样本量的减少或增加会降低估计量的精度。个体"消失"的原因可能是自然死亡、分类改变（如公司）、地址改变和失去耐心等。不难看出，除了自然死亡，在其他"消失"情况中，样本个体仍然在调查对象的总体中，那么这实际上是一个无应答问题。除了可以对仍留在固定样本中的个体进行加权处理外，解决固定样本由于调查对象失去耐心、不配合而产生的个体"消失"问题，办法是建立轮换子样本系统。也就是在抽取固定样本的同时，将其按随机原则相应地划分为几个子样本，一旦调查进程到了重新调查的时间上限，就轮换掉最老的子样本，换上其他新的子样本。在样本轮换中首先要确定样本轮换率，即在实行样本轮换时新引入调查期的样本单元数量占样本总量的比例。其次还要确定样本轮换时间，即实行两次样本轮换的间隔时间。下面将通过一个实例，介绍一下样本轮换的操作过程。

法国经济统计研究在进行费用调查时[①]，采用了样本轮换技术。整个调查样本由 8 个子样本构成，8 个子样本都是按同样的抽样方案在抽样框内被独立抽选出来的。每个子样本在两年内分别调查 8 次，调查分别安排在每年的 1 月、4 月、7 月和 10 月进行。每个调查期内的样本轮换率为 1/8，样本轮换时间为 4 个月，即每隔 4 个月去掉一个子样本，同时增加一个新的子样本。子样本轮换方案如图 3 - 3 所示，其中○和△分别表示被替换掉和新增加的子样本。

---

① 王国明，李学增，刘晓越，王文颖．抽样原理及其应用．北京：中国统计出版社，1996：207 - 208.

调查期	主样本								新增加的子样本							
1993年1月	□	□	□	□	□	□	□	□								
1993年4月	○								△							
1993年7月	○	○							△	△						
1993年10月	○	○	○						△	△	△					
1994年1月	○	○	○	○					△	△	△	△				
1994年4月	○	○	○	○	○				△	△	△	△	△			
1994年7月	○	○	○	○	○	○			△	△	△	△	△	△		
1994年10月	○	○	○	○	○	○	○		△	△	△	△	△	△	△	
1995年1月	○	○	○	○	○	○	○	○	△	△	△	△	△	△	△	△

图 3-3　子样本轮换方案

这种样本轮换方法的主要优点是可供比较的子样本数量较大。如图 3-3 所显示的那样，从第二个调查期开始，在每一个调查期内，8 个子样本中均有 7 个是重新调查的，这样在每个调查期都可以通过比较 7 个子样本在 $t-1$ 期和 t 期的数值来构造费用指数。

除了样本中个体的"消失"外，追踪调查中的个体"出生"情况也很普遍，例如，在中国私营企业调查中，那些新出现的私营企业。为了防止在使用固定样本估算时产生缺失型错误和引入偏差，有必要在原来的抽样框之外，再构造一个由新"出生"的个体组成的抽样框，并随时间的推移不断地抽取新的个体对固定样本进行补充。这里问题的关键是要找到新"出生"个体的资料。

二、无应答误差

无应答误差是在抽样设计中，由于各种原因没能够对被抽出的样本单位访问成功，从而没有获得有关这些单位的信息，进而由于数据缺失产生的估计偏差。无应答可按其性质分为无意无应答和有意无应答，前者为随机误差，后者则为系统误差，比较起来后者产生的偏差更为严重。整个数据搜集过程都有可能产生无应答误差。资料搜集一开始要做的就是查找调查对象，如果调查对象找不到（搬迁等原因）或访问时不在家，就会由于"找不到"调查对象而产生无应答误差。有时在调查中即使找到了调查对象，也会由于调查对象"拒访"而无法与其发生有效的接触，从而产生无应答误差。不仅如此，有时即使调查开始了，调查对象也会由于对某些问题不愿回答而"拒访"。

（一）地址不准确及解决办法

很多调查对象找不到主要是由于姓名地址抽样框提供的地址不准确，这主要是因为目前许多调查是利用公安局、街道和居委会掌握的户籍资料编制的抽样框，在实际进行抽样时，经常会遇到被抽中的调查对象"找不到"的现象。而当前地址不准确主要是由大多数城市普遍存在的人户分离现象——本人实际住所与户籍所在地相分离——引起的。产生城市中人户分离现象的直接原因有以下几点。

首先，住房动迁。由于城市建设的快速发展，大量新的居住街区替换了原有的老街区。这样一部分老街区居民，在住房动迁过程中，（临时）居住地与户籍所在地处于分离状态。而且由于老街区通常位于城市中区位较好的地段，经开发改造，许多原居民无法回迁，又没有及时将户口迁入新的居住地，因此形成人户分离。同时经开发改造，有些老街区会形成一些新的居住区（其中许多是高档住宅区），它的资料根本还没有进入公安局系统的街道资料库中去，这也会形成人户分离。

其次，多处居所。由于城市住房制度由福利分房向货币购房转轨，一些已通过福利分房制度获得了住房的城市居民，为了进一步改善居住条件，纷纷持币购买商品房，这样一部分城市居民就拥有了多处住房。而这些居民的户籍一般在原住房处，但自己居住在新住房处，这样也形成了人户分离。

最后，"空巢"现象。目前国内城市中也出现了"空巢"现象，即许多原来与父母住在一起的年轻人，在经济独立后，会另寻新的住房居住。但这些栖息在"新巢"的年轻人的户口，经常保留在父母处不迁出（这与目前城市房屋动迁按户口对居民进行补偿的政策有关），这实际上就形成了这部分年轻人的人户分离。

解决"找不到"式无应答误差的一个有效办法是按门牌号码抽样。也就是说，在PPS抽样中，当抽样进入居委会这一级时，不按户籍资料抽取住户，而按照门牌号码抽取住户。一般说来，在某一居委会范围内，住户的门牌号码居委会全部都有。那么不管这些门牌号码里面住的是什么人，只管等距地抽取门牌号码就行了。门牌号码抽样的好处就是抽到的不是某个要找的住户，而是某个门牌号码。在这个门牌号码里一般总会有住户，而这个住户就被确定为要调查的住户，这样就有效地解决了"找不到"的问题。按门牌号码抽样需要解决的一个问题是，如何解决机关大院内住户的抽样。有时居委会掌握的仅仅是机关大院的门牌号码，但在这个大院内实际上住着许多独立的住户，对这些住户实际上应该进行与有独立门牌号码的住户同样的抽样。一些高档住宅小区也存在与机关大院相同的情况。解决这个问题的办法只能是获得机关大院和高档住宅小区内住户的资料。对于前者，可以寻求机关大院上级部门的支持，而对于后者，只能通过经济手段，找物业公司帮忙，估计后者的难度更大。

（二）访问时不在家及解决办法

与地址不准确这样的客观原因不同，由于调查对象"访问时不在家"而产生的无应答误差主要是由访问员的主观原因引起的。一种有效的解决办法是加大入户抽样的监控力度。在具体介绍该问题的解决办法之前，有必要将调查对象访问时不在家的含义精确化。由于这里涉及的问卷调查大多是截面调查，因此调查通常持续一个不太长的时间。而这里所谓的调查对象访问时不在家，可以有两种理解：一种是指调查对象较长时间不在家（可能在外地出差、生病住院、被关押在监狱等），在调查持续进行的时间内根本找不到，入户抽样的调查员可以将此人排除在抽样范围以外，即不用将此人登记在 Kish 表中；另一种是指调查对象偶尔不在家，在调查持续进行的时间内有可能找到。下面讨论的主要是后一种不在家的情况。

调查对象访问时不在家，实际上是入户抽样的问题。按常规 PPS 抽样一般抽取到户，调查员入户后常利用 Kish 表抽取调查对象，如果被抽中的调查对象不在家，则要求调查员重复入户三次；如果被抽中的调查对象三次均不在家，才允许更换备选的住户，重新抽取调查对象。

但在实际调查中，经常是调查员在调查了两三户以后，户内的抽样就开始偏了，容易出现年龄偏大、老年人多的情况。因为入户抽样经常是年轻人不在，你说让调查员跑三次，很少有人真的去三次。好不容易找到，好不容易敲开门，他就登记三口人，老头、老太太、一个小孩，然后在老头和老太太之间选一个人进行调查。其实你有时候打电话回访，就会发现老头、老太太的儿子或女儿还住在家里，但调查员没有把他们登记在 Kish 表上。这里有钱的问题、时间成本的问题、调查员干不干的问题。另外，如果调查员手中同时有多份问卷，那么入户后即使按 Kish 表抽样了，他也可以根据在家的人，从问卷中找出一份与某个在家的人相匹配的问卷进行调查。

解决"访问时不在家"问题的办法是加大入户抽样的监控力度，具体监控方法有以下几条。

首先，入户抽样与入户调查相分离。在具体操作中可设法事先将户内调查对象抽出来，并将地址印在问卷上，然后再派调查员入户调查。如果调查员入户后，事先选定的调查对象不在家，需要更换样本，那么需要对性别和年龄进行控制。例如，事先抽了一个 23 岁的男性调查对象，你作为调查员，好不容易敲开门，如果说实在找不到这个人，可以允许换户，但换户必须限定性别和年龄。比如说你换了隔壁，性别不变，这个人的年龄可以上下变动三岁。假如这一户有 20～26 岁的人，你可以对他进行调查。超过这个年龄浮动范围的人，你就不能调查，这样争取去一次就可以完成调查。

其次，保证 20％的回访率。具体操作要求调查员在做调查的时候，必须尽量地把电话号码等联系方式要到，然后从已调查过的调查对象中随机抽出 20％进行回访。例如，如果调查员登记某户里有三口人，就打电话或发短信去询问：你们家里是否只有三口人？如果发现情况与登记不符，可派专人上门核查，如果确实有作弊情节，需要及时废除对这户做的调查问卷，并补做该户的问卷（前提是被访者同意继续接受调查）。与此同时，需要对作弊的调查员做出相应处理，包括废除他完成的所有问卷，并终止其调查员资格。这里其实也有一个成本的问题，但这个成本不是调查员的劳务成本，而是一部分回访人员的劳务成本。实践中从第一批调查问卷回来时就应开始进行回访控制，而且要做到回访人员与调查员相分离（最好是互不认识的），也就是要由始至终指派专门人员进行回访监控。

（三）拒访及解决办法

"拒访"的发生一方面可能由于调查对象生病或太忙没时间等客观原因，另一方面也可能由于调查对象对调查不感兴趣或出于安全考虑等主观原因。从当前各种拒访类型的发生情况看，拒绝访问员入户是比较突出的情况。解决此类"拒访"的有效办法就是动员政府资源。目前在中国进行问卷调查，特别是在大城市，调查对象对于入户访问的拒访率是非常高的，有时没有政府推动，调查根本就做不成。例如，广州市政府曾做过一个万户调查，第一次可能没有打政府的旗号，结果十户人家中只有一户接受了调查，拒访率高达90％；后来利用政府的手段做宣传，接受率才高一些。这种情况出现不是由于调查内容涉及敏感问题，而是由于这种调查太多了，被打搅得多了，就没有人再愿意接受调查了。由此可见，要想有效地解决"拒访"问题，政府资源非常重要。

政府支持对于入户过程起着十分关键的作用。首先，居民在没有街道和居委会干部陪同的情况下，拒访率非常高。而要想得到街道和居委会干部的配合，除了适当的经济补偿外，政府介绍信是必需的。不过，在请街道和居委会干部陪同入户时，为了避免他们在场干扰访问，一个应注意的原则就是只让他们把调查员带进门，带进门以后就请他们离开。其次，对一些特殊的政府机关大院进行调查，没有政府的支持是进不去的。例如，进行广东社会变迁调查的调查员，在韶关抽到的一个小区是一个公安局的大院，当时即使有居委会人员陪同，也不让进、拒访。后来调查员返回韶关市公安局，请公安局给那个大院发了一个通知，调查员才可以进去。所以，不动用政府的力量进行调查是挺难的。

解决拒访问题除争取政府支持外，另一种应对办法是针对户一级抽样单位扩大样本量，即在抽取住户时根据一定比例，多抽取一些备用住户。而样本扩大的具体规模则根据由经验得出的入户拒访率确定。例如，在香港，入户拒访率为40％～60％，因此，在抽取户数时可以多抽出50％的备用样本。

最后，对于调查中调查对象由于不愿回答某些问题，或由于访问员的原因而拒访的情况，解决办法一方面是提高问题的质量，合理安排问题的顺序，特别是将那些容易引起拒访的隐私性、敏感性问题尽量放在后面，另一方面则是注意提高访问员的素质。

三、无应答替换[①]

应答率也被称为回答率或调查回收率。在抽样调查中，"应答率是评估收集的资料有效性的基本参数，即接受访问（或应答单位）的人数除以样本的人数（或单

---

① "无应答替换"部分的内容主要参考了郝大海的《抽样调查中的无应答替换与应答率》［统计与决策，2008（11）］一文中的相关内容，在此对刊载此文的《统计与决策》杂志社表示感谢。

元数）。分母包括了从总体中抽取的所有人，即包括那些虽被抽中但因拒绝、语言问题、疾病或者缺乏易得性而没有应答的人"[1]。在调查执行中，如果对无应答单位不做替换，则应答率的计算相对简单，即用接受访问的人数（或应答单位数）除以总样本人数（或样本规模）。设样本规模为 n，应答单位数为 α，无应答单位数为 β，则调查应答率为：$k=\dfrac{\alpha}{n}$。在实际调查中，由于回收的问卷中会有一部分不合格的问卷，所以，真正严格意义上的调查回收率，是有效回收率。上述公式中的应答单位数 α 必须为有效应答单位数。对社会调查而言，应答率反映出实际调查的样本与抽取的样本之间是否存在着较大的差异。应答率越高，在很大程度上说明调查结果的代表性越好。为保证高的应答率和调查资料的质量，调查者往往会在调查实施中对无应答现象[2]进行处理。通常有两种处理方法[3]，一种是对无应答单位不做替换，另一种则是用替换样本进行无应答替换。在一定程度上，无应答替换增加了应答率计算的难度。

（一）无应答替换的替换方法

在抽样调查中，常用的单位无应答替换方法包括以下几类：明显替换、补充抽样和二重抽样等[4]。

明显替换是采用总体中的其他单位（元素）来替换样本中的无应答单位，目的是使最终的应答数量不低于样本规模，即抽样设计要求的样本中的元素个数。这种替换方法的一个明显特征就是要求替换样本单位不属于初始抽样单位，故也被称为"冷"替换。替换样本的抽取既可用随机方法，也可用非随机方法。随机方法就是按概率抽样方法，从初始样本以外的总体的其他单位中随机抽取替换样本。在随机抽取替换样本时，应特别注意分层原则，即尽可能地在那些与无应答单位同属一个层的总体单位中抽取替换样本。这样做的一个重要原因是尽可能降低有意识无应答的单位数量，进而降低产生估计偏倚的可能性[5]。与随机方法不同，非随机方法是按照一些预先制定的规则，从总体中初始样本以外的其他单位中选取替换样本。在

---

①　福勒. 调查研究方法. 重庆：重庆大学出版社，2004：41.

②　需要说明的是，这里的无应答现象主要是指单位无应答，除此之外，还有题项无应答。题项无应答主要是被访者对问卷中的部分项目（问题）无应答，它主要影响有效应答率，这里不做进一步的讨论。读者可参考郝大海的《抽样调查中的无应答替换与应答率》一文中所列出的有关抽样的参考文献。

③　由于这里主要是讨论应答率计算问题，故没有将利用修正缺失值方法来处理无应答的策略包括在其中。

④　樊鸿康. 抽样调查. 北京：高等教育出版社，2000：203. 杜子芳. 抽样技术及其应用. 北京：清华大学出版社，2005：464 - 466. 除了这里介绍的无应答替换方法外，在抽样调查中还可以采用事后处理，即在数据处理阶段，利用加权调整、插补调整等数值方式，对无应答产生的偏误进行调整，但这些方法主要是对题项无应答做出调整，并不直接与应答率计算相关，这里不做进一步介绍，感兴趣者可查阅相关抽样调查文献：金勇进，蒋妍，李序颖. 抽样技术. 北京：中国人民大学出版社，2002：261 - 266. 杜子芳. 抽样技术及其应用. 北京：清华大学出版社，2005：466 - 469.

⑤　估计偏倚主要源自有意识无应答，无意识无应答一般只会造成由有效样本量减少而引起的方差增加，并不会产生估计偏倚。

入户调查访问中，无应答住户的替换单位经常被规定为该住户的前（或后）一个住户；而在电话调查中，调查员经常将无应答单位的电话号码尾数加 1 后作为替换单位的电话号码。与非随机方法相比，随机方法由于能够估计抽样误差，故具有能够对统计值进行统计评价的优点。

补充抽样是在对应答率进行估计的基础上，采用与抽取初始样本同样的方法独立地抽取数组替换样本，在执行调查过程中，不断地补充加入，直到最终应答单位数量达到样本规模为止。该方法的操作步骤如下：设样本规模为 n，预计实际调查中应答率的下限为 k_L，上限为 k_H；抽取一个容量为 nk_H^{-1} 的初始样本，并以同样的方法独立地抽取 m 组替换样本，每组替换样本的容量为 $n(k_L^{-1}-k_H^{-1})/m$。最终样本容量为 $nk_H^{-1}+mn(k_L^{-1}-k_H^{-1})/m=nk_L^{-1}$，由于应答率下限为 k_L，故最终应答单位数量不会低于 $nk_L^{-1}\times k_L=n$。例如，欲进行一次抽样调查，假设样本规模为 1 000，预计应答率下限为 70%，上限为 80%；抽取一个容量为 $nk_H^{-1}=$ 1 000$\times$（100/80）= 1 250 的初始样本，并以同样方法独立地抽取 5 组替换样本，每组替换样本的容量为 $n(k_L^{-1}-k_H^{-1})/m=$ 1 000$\times$（100/70 - 100/80）/5 = 35.7。最终样本容量为 $nk_H^{-1}+mn(k_L^{-1}-k_H^{-1})/m=nk_L^{-1}=$ 1 000$\times$（100/70）= 1 429，由于应答率下限为 70%，故最终应答单位数量不会低于 $nk_L^{-1}\times k_L=$ 1 000。

二重抽样是指对初始无应答单位再进行一次随机抽样，然后对被抽中的无应答单位的第二重样本再次进行调查，最终利用第一重样本和第二重样本的应答数据来估计总体参数。这种方法与前两种方法不同，它并不对无应答单位进行 100% 的替换，而是进行部分替换。同时用来替换的样本也不是出自总体中第一重样本以外的单位，而是对那些初始无应答单位再进行一次随机抽样，获得一个第二重样本。该方法的操作步骤如下：首先，从总体中抽取一个规模较大的第一重样本，采用费用较低的调查方法（通常为邮寄问卷调查）对其进行调查，获得初步数据，这时一般会出现较高的无应答率。其次，对这些无应答单位再进行一次随机抽样，获得一个规模较小的第二重样本，并采用当面调查的方式，派调查员对这个较小的第二重样本进行细致的调查，力求在应答率较高的情况下获得应答数据。最后，将第一重样本的应答数据和第二重样本的应答数据结合起来，对总体参数做出估计。需要说明的是，二重抽样方法产生了一种事后分层的效果。调查员通过第一重抽样得到了样本规模为 n 的样本，而通过费用较低的调查方法（如邮寄问卷调查），可以将样本分成"应答"和"无应答"两个层，同时一方面得到了两个层的权重估计值，另一方面也得到了应答层的观测值。接着再通过第二重抽样和当面调查的方式，进一步获得了无应答层的观测值。由于进行了分层处理，故能够对总体参数做出比较精确的估计。

（二）无应答替换方法的应答率计算

从目前国内调查的实践看，相当多的调查对无应答单位采用了替换处理。用替换样本进行无应答替换，会使应答率的计算相对复杂，因为这时需要将应答单位和无应答单位区分为初始和替换两种类型。设样本规模为 n，初始应答单位数为 a，初始无应答单位数为 b，则初始调查应答率为：$k = \dfrac{a}{n}$。

不难看出，在用替换样本进行无应答替换的调查中，如果调查员保留了对初始应答单位的记录，则初始应答率的计算与对无应答单位不做替换时的应答率计算并无差异。

在没有保留全部替换资料的情况下，无法获得相应的初始应答单位数 a（或初始无应答单位数 b），这时仅凭样本规模、最终应答单位数和有效个案（问卷）数是无法计算初始应答率的。但是，从当前调查实践看，如果保留了实际接触的住户数和访问成功数，那么可以尝试采用事后估算的方法来计算应答率[1]。下面通过一个调查执行的实际例子来说明如何事后估算应答率。

表 3-8 是在当面访问调查执行过程中，要求调查员现场填写的"访问不成功情况记录表"。通过对该表内容的分析，发现根据抽样地址是否为居民户，以及抽样地址状态是否明确，可以将前 8 种访问不成功类型进一步归并为 3 种类型：（1）抽样地址为"非住户"（1 号）；（2）抽样地址为"住户状况未知"（2、3、4 号）；（3）抽样地址为"住户"（5、6、7、8 号）。其中"住户"不成功情况，又可进一步分为"拒访""无法联系""问题户"（存在语言、听力、疾病等问题）三种情况。从调查执行的过程看，所谓"非住户"是指抽样中抽到的是非居民户、空户，即此时不存在"应答"之人。由于"应答"关注的是调查员与调查对象的应答过程，是以确有被调查者存在为前提的，所以"非住户"自然也就不应再被记入应答率的计算之中，而是应被记入抽样误差的计算之中。相反，"住户状况未知""拒访""无法联系""问题户"则是调查对象存在或可能存在的情况，因此在计算应答率时是需要被考虑的。

表 3-8　访问不成功情况记录表

序号	不成功类型	含义解释
1	不是居民户	地址表上的住户为非居民户，如单位、店铺、学生集体宿舍（指整栋建筑都是）
2	找不到地址	无法找到与地址表上的地址对应的住户
3	无法接触	虽找到了地址表上的地址，但因各种原因未能与该地址上的家庭户发生接触（如有铁闸、门卫等，导致不能对被访户进行敲门或用对讲机对话）
4	两次无人	两次敲门家里都无人应答
5	无适合条件	在甄别过程中因不能通过各种甄别条件而终止访问，如年龄不符合条件或没有受访能力等

---

[1]　必须清醒地认识到，这种估算只是一种事后估算，并不是从抽样设计的角度来计算应答率。

续前表

序号	不成功类型	含义解释
6	无法预约	被选出的调查对象不在家，经与这户其他成员两次预约访问时间，仍找不到调查对象
7	家人/调查对象拒访	入户前、入户后开始访问之前或提问问卷主体部分前的各种形式的拒访
8	中途拒访	在问卷主体部分访问时，调查对象或其家人拒绝继续接受访问
9	其他	如问卷有问题，作废；在最后一天的访问中，可能会出现一次敲门无人而放弃的情况，也记录在这里

如果将应答率界定为已经完成的合格调查样本单位数（简记为"访问数"）除以住户数，那么由于调查执行中存在着"住户状况未知"的情况，因此，应答率实际上存在着一个值域区间[1]。应答率值域区间的上、下限计算公式分别为：

应答率值域区间上限＝访问数/住户数下限

＝访问数/（访问数＋拒访数＋无联系数＋问题户数）

（公式1）

应答率值域区间下限＝访问数/住户数上限

＝访问数/（住户数下限＋住户状况未知中的住户数）

＝访问数/（住户数下限＋住户状况未知数×住户比例）

＝访问数/｛住户数下限＋住户状况未知数×［住户数下限/（住户数下限＋非住户）］｝　　（公式2）

基于同样的考虑，如果将公式1、公式2中的访问数换成拒访数、无法联系数或问题户数，就可以相应地获得拒访率、无法联系率、问题户率值域区间的上、下限。除了应答率，在调查执行中，合作率也是需要报告的质量评估指标，它是接受调查的样本单位数与接受调查的样本单位数和拒绝调查的样本单位数之和的百分比，表示调查在那些实际已经联系上了，且有合格的调查对象的户中完成情况的好坏[2]。在操作层次上，它与应答率值域区间上限值的区别在于分母不包括问题户。合作率的计算公式为：

合作率＝访问数/符合调查要求的住户数

＝访问数/（访问数＋拒访数＋无联系数）　　（公式3）

可以证明在无应答替换中，如果应答率保持不变的假设条件成立，那么按事后估算公式计算出的应答率估算值，在数值上与初始应答率是相等的。下面具体给出证明过程[3]：

---

① 扎加，布莱尔. 抽样调查设计导论. 重庆：重庆大学出版社，2007：216.

② 同①166.

③ 在提交原论文时，笔者以注释的形式呈现了这一证明过程，但在论文正式发表时，或许是基于版面的考虑，注释被删掉了，故这一证明过程在这里是首次发表。

设样本规模为 n，初始应答单位数为 a，初始无应答单位数为 b。假设无应答单位全都被替换，即 100% 替换，则最终应答单位数为 $a+b$。进一步假设无应答单位经多轮全都被替换，最终发生的无应答替换单位数为 c，则实际发生的访问数为 $a+c$，按事后估算公式，应答率的估算值为 $\dfrac{a+b}{a+c}$。如果假设在无应答替换中，应答率保持不变，即在每轮替换中，应答率都等于初始应答率 $\dfrac{a}{n}$，则 $a+c$ 实际上是一个无穷递减等比级数之和，其数值为 $\dfrac{(a+b)^2}{a}$，计算过程为：$a_1=a+b$，公比 $q=\dfrac{b}{a+b}$，$a+c=\dfrac{a_1}{1-q}=\dfrac{a+b}{1-\dfrac{b}{a+b}}=\dfrac{(a+b)^2}{a}$。

代入估算公式后，可得：

$$\text{应答率估算数值}=\frac{a+b}{a+c}=\frac{a+b}{\dfrac{(a+b)^2}{a}}=\frac{a}{a+b}$$

由此可见，如果假设每一轮替换时的应答率都保持初始应答率不变，那么按事后估算公式计算出的估算值，在数值上等于初始应答率[①]。

通过以上分析不难看出，在进行无应答替换的调查中，原则上应在全面保留替换记录的基础上，计算出初始应答率，并在确保替换样本与初始样本相似，或应答率保持不变的前提下，以初始应答率代表调查应答率。另外，也可以利用实际发生的访问数量和最终应答单位数计算出的估算值，对替换样本与初始样本间的相似性做出检验。如果估算值与初始应答率相差不大，则说明替换样本与初始样本间相差不大，反之亦然。但如果没有全面保留替换记录，则在使用估算值来代表调查应答率时，就需要特别谨慎地进行无应答替换，以确保替换样本与初始样本间的相似性。不难看出，在用替换样本进行无应答替换的调查中，选取适当的样本替换方法也是计算调查应答率需要特别关注的一环。

另外，在对无应答单位进行替换的调查中还必须注意，计算应答率时要考虑无应答替换的影响，而实现这一点的条件是全面保留无应答替换的相关资料。如果在调查执行时未做到全面保留无应答替换的相关资料，就无法准确计算出调查应答率。所以，在调查执行中，应制定出保留调查执行资料的程序，并且严格执行之。同时，要特别注意采用明显替换的方法解决无应答现象产生偏差的潜在可能性。因为在明显替换中，替换无应答单位的样本是从总体中独立抽取来的，因此，在每一轮无应答替换中，总是用那些应答单位来代替那些无应答单位。此时，如果调查中的应答单位和无应答单位在样本特征上存在着实质性的差异，就极有可能漏掉那些特征不同的无应答单位的答案，使参数估计出现偏差，特别是当无应答单位比例较

---

① 这里每轮替换应答率保持初始应答率不变的假设是计算得以成立的关键。在实践中，每轮替换可能会有一些偏差，但不应太大，否则替换样本与初始样本就可能存在偏差。

高时更是如此。

总而言之，社会调查应答率是由多种因素决定的，其中既有宏观社会结构方面的因素（如人口流动、犯罪率、社会信任等），也有地域/社区层面的影响（如碰到封闭式宿舍等），还有调查者研究方案设计和实施方面的因素。提高应答率的唯一办法就是尽可能地完善设计与实施方案，想方设法克服那些能够被克服的困难（如与政府相关部门合作，提供适当的激励，想办法增加调查员与被访者之间的互信，等等），坦然面对那部分由于结构性因素而产生的无应答。

◀◀ **复习思考题** ▶▶

1. 在进行 PPS 抽样时，如何排列 PSU 可以取得隐含分层的效果？确定各级抽样单位需要考虑哪方面的因素？

2. 在利用 Kish 表进行户内抽样时，采用什么措施可以减少访问员误差的产生？

3. 在用地图法抽样时，访问员是怎样确定访问地点的？访问员是怎样确定居民户的？

4. 怎样解决抽样区域的范围与电话局编码所界定的范围不一致的情况？

5. 怎样发现无效电话号码？

6. 为什么随机数字拨号要分两个阶段进行？

7. 怎样对流动人口的集体户进行有效抽样？

8. 为什么追踪调查要进行样本轮换？

9. 为什么会出现抽样地址不准确的情况？

◀◀ **推荐阅读书目** ▶▶

1. 郭志刚，郝虹生，杜亚军，曲海波. 社会调查研究的量化方法. 北京：中国人民大学出版社，1989.

2. 金勇进. 非抽样误差分析. 北京：中国统计出版社，1996.

3. 韦尔奇，科默. 公共管理中的量化方法：技术与应用（第三版）. 北京：中国人民大学出版社，2003.

◀◀ **参考文献** ▶▶

1. 杜子芳. 抽样技术及其应用. 北京：清华大学出版社，2005.

2. 郭志刚，郝虹生，杜亚军，曲海波. 社会调查研究的量化方法. 北京：中国人民大学出版社，1989.

3. 樊鸿康. 抽样调查. 北京：高等教育出版社，2000.

4. 福勒. 调查研究方法. 重庆：重庆大学出版社，2004.

5. 郝大海. 抽样调查中的无应答替换与应答率. 统计与决策，2008（11）.

6. 胡健颖，孙山泽. 抽样调查的理论方法和应用. 北京：北京大学出版社，2000.

7. KISH L. 抽样调查. 北京：中国统计出版社，1997.

8. 金勇进. 非抽样误差分析. 北京：中国统计出版社，1996.

9. 金勇进，蒋妍，李序颖. 抽样技术. 北京：中国人民大学出版社，2002.

10. 拉弗拉卡斯. 电话调查方法：抽样、选择和督导（第 2 版）. 重庆：重庆大学出版社，2005.

11. LESSLER J T，KALSBEEK W D. 调查中的非抽样误差. 北京：中国统计出版社，1997.

12. 王国明，李学增，刘晓越，王文颖. 抽样原理及其应用. 北京：中国统计出版社，1996.

13. 王卫东，唐丽娜. 中国综合社会调查（CGSS）实地抽样绘图手册. 北京：中国社会出版社，2012.

14. 韦尔奇，科默. 公共管理中的量化方法：技术与应用（第三版）. 北京：中国人民大学出版社，2003.

15. 扎加，布莱尔. 抽样调查设计导论. 重庆：重庆大学出版社，2007.

第四章
题目设计方法

本章要点

- 问卷题目大致可分为开放式题目和封闭式题目两大类，其中封闭式题目又可分为"复选""等级排序""是/否选择""评定尺度""语义差异"等几种主要形式。

- 提高回答事实和行为题目质量的一些常用策略包括：（1）明确测量目标；（2）澄清概念和术语；（3）帮助被访者确定信息；（4）减弱社会遵从效应。

- 将定义纳入题目的具体设计方法包括：（1）通过定义澄清题目用词含混不清的地方；（2）用多个题目来分解复杂的概念定义；（3）对生僻术语进行适当的处理。

- 被访者不具备回答题目所需的信息的情况包括：（1）不确切知道相关事件的信息；（2）忘记了相关事件的信息；（3）无法确认题目的时间框架。

- 减弱社会遵从效应的策略包括：（1）给敏感题目提供背景信息；（2）设计辅助题目；（3）调整答案详略程度；（4）采用随机回答法。

- 主观状态题目包括对人或事物的评价、对某种观点的看法和对知识状况的调查等几种类型。

- 构造对人或事物的评价的主观题目时，需要注意以下几点：（1）界定清楚评价对象；（2）选取适当的回答模式；（3）弄清楚回答模式的特征。

- 构造对某种观点的看法的主观题目时，要先明确供比较的观点，然后选择"同意/不同意"这种回答模式。

- 可以采用"多重选项""对/错"回答模式或开放题来测量知识状况。

- 建立指数包括以下几项技术：（1）选取合适指标的方法，包括对其进行表面效度检验和相关性检验的方法；（2）对指标分值进行加权的技术；（3）处理缺失值的技术。

- 总加量表的设计包括编写量表项目、确定答案的形式和项目测试等内容。
- 利用语义差异量表进行测量的步骤包括：（1）确定要进行评分的客体；（2）选择一些能够显示该测量客体各种对立（相反）形象的形容词或短语；（3）在划分对立形容词两极的量表上，对测量客体进行评分；（4）计算被访者对每一对形容词评分的平均值。

基本概念

　　开放式题目 ◇ 封闭式题目 ◇ 复选 ◇ 穷尽性 ◇ 排他性 ◇ 等级排序 ◇ 是/否选择 ◇ 评定尺度 ◇ 语义差异 ◇ 事实和行为题目 ◇ 测量目标 ◇ 社会遵从效应 ◇ 随机回答法 ◇ 主观状态题目 ◇ 主观测量 ◇ 顺序测量假设 ◇ 哥特曼量表 ◇ 总加量表 ◇ 罗森伯格量表 ◇ 分辨力系数 ◇ 语义差异量表 ◇ 光晕效应

　　正如本书导论对研究过程所介绍的那样，社会研究的量化测量涉及概念的操作化、题目设计和实地测量等几项内容。本章讨论的内容是题目设计，即将测量指标设计成题目的过程。需要强调的是，测量指标并不等于题目，设计题目不仅需要遵循一定的原则，还需要掌握一定的技巧。本章将以基本测量规则为基础，着重讨论以下内容：确定题目精确度的规则；在题目设计中如何通过提高信度和效度，使被访者的答案最接近实际状况；复合测量工具——指数与量表的设计程序。

第一节　题目的类型

　　调查问卷的题目大致可分为两大类，开放式题目和封闭式题目。开放式题目没有提供给被访者固定的答案类型，被访者要完全自主地回答问题；访问员或被访者自己详细记录的答案，在资料处理时将被整理成特定的类型。封闭式题目则不仅提出问题，而且尽可能地将全部有意义的答案选项提供给被访者，被访者只要从这些答案中选出代表其目前状况的答案即可。下面具体说明两类题目的不同特点。

一、开放式题目

　　具体说来，开放式题目又可进一步划分为两种形式，其中一种的答案不仅较短，而且要求回答的内容比较固定。例如，你可以针对教育变量，询问被访者：

例 4.1 您一共接受正规学校教育＿＿＿＿＿年？

然后要求被访者在横线标明的空格处填写相应的答案即可。此类题目经常被用于各种可能的答案所涵盖的范围过于宽泛，无法逐一列举的情况。由于它能形成定距测量数据，而且填答起来比较容易，故在调查中常常能收到很好的效果。

另一种形式的开放式题目则适用于答案内容较长，而且答案内容不太固定的情况。被访者的回答既可能是一句话，也可能是一段很长的叙述。不仅如此，在邮寄问卷调查中，许多被访者会嫌麻烦而略去不答此类题目，有时即使填答了，有些潦草的字迹也会给问卷录入带来相当多的困扰。因此，在问卷设计中，此类开放式题目最好慎用，如果一定要用，那么最好将其放在问卷的结尾之处，以"其他意见"的询问方式提出。例如，在社会关系研究中，你可能会问：

例 4.2 您在遇到经济困难时，得到过他人的帮助吗？

如果得到的回答是肯定的，那你就可以进一步请被访者用开放的形式回答帮助来自何人、是何种形式的帮助等等。

二、封闭式题目

封闭式题目的形式很多，不同的教科书的归类方式也不尽相同。这里将针对那些最常用到的形式，尽可能对它们进行简化归类。大体说来，封闭式题目可划分为"复选""等级排序""是/否选择""评定尺度""语义差异"等几种主要形式。

（一）复选

封闭式题目的一种常见类型是"复选"（multiple choice）形式，要求被访者在两个或多个可能的答案中，选择一个或几个适合自己的答案。各类标准化考试的考题经常采用此类题目形式。其中，选择一个答案的，被称为单选题；限定选择一个以上答案（如限选三项）的，被称为限选题；不限定选择答案个数的，被称为多选题。"复选"式题目通常与定类测量相对应，设计这种题目的关键是提供的答案选项应具有穷尽性和排他性。此类题目在要求回答时，如果仅让被访者选择一项答案，那么最好在题目后面附上"请选一项"的简短说明；如果限定被访者选择三个答案，或让被访者根据自己的情况任意选择多个答案，那么也应分别附上"限选三项""可选多项"等说明。

另外，为了保证穷尽性，有时还可以将"其他"列入答案的选项。不过，应该尽可能地事先将各种答案选项考虑周全，尽量减少列入"其他"项的情况，特别是在邮寄访问中。因为被访者很可能由于怕麻烦而选择"其他"项，这会给资料分析带来很多麻烦。尽管研究者常在"其他"选项后面加上"请说明"或"请详述"的附注，但在调查实践中，此内容的填写往往受制于调查主题能否激发起被访者的填答意愿。例如，

例4.3　您是中共党员吗?

1. 是　　　　　　　　2. 不是

例4.4　您在本市的居住方式是?(请选一项)

1. 单位集体宿舍　　　2. 外来人口公寓　　　3. 租住民房

4. 与亲友同住　　　　5. 已购房　　　　　　6. 随工作而居

7. 其他(请说明)

例4.5　您一般通过下列哪些渠道搜集就业信息?(可选多项)

1. 就业广告　　　　　2. 职业介绍所　　　　3. 招工单位/公司/部门

4. 政府劳动部门　　　5. 其他各类组织　　　6. 各类社会关系

7. 其他(请说明)

(二)等级排序

当被访者在复选形式中选择多个答案时,研究者往往无法分辨这些被选中答案的重要程度或顺序。为了能够了解被访者在诸多替代性选择中的偏好程度,可以让他们对选中的答案进行排序。例如,在限选题或多选题中,加上相关说明:"请对选中的各个答案,按照重要程度进行等级排序"。等级排序形式是一种定序测量。

在要求被访者对选项进行排序时,要注意以下几点。首先,要求被访者评判的排序项目的数目不能太多,一般以3~7项为好,超过7项后,被访者区分重要程度的可靠性就大打折扣了。其次,在设计题目时要注意提醒被访者,不要将两个答案排成同等重要程度,这种"平分秋色"的情况一旦出现,就会影响后续的数据处理和统计分析的进行。最后,在设计题目时,要尽可能将影响被访者进行评判的重要因素都列入答案中来,否则会影响到被访者判断的准确性。

(三)是/否选择

这是一种适用于对态度、意见进行测量的题目,由于只列举"是"或"否"两个供被访者选择的答案选项,因此带有一定的强迫性质。需要强调说明的是,是/否选择题,与复选题目中只有两种内容的题目不同。在填答复选题时,被访者只要根据自己的情况,将自己归入某一选项即可,不会产生"被强迫感"。但在回答是/否选择题时,无论被访者的真实感受如何,他都必须尽可能地使自己的感觉贴近两个选项中的某一个,这时他会产生一种"被强迫感"。

其实,是/否选择题在某种程度上是评定尺度的一种简化形式,不过评定尺度由于细分了答案选项,使被访者能有较大的空间,将自己的感受归入某个适当的选项,而不是将自己的感受"挤压"到答案选项的两极。对于单向式的排序题目,使用评定尺度比较适合;但对于比较复杂的题目来说,使用是/否选择题更容易得到满意的答案。

另外,"是/否"形式还可以替换为"真/伪""同意/不同意"的形式。例如:

例 4.6 您是否同意进一步增加城市居民最低生活保障金的发放金额？

1. 同意　　　　　　　2. 不同意

在使用"是/否"形式时，通常将许多相互有关联的调查项目排列成一个选择单（checklist）让被访者选择。由于选择单中的各种题目和回答形式比较固定，因此可以加快被访者的答题速度，进而提高调查的效率；同时被访者在选择过程中，还可以对相互关联的项目进行比较，从而提高回答的准确性。选择单也可采取只列出"是"一个栏位的形式，被访者仅在回答"是"时选择，如果回答"否"就不选择。但需要注意的是在此情况下，很难分辨回答"否"的情况与"无意中漏选"或"不知道"的情况的差别。因此在设计选择单时，最好同时列出"是"或"否"两个栏位，这样既可延长被访者回答时的思考时间，也可促使其从正反两面考虑如何回答，从而增加回答的准确性。表 4 - 1 是一个选择单的实例。

表 4 - 1　贝利生育量表

	同意	不同意
(1) 结婚的主要原因之一是要生孩子。	1	0
(2) 只生一个孩子是错误的，因为独生子女在孤独中成长，且由于无兄弟姐妹而忧郁。	1	0
(3) 生育孩子是一个妇女所能具有的最深刻的经历之一。	1	0
(4) 两种性别的孩子至少都有一个比仅有一种性别的孩子好。	1	0
(5) 没有孩子的妇女绝不会感到完全的满足。	1	0
(6) 男人直到他业已证明自己成了孩子的父亲时，才算是"真正的男人"。	1	0
(7) （由于生育控制、绝育或年老等因素）不能导致怀孕的性活动是不道德的。	1	0
(8) 未结婚的或者结了婚而没有孩子的男人可能是同性恋者。	1	0
(9) 妇女的首要职责是做母亲，只有在不影响其母亲职责时，才谈得上她的事业。	1	0
(10) 没有孩子的夫妇实在可怜。	1	0

资料来源：风笑天. 现代社会调查方法. 2 版. 武汉：华中科技大学出版社，2001：88 - 89.

（四）评定尺度

在问卷设计中，评定尺度（rating scales）是实现定序测量最重要的一种形式。这种形式通常是针对某种属性，设计一组由最负面感觉排到最正面感觉的答案序列，然后让被访者根据答案类别与自己的感觉、意见之间的关联性，将自己的选择归入某个合适的答案类别中。例如，总加量表就是一种常见的评定尺度形式，它涵盖了"同意"和"不同意"的不同程度。例如：

非常同意　同意　无意见　不同意　非常不同意（双极式）

设计评定尺度要注意以下一些问题：首先，要预先确定答案排序是按单极式，还是按双极式。总加量表是双极式排序的例子，是从"极度肯定"，经过中间区分点——"无意见"阶段，到"极度否定"。而单极式则从"极高程度"到"完全没有"。例如：

　　　特优　优　良好　普通　不佳（单极式）

无论是单极式还是双极式答案排序，都要注意答案的选项，必须按递增或递减的一致性方式排列。

其次，要注意均衡设置答案选项。要让被访者感到答案之间是等距的，并且不要让设定的等级出现过大的间隔，或间隔过于接近。例如：

　　　特优　优　不佳（间隔过大）
　　　特优　良好　平平　普通　不佳（间隔过于接近）

另一种均衡是指在选择双极式排列答案时，要采取平衡的等级，即"中立"选项之前或之后的选项数目应该是相等的。以下是一个不平衡等级的例子：

　　　非常同意　同意　有些同意　无意见　不同意

产生不平衡等级的原因是在提供答案时，研究者已经有了倾向于某种导向的成见。不平衡等级最终会使结果偏向某一极。在上面关于不平衡等级的例子中，被访者在"同意"方面共有三次选择机会，而在"不同意"方面仅有一次选择机会。于是在调查中，被访者对某件事实持"同意"态度的比例，必定高于持"不同意"态度的比例。这也许真实地反映了被访者的态度，但也可能是由等级的不平衡排列造成的一种假象。

最后，要注意答案选项的数目。一般说来，答案选项的等级区分，为 $3 \sim 7$ 个。至于最终确定几种区分等级，取决于研究的内容以及要进行何种分析。关键是要根据研究目的，尽可能地提供给被访者足够的选项，使其能完全区分开不同的感受或经验。但要注意避免给出太多的答案，使得答案之间的差异难以区分。

另外，在 $3 \sim 7$ 个答案之中，究竟是选奇数还是选偶数，要看是否希望设定一个中间区分点。对于单极式等级而言，是否要中间区分点关系不大。因此无论是选奇数还是选偶数，只要符合主题都可以。

但是，对于双极式等级来说，中间区分点的影响很大。因为如果给定了中间区分点，那么被访者在面对某些不愿涉及的题目时，会选择中间区分点作为"安全岛"回避题目，这样研究者就无法对被访者的真实感受和态度做出适当的分析了。因此当研究者想要"强迫"被访者表明其所倾向的立场时，就不要设定中间区分点。特别是对于一项比较复杂，而且与情绪有所牵连的争议性题目，如果希望了解被访者的意见和看法，就可以设定 6 个等级的答案，帮助被访者对自己的意见和看法做出比较适当的区分。这时位于中间的两个选项比较接近中间区分点。例如：

非常同意　同意　有些同意　有些不同意　不同意　非常不同意

（五）语义差异

语义差异（semantic differential）形式是评定尺度的一种转换形式，它将评定尺度中的文字用数字 1～7 或－3～＋3 替代（7 个数字是最常见的，但也可少些），并且在两极位置设置一系列处于对立状态的形容词或陈述，一般可选取 12 个形容词或陈述，然后让被访者针对特定的概念或客观环境对象，从数字 1～7 或－3～＋3 中选出一个最能代表自己的感受的数字。例如，向员工了解其对老板的感受，可以让员工对以下具有对立特征的形容词进行选择（见表 4－2，数字 1～7 也可换成－3～＋3）：

表 4－2　语义差异量表

勤奋的	1	2	3	4	5	6	7	懒惰的
热情的	1	2	3	4	5	6	7	冷淡的
聪明的	1	2	3	4	5	6	7	愚笨的
强硬的	1	2	3	4	5	6	7	软弱的

语义差异经常被用来对两次评判进行比较研究。例如，可以询问员工两次，第一次询问员工对"当前的"老板的评价，而第二次则询问对"理想的"老板的感受。然后，比较所有员工在两次评价中，在每个形容词或陈述上的平均得分，并计算出它们之间的差数。差数越大，说明员工对老板的满意度越低。比较也可针对两个不同的对象进行，例如大学生对美国人和日本人的不同印象。

在社会调查中，搜集事实性资料经常会采用定类和定比测量。例如，当问到"您的性别""您是否有工作""您结婚了吗"等状态时，常用定类层次的测量；而在问及"您年纪多大""您的年薪是多少""您的受教育年限"这类数字时，则常用定比层次的测量。当然，也可对客观事实进行排序，得到相应的定序资料。例如，将受教育程度分成小学、初中、高中和大学等不同等级，或用"经常""有时候""很少""从来没有"等来描述某个事实的强度。不过除非报告确切数字有困难，否则在搜集与客观事实相关的数字时，还是应尽量用定比测量。因为定比测量要比定序测量包含更多的信息，而且在无须对数字进行准确描述时，还可以将定比资料转换成定序资料，反过来却不成。

由于用数字表示主观状态难度较大，因此搜集反映主观状态的资料多采用定类或定序测量。例如，如果问"你是否赞成修建更多的核电站"，那么答案可能会是：非常赞成、赞成、视情况而定、不赞成、非常不赞成。还有一些量表也是对主观状态进行定序测量的例子，其中比较常见的有总加量表、语义差异量表、哥特曼量表等。研究人员一直在尝试各种办法来实现对主观状态的定距或定比测量，但收效甚微，并没有出现很多成果。

第二节　事实和行为题目

除了从形式上对题目进行分类外，还可以根据事实、行为和主观状态等调查内容，对题目进行分类。本节讨论事实和行为题目的设计，这类题目主要询问个人特征、个人经历和个人生活形态，它们的一个共同特征就是答案有对错之分。因此，提高回答的正确程度，就成为题目设计的关键。下面将讨论提高回答质量的一些常用策略。

一、明确测量目标

研究者在设计题目时，首先要明确自己的测量目标，即搞清楚自己希望通过该题目获取什么类型的信息，问一问自己到底要测量什么、为什么要测量。需要注意的是，题目的测量目标并不等于题目本身，前者界定的是研究者需要的信息类型，而后者则是通过题目和答案来获取此种信息的手段。研究者在明确题目的测量目标之前，是不可能设计出适当的题目的，因为题目的测量目标不同，用词和答案的构成就不同。例如，如果将题目的测量目标定义为收入，则可以设计出以下几个题目：

例 4.7　您现在这份工作上个月的总收入是多少？

例 4.7a　您在过去十二个月内，有报酬工作的总收入是多少？

例 4.7b　去年一年中，您及所有与您住在一起的家人的各种收入的总和是多少（包括全家所有成员的全部工资、各种奖金、补贴、分红、股息、经营性纯收入、银行利息、馈赠等）？

虽然这三个题目都询问了收入，得到的信息类型却不一样。被访者当前工作收入的多少，反映的是他所从事工作的性质或职业地位，可以作为测量其社会地位的指标。而过去一年内有报酬工作收入的多少，或许是反映被访者可能触及多大资源的一个相关指标，可以作为测量其财产或经济地位的指标。更进一步说，要反映被访者所拥有的财产或经济地位，可能用被访者所有家庭成员通过各种渠道获得的总收入作为指标更恰当一些，因为大多数人倾向于与自己的家庭成员共同拥有和享用家庭的全部收入。

由此看来，在设计与被访者收入有关的题目时，仅粗略地有"收入"这样一个模糊的目标是不够的，必须进一步弄清楚究竟是用收入来测量被访者的工作性质或职业地位，还是测量他所拥有的财产或经济地位。也就是说，要对希望了解的信息类型有清楚明确的认识，并将此时的题目测量目标与进一步的分析联系起来，要明确题目所涉及的信息在整个研究计划中的位置。

从另一个有关移动电话消费调查的例子中，我们可以进一步认识"题目的测量目标"与"特定的题目能达到什么目的"两者之间的关系。如果定义目标为"移动电话消费"，则可以设计出以下题目：

例 4.8　您昨天打出和接进几次手机电话？

例 4.8a　您在过去七天当中一共打出和接进几次手机电话？

对于这两个题目，关键是要弄清楚，题目的测量目标到底是描述移动电话的消费，从被访样本来估计移动电话的消费量，还是以移动电话的消费形态来显示被访者的特征。通过第一个题目能够得到比较精确的移动电话消费量，但所涉及的时间很有限。由于一个人在一天当中的行为，无法代表他的个人特征，因此不能将一天中移动电话的高、中、低消耗量作为分辨个人类型的指标。而第二个题目询问了被访者七天拨打的移动电话数量，能较好地刻画出被访者的个人特征。

究竟在调查中选取哪个题目，完全取决于将要搜集的资料的作用，即研究者要用这种资料做什么。如果研究者仅仅是在为手机制造商进行市场调查，目的是比较准确地估计手机顾客的群体消费情况，那么设计出来的题目就应该与上面第一个题目类似，要尽可能准确地估计出手机的整个消耗量。如果实施的是一般社会调查，目的是了解手机通话这种通信方式在人际交往中所占的地位，那么类似上面的第二个题目，分辨出个人的消费形态就应成为设计的目标所在。

在设定题目的测量目标时，还应注意可能会出现的不确定性。例如，若定义目标为"找工作的经历"，则可以设计出以下题目：

例 4.9　在获得这个工作的过程中，您一共找亲戚、朋友和熟人帮过几次忙？

例 4.9a　在获得这个工作的过程中，您一共利用了几次自己的社会关系？

这个题目目标可能派生出来的不确定性，可以通过题目的变异性来说明。这里"社会关系"的确切含义是什么，究竟是仅仅指亲戚、朋友和熟人，还是包括在找工作的过程中提供帮助的其他人？另外，在找工作的过程中，提供帮助的职业中介机构，一般是不算作社会关系的。可是由熟悉的职业中介机构提供的帮助，是否也应计算进来呢？

总而言之，在题目设计之初，就要认真仔细地确定题目的测量目标，弄清楚题目要测量的信息类型，明确特定题目所能达到的特定目标，消除题目目标中可能产生的各种不确定因素。而实现这一目的的方法之一就是详细列举出每一个题目的具体测量目标，同时说明由每一个题目搜集来的信息的具体用途。

二、澄清概念和术语

有了题目目标后，要确定用什么词句来表述题目。这不仅是题目设计的一个基本要素，也是题目设计的一个难点。因为，研究者必须设法使所有被访者对将要回答的题目有一致的理解，否则搜集到的资料就会有误差。例如，当询问被访者的个人求职经历时，由于许多被访者有兼职，因此被访者在回答这一题目时，对于该不该把自己获得兼职的经历也算进去，就可能会有不一致的看法。如果在设计题目时明确地排除了兼职的情况，那得到的资料就会更加准确。假设所设计的题目是测量找工作的次数，那么，调查结果在很大程度上取决于题目的用词是明显地排除了兼职、包括兼职，还是什么都没界定。

怎样才能使被访者与研究者对题目用词的理解达到一致呢？克服困难最直接的方法就是将研究者所使用的概念或术语的定义告诉被访者，然后让被访者根据研究者的定义，去对事件进行分类或计算。也就是说，将相关概念或术语的定义写进题目中，是帮助被访者一致理解题目的最常见方法。不过这里需要注意的是，如果概念或术语的定义比较简单，那么用几个字或用括号加上一段话，就可以完成题目设计。但有时会遇到定义比较复杂的情况，简单地加上几个字是无法说清楚的，这时最好对概念或术语的定义进行分解，区分出定义的不同维度，然后用多个题目来涵盖定义的所有维度。下面结合实例来说明将定义纳入题目的具体设计方法。

（一）通过定义澄清题目用词含混不清的地方

假设题目目标是了解被访者在找工作时，是否利用过自己的社会关系网络，设计出的题目为：

> **例4.10**　您在获得工作时，是否得到了亲戚朋友的帮助？

这个题目存在着两个容易引起混淆的地方。首先，正如上面已经提过的那样，从题目的措辞中，无法确定"工作"这个用词包不包括兼职。其次，题目在时间上是模糊的，"工作"既可能是指当前的，也可能是指所有曾经有过的。可以将题目改为：

> **例4.10a**　您在获得当前工作（不包括兼职工作）时，是否得到了亲戚朋友的帮助？

不难看出，题目中的用词经过改动，排除了"是否包括兼职工作"和"该包括哪个时间段"这两个容易引起混淆的问题。

（二）用多个题目来分解复杂的概念定义

假设题目目标是测量被访者的收入状况，设计出的题目为：

例 4.11　您的收入有多少？

应该说对于被访者来说，回答这个题目并不困难，但研究者可能会得到各式各样有关收入的答案，因为有许多种计算收入的方式。例如，计算的收入既可以是现在的，也可以是过去某个时期的；既可以是薪水或工资，也可能还包括其他来源的收入；被访者的答案可能只包括自己的收入，但也可能同时还包括被访者能够共享的其他人的收入。

对于如此复杂的"收入"概念，如果按上面讨论的方法，在题目中给出包含收入各个维度的定义，可以设计出以下形式的题目：

例 4.11a　请您估计一下您自己以及与您同住的家人在过去一年中的收入一共有多少。在计算这些收入的时候，不但要计算您自己以及与您同住的家人工资上的收入，同时还要加上您自己以及与您同住的家人从任何其他来源所得来的收入，例如各种奖金、补贴、社会救济金、退休金、经营性纯收入（如房租）、财产馈赠，以及从储蓄存款、债券或股票得来的利息、分红、股息等等。

无疑这是个很复杂的定义，但这样做是绝对有必要的，因为研究者所要测量的"收入"，本身就是个很复杂的概念。不仅如此，即使下了如此复杂的定义，也还是有一些应该说明的问题在题目中没有谈到。例如，与被访者"同住的家人"，在题目中就没有给出严格的限定。很可能在访问的时候，与被访者同住的家人跟题目中所询问的那个时间段相比，已经不一样了，那么被访者应该怎么回答？是说去年同住的家人，还是说当前同住的家人呢？从测量目标看，应该是去年同住的家人，但无法排除许多被访者计算当前同住的家人的收入的可能性。再有，上面设计的题目没考虑个人收入所得税，即题目没有明确限定回答的是税前的总收入，还是税后的总收入。

不难看出，如果需要测量的概念非常复杂，那么在题目中给出一个详尽、复杂的定义，不是一个解决问题的好办法。与不给被访者定义相比，这样做可能会把被访者搞糊涂，访问结果可能会更不理想。解决此类问题的方法是设计多个题目，分别询问概念的不同维度，即针对概念涉及的各种情况，用多个题目来询问。例如，在设计测量收入的题目时，可以先问一个一般性的题目：

例 4.11b　您估计一下，在过去一年中，您自己以及与您同住的家人（指去年同住的家人）的收入一共有多少？

然后紧接着追问下列一些题目：

例 4.11c　刚刚提到全家收入的时候，有没有包括从储蓄存款、债券或股票这些来源所得到的利息、分红、股息等？

例 4.11d　告诉我的那个收入，有没有包括房租所得？

例 4.11e　再请您重新估算一下，如果把没有计算进来的这些其他收入通通加进来，您去年一年全家的收入大概有多少？

从测量收入的例子可以看出，如果需要测量的概念太复杂，就没有必要尝试着用一个详尽完整的定义与被访者沟通。也就是说，要测量被访者的家庭总收入，研究者不一定要把一个详尽完整的收入定义放在一个题目中，去跟被访者沟通解释，而是应设计一系列反映收入各个维度的题目，来询问被访者及其家庭成员在某个特定时期有哪些收入，然后再整个加起来。可以看到，采用多个题目来测量家庭总收入，大大减少了被访者回答题目的难度，而且涵盖那些通常容易被忽略掉的收入来源的可能性更大，因此这种方法要比使用单独一个题目测量到的收入值更准确可信。

总的说来，采用多个题目来测量复杂概念有以下一些优点。第一，题目变得更加清楚和简单，与将复杂定义纳入一个题目相比，被访者对题目的理解更容易达成一致。第二，大大减少了被访者的答题难度，被访者不再需要一次就完全地考虑到测量概念的所有维度，而只需要每次就事论事地回答某个维度的题目就可以了，汇总或全面考虑的工作留给研究者去做。第三，不仅可以获得总的测量指标，而且可以分别获得各个维度的指标，而反映各个维度的指标可以用来满足其他的分析目的。以收入的测量为例，被访者的工资收入可以被当作测量职业地位的指标，而家庭总收入则是反映可利用资源的比较好的指标。第四，设计多个题目更利于将复杂概念中比较容易忽略掉的方面都囊括进来，特别是多个题目问起来要花费更多时间，虽然这可能会对访问过程产生一定的负面影响，但多问几个题目，可以促使被访者多花点时间去思考和回忆，这对提高回答的效度无疑是有利的。

最后需要说明的是，利用多个题目进行测量的方法，是一种尝试着把复杂概念或术语的定义传达给被访者的替代方案，从设计、操作和分析上看，都要花费更多的精力，相对说来，所需成本较高。如果所研究的问题对测量指标的精度要求不高，那么也不一定非用多个题目来测量不可。例如，如果在研究中仅需要对被访者的社会经济地位做粗略的估计，那使用类似例 4.11 那样单独一个一般性的题目来测量收入应该就可以接受了。这种简化测量虽然有缺陷，但与多个题目的复杂测量相比，成本相对较低。

(三) 生僻术语的处理方法

从被访者的角度看，收入虽然是个涉及面较广的复杂概念，但毕竟在日常生活中经常被使用，因此是人们比较熟悉的概念。而社会调查的题目有时会涉及法律、金融和保险等专业领域中的术语，这对于被访者来说可能完全是陌生的。例如，一个调查健康保险的题目[①]为：

例 4.12　您参加了什么健康保险？是受雇职工模式的健康保健组织，像 IPA、PPO 之类，还是不限制每次付费的健康保险？

---

① 福勒. 调查问卷的设计与评估. 重庆：重庆大学出版社，2010. 对于书中 18~20 页的问题略有改动。

应该承认，假设大多数没有学习过专业保险知识的被访者能够区分像 IPA、PPO 之类的专项健康保险类别是不太合理的。而且由于健康保险模式种类繁多，尝试用一般定义来逐一说明似乎也不大可行。一种可行的解决方法是，设法将这些生僻术语涉及的有关内容，转换成被访者可以理解和回答的题目，然后研究者再根据被访者的答案，对被访者所参加的健康保险加以分类。

例 4.12a 据您的健康保险计划，当您需要医疗照顾的时候，是可以自主去您想去的医院，还是只能去特定的医院，或者去其他固定的医疗机构？

例 4.12b （如果您去的医院被列在特定的名单里，或者属于某种特定类别的话）您所去的医院是只接收您所属的健康保险计划里的成员，还是同时也接收其他类别的病人？

例 4.12c 您在您的保险计划下接受医疗服务（不论是什么样的医疗服务）的时候，您一向是付同样的金额，还是按照所接受的服务而付不同的金额？

不难看出，与上述要求被访者区分 IPA、PPO 等专项健康保险类别的题目相比，经过改动的题目比较容易理解，因此也就大大提升了被访者正确回答题目的可能性。当然，研究者还无法直接根据被访者对这些题目的回答，对被访者的各种状态做出区分。他还得根据各类健康保险的定义，对被访者的答案进行归类处理，从而得出被访者参加的健康保险种类。一般说来，询问被访者一些他们能回答的题目，然后再根据复杂、生僻术语的定义，尝试着对被访者的经验进行分类，是处理问卷题目中许多复杂、生僻术语的一般性方法。

虽然通过将生僻术语的定义转换成比较容易理解的题目，能够降低被访者回答题目的难度，但还是不排除仍有被访者无法回答这类题目。下面是两个与法律问题有关的题目：

例 4.13 您在过去十二个月里是否遭遇过抢劫？

例 4.13a 您在过去十二个月里是否遭遇过失窃？

初看起来这两个题目回答的难度不大，但这里涉及对"抢劫"和"失窃"这两个法律概念的技术性定义。"抢劫"是指罪犯用暴力或威胁要用暴力，从被害人那里取走财物的犯罪形式；而"失窃"是指罪犯故意破坏、闯入被害人住所取走财物，又没有被当场发现的犯罪形式。如果罪犯闯入某户人家想实施盗窃，而家中有人或正好有人从外面回到了家，撞见了闯入的罪犯，那原本会是盗窃犯的入侵者就变成了抢劫犯。但在问卷调查中，试着拿这些技术定义去和被访者沟通，让他们分辨自己到底是抢劫还是失窃的受害者，结果可能并不理想。比较有意义的做法是，让被访者描述亲身经历的事件过程的相关细节，然后由研究者将这些事件划分成适当的犯罪类别。

总之，问卷调查中的题目，是用来对调查对象、事件进行分类或计算的工具，好的题目设计，要使被访者采用的分类或计算标准，与研究者对这些标准的定义保持一致。重要的是设法使被访者能够更准确、更容易地"读懂"或理解研究者进行定义时使用的概念术语。

三、帮助被访者确定信息

在题目设计中，除了要考虑如何使被访者准确地理解题目外，同时还应考虑被访者是否具有回答题目所需的信息。很有可能被访者读懂了题目，但不知道或没经历过被问到的事件；即使被访者经历过这类事件，也有可能已经忘了这类事件曾经发生过；就算被访者能想起这类事件发生过，也可能无法正确地按题目要求的时间框架来回答。下面讨论解决以上难点的一些方法。

（一）不确切知道相关事件的信息

对于被访者不知道问题答案的情况，要做出进一步的区分。因为被访者可能在两种情况下，不知道问题的答案：一是被访者根本不了解或没经历过问题问及的事件，因此没有回答问题所需的相关信息；二是被访者拥有问题涉及的相关信息，但他拥有的信息不符合研究者所要求的形式。

在第一种情况下，被访者不掌握题目所要了解的信息，回答不知道是正常的，这与题目设计无关。例如，有些题目可能是问整个家庭的有关信息，而家庭普通成员可能对家庭收入和储蓄情况并不了解，在访问中要了解这些情况，就必须让掌握情况的家庭成员来回答题目。另外，题目也可能是问被访者家庭其他成员的情况，这时被访者很可能不知道，有时对于一些相对公共的事件或特征，即使被访者大致了解一些，让题目涉及的当事人自己回答，也比由被访者替代回答效果要好。

与第一种情况不同，在第二种情况下，被访者通常具有题目涉及的相关经验或信息，但被访者掌握的信息可能并不完全符合研究者所要求的形式。例如，有些研究需要了解人们的职业分类情况，不仅需要职业类别的信息，而且需要职业所属行业的信息。可是很多从事体力劳动的蓝领工人，虽然很清楚自己工作的具体操作方式、具体流程，但并不知道自己的职业类别、行业类别，通常他们可能也不关心这类信息。

前面讨论过的健康保险的例子，也属于这种情况。研究者希望准确地弄清楚每个被访者参加的是哪一类健康保险，之后根据参加保险的类别就可以分析被访者所接受的医疗保健的类别了。可是由于各式各样的健康保险种类繁多，弄得人眼花缭乱，大多数被访者不会准确分辨各类保险计划的专有名词。但是只要是参加了健康保险的被访者，通常是知道自己所属的健康保险计划的具体运行程序的。因此正确的做法不是问被访者保险计划的一些专有名词，而是让他们描述保险计划的具体运行程序，然后再对保险计划进行分类。

如上所述，问卷调查经常会问一些被访者不知道的信息。例如：由工作单位代交各种保险费用的人，通常并不确切知道自己每年缴纳了多少保险金；而在公费医疗体制内的人，一般也不会去关心自己所接受的医疗服务的总成本是多少；很多蓝领阶层的就业人员，可能也不会关心自己所从事的工作所属的行业类别。研究者在设计调查问卷之前的初步工作中，一个很关键的步骤，就是弄清楚在这个调查所涉及的内容中，有没有被访者可能不知道答案的题目。问卷调查的内容最好限于被访者能够掌握，又愿意回答的范围。从研究所要达到的目标考虑，研究者如果希望了解一些被访者普遍不知道答案的题目，那么最好采用问卷调查以外的方式去搜集资料。

（二）忘记了相关事件的信息

接下来要讨论的是被访者经历过被问到的事件，但他自己已经忘了这类事件曾经发生过。对于这种情况，在设计题目时就应考虑采用什么策略，尽可能地让被访者回想起经历过的事件。有一点是可以肯定的：人们一旦亲身经历过某件事，就一定会对事件存有记忆。不过当事人对事件究竟能追忆到何种程度，要看事件与当事人之间的关联程度如何。对于那些发生不久的事件，或影响较大，特别是对当前有较大影响的事件，或发生模式比较符合当事人考虑事情的方式的事件，当事人就有可能回忆起来。也就是说，只有调查中的题目与被访者有较强的关联性，被访者才可能比较容易地回忆起题目问及的事件或事实。反过来，如果题目问及的信息，只与被访者生活中那些很琐碎、微不足道的事件有关，要想从被访者那里得到满意的回答就比较困难了。

例如，前面曾有题目询问被访者在过去七天当中，一共打出和接进几次手机电话（例 4.8a）。一般说来，接听了几次电话这个事实，在个人生活中算不上什么大事，很难引起人们的关注，而且也很少有人在周日还能记起周一打过几次电话。所以，可以推断被访者会用平均值或典型值作为估计值来回答题目，而不会试着去回想后再加总。这种回答题目的方式，正是人们通常考虑题目的方式，这样研究者得到的信息也只是反映了人们的平均行为模式。如果希望得到有关手机消费的精确信息，就应该缩短题目涉及的时间周期，如询问在过去的二十四小时内打出和接进手机电话的次数（例 4.8）。即便如此，由于接听了几次电话这个事实太不为人所关注，因此由于记忆失误，还是会造成被访者的回答误差。

不难看出，为了减少记忆失误造成的回答误差，题目所涉及的事件或事实发生时间的长短，是需要特别加以注意的。有调查资料显示，当问及被访者过去一年内的住院经历时，被访者对前 6 个月住院经历回答的精确程度明显下降。当前一些调查研究，由于因果分析的需要，经常会采用回溯的方法，让被访者回忆自己的个人经历，对这样得到的资料的信度是需要特别加以注意的。严格说来，为了减少记忆失误产生的误差，历时分析最好能采用时间序列数据，尽可能少地使用回溯资料。

题目设计除了注意记忆的时间特点，也要考虑事件的重要程度对记忆的影响。一般说来，如果调查主题对于被访者来说不算什么大事，那么无缘无故地占用他的时间，就不会让他特别愉快。如果问及的题目又很琐碎，那么被访者不愿花太多的精力来回忆是自然的。在题目设计中，一项促使被访者更积极地回忆的策略是"增加题目的长度"。比较下面两个询问个人求职经历的题目：

　　例 4.14　您获得这份工作有谁帮过什么忙吗？

　　例 4.14a　您的亲友和熟人对您获得这份工作都帮过些什么忙（如提供信息、向用工单位介绍推荐、在求职经费上给予帮助等）？

　　不难看出，在例 4.14a 中题目长度增加了，加入了一些限定性、引导性的简介材料，这使得被访者在回忆时，有了一些可以追寻的"路标"，从而减轻了回忆的负担。另外，增加题目的长度，并非把题目变得更复杂、更间接，而是通过长一点的提问过程，使被访者有更大的余地去搜寻记忆。

　　除了增加题目的长度外，还可以采用"问多个题目"的策略，来增大被访者搜寻记忆的余地。用多个题目反复问及某个事件，无疑可以增加被访者回忆起该事件的概率；另外，多个题目可能会触及一些与被访者所要回答事件相关的事实，从而使被访者通过记忆网络对相关信息产生联想。例如上面有关求职经历的题目，可以改写成多个题目：

　　例 4.14b　您的亲友和熟人在您获得这份工作时有多少人帮忙打听信息、沟通情况或提供帮助？

　　例 4.14c　他们提供了与找工作有关的信息吗？

　　例 4.14d　他们还提供了其他帮助吗（如向用工单位介绍推荐、在求职花费上给予帮助等）？

　　利用多个题目刺激记忆的一个显见理由是，盯着同一个事件反复问，能够使得被访者不断挖掘自己的记忆库，这样他就有更多的机会搜寻到相关信息。

　　另外，为提升使用效果，多个题目要集中在特别容易被遗忘的事件上。例如，与"是否提供帮助"的信息相比，"提供帮助的人数"是比较容易被忘记的。如果让被访者回忆人数，就有可能触发一种难度更大的搜寻路径，进而引导他回忆起其他已经忘记的事实。再比如，在"住院经历"中，仅仅在医院住院治疗一天的经历，在访问中比较容易被忘记。因此，在题目设计中，如果特别向被访者提及是否有过住院治疗一天的经历，就更有可能促使被访者回想起其他的住院经历。

　　再有，多个题目也可以集中在希望了解的事件的一些可能结果上，事件的结果通常会给当事人留下比较深刻的印象，因此更容易激发起回忆。例如，被访者在接受过各种教育培训后，一般会获得某种资格证书。如果询问获得资格证书的情况，很可能就会激起被访者对自己教育经历的回忆。再比如，如果被访者受到了罪犯伤害，那么通常会去报警或向保险公司申请理赔，因此，问及这些报警或保险理赔的经历，就可能会使被访者开启对受害经历的回忆。

　　总之，个人对往事的回忆是有一定限制的，特别是对于那些在通常情况下，不太容易被回忆起的信息。但是，回忆对大多数被访者来说，也并不是完全无法触及的。如果在题目设计中，能适当顾及时间因素，同时采用"问多个题目"的策略，就能在很大程度上提升被访者的记忆水平，进而达到提高资料质量的目的。

（三）无法确认题目的时间框架

上面讨论了激发被访者回忆的策略，与此相关，被访者在回忆时，经常需要对事件进行时间定位。例如，在调查收入时，通常需要被访者确认他上一年的全部收入，这不仅涉及上一年12个月的工资收入，还涉及工资以外的收入，而此类收入中有些来源并不规律，因此很容易在时间定位上出现误差。特别是对于那些发生在前10到12个月之间的事件，被访者更容易出现记忆上的失误。这里被访者的困难是双重的，因为他不仅要回忆起是否有此类事件发生过，还要判断事件是否发生在前12个月以内。

如何帮助被访者对事件进行时间定位？一个基本的努力方向是尽可能为被访者提供一些时间参照点。一个简单的方法是在设计题目时，同时准备一份时间参照表或年月表，在访问时将题目和参照表一起出示给被访者，请他将自己或家人比较重要的生命事件（如生日）填入表内，进而通过参照表上日期的特殊意义，帮助被访者回忆事件发生的时间。例如，如果要了解的是被访者过去一年内的收入情况，那么可以让他回想一下，一年前他住在哪里，日子过得怎么样，有没有什么重要事件发生。一旦被访者能够回忆起一些与过去一年相关联的重要事件，就有助于他构建一个比较清晰的时间界限，这时，确定某项特别的收入是发生在这个时间界限之前还是之后就比较容易了。

除了让被访者填写参照表外，还可以将与题目有关的时间界限内的重大社会事件的发生时间排列成参照表，在访问时出示给被访者，帮助他对事件进行时间定位。例如，在一项有关收入的事件史研究中，需要测量被访者收入变化的发生时间。研究者注意到在（中国）计划经济体制中，个人工资收入的变化，在很大程度上受到国家工资政策的影响。因此在访问中，当被访者回忆工资变化时间有困难时，研究者建议访问员提示被访者国家历次工资调整政策的发生年份。在实际操作中，的确有很多被访者参照国家工资调整政策发生的年份，回忆起了自己的工资变化的时间。

进行时间定位的另一种策略是，进行两次或两次以上访问，为被访者具体构造出时间界限。具体做法是，在第一次访问中，预先告知被访者，下一次访问会问他两次访问之间发生的事情。然后在下一次访问时，统一向被访者询问两次访问间发生了哪些事情。这种访问设计，最大的好处就是能清楚地构造出时间界限，第一次访问虽然并没有构成被访者生活中的大事，但有一定的认知意义。另外，根据第一次访问中被访者对事件 A 的报告，还可以对下一次访问中与 A 相关的报告进行检验。再有，被访者由于已经预知将要报告的事件，因此会对此类事件多加留意，如以日志的形式，记录下类似日常食物消耗或小额开支等一些更为详细的资料，这可以很好地提高资料质量。这种访问设计，由于是多次访问，因此成本比单次调查要高许多。如果要求被访者记日志，就会进一步加大调查成本。

四、减弱社会遵从效应

在调查访问中，被访者除了遗忘，还可能会故意隐瞒事实或夸大报道。这么做的目的，一是使自己在他人眼中更符合一般的社会期望，二是回避可能对自己构成威胁的答案，三是满足维护自我形象的需求。被访者扭曲性的回答，反映出一种社会遵从意愿，即尽可能地使自己的答案接近社会认可的"正确答案"。而这种扭曲会极大地降低回答的正确性，因此研究者应采取相应的对策，来减少社会遵从效应的影响。与访问程序有关的策略，将在第七章中讨论，这里将集中讨论一些可以减少扭曲现象的题目设计策略。

（一）给敏感题目提供背景信息

在访问中，对一些敏感题目，如询问酒后驾车、非法用药的经历，被访者通常不愿意如实回答。显然，此类题目可能会给被访者带来负面影响。相反，访问中的有些题目，虽然看起来不那么敏感，如问有没有图书馆的借书证，但许多被访者对此会进行夸大报道，从而使图书馆借书证的拥有率高于正常值。出现这种情况，主要是因为这些被访者担心回答"没有"，会暴露出自己不足的一面，被人认为文化水平不高或者不热爱阅读。于是被访者就扭曲自己的答案，使自己看起来更符合一般的社会期望。

对于此类议题中的社会遵从效应，对策是给题目加上必要的简介，向被访者进行必要的解释，或提供一些背景信息，促使其提供正确答案。比较下面有关借书证的题目。

> **例 4.15** 您有图书馆的借书证吗？
>
> **例 4.15a** 人们除了会自己买书、订杂志外，还用其他方法来获得阅读材料，包括从图书馆借书看。请问您目前有还是没有图书馆的借书证？

前一个题目的设计，很容易让被访者倾向于认为，回答"有"更符合研究者的期望，因为这里负面的选择"没有"甚至没有出现，人们在回答这种题目时，选择"有"要比选择"没有"容易得多。后一个题目的设计，修正了两点。一是通过一个简介，为被访者提供了一些社会认可的没有借书证的理由，进而为被访者没有借书证提供了合法性。回答"没有"可能只反映了一种阅读习惯上的差异，并不必然会被诠释成对阅读没有兴趣。二是在提供答案"有"的同时，还提供了"没有"这一答案，正反两种选择都出现在答案中，这使得被访者无法以此为线索，判断研究者的期望。

（二）设计辅助题目

除了在题目中直接加简介，还可以设计一系列辅助题目，让被访者先提供一些背景信息，然后再正式回答题目。比较下面与吸烟有关的题目。

例 4.16 您通常一天吸几支烟？

被访者可能并不喜欢回答这种题目，因为在当今社会，吸烟被普遍认为是一种不利于健康的嗜好。一般被访者会揣测，研究者心中"过多"的吸烟数量是多少。为了减少受到负面评价的机会，他们会倾向于保守一点估计，把所报道的吸烟数量降低一点。对此研究者可以设计一些辅助题目。

例 4.16a 一般说来，您吸烟吸得比您的朋友们多，还是少，还是跟您的朋友们吸的量差不多？

例 4.16b 请想一下您所知道的朋友里面，谁吸烟吸得最多？您的这位朋友通常一天大概吸几支烟？

例 4.16c 您自己呢？您通常一天吸几支烟？

不难看出，由于有了前面两个题目，被访者就能提供一些背景信息，这多少反映出在他自己所处的社会环境中，一天吸几支烟才算"过多"。而这一系列题目，也使得被访者有机会至少报告一名比自己吸得还多的朋友，有了做垫背的，被访者再如实报告自己的吸烟习惯也就容易多了。

（三）调整答案详略程度

研究者大概都会同意，问收入可能是最令人沮丧的，因为人们普遍认为，收入是个人隐私，不该与其他人分享谈论。解决这个难题的一种策略，是设计比较粗略的答案类别，供被访者选择。因为在粗略答案中选择，要比在详细答案中选择，被访者感到的压力更少，社会遵从效应更小。比较下面与收入有关的题目。

例 4.17 如果计算时精确到千元，您的年薪是多少？

例 4.17a 您的年薪是低于 1 万元、在 1 万到 3 万元之间，还是高于 3 万元？

无疑，与例 4.17 相比，例 4.17a 的答案提供的信息较少，但也正是由于涉及的个人信息较少，多数被访者会感到，后一个题目回答起来压力小一些，因此更有可能提供比较准确的答案。

在实际访问中，为了弥补信息不足，经常先以例 4.17a 那样较粗的分类形式，来问被访者的收入状况。当被访者回答收入范围后，再追问一两个题目，将原来较粗的分类再细分。例如，对于上面那些回答收入"低于 1 万元"的被访者，就可以进行下面的追问：

例 4.17b 您的年薪是低于 5 000 元、在 5 000～8 000 元之间，还是高于 8 000 元？

不难看出，在被访者回答两个各含三个选项的题目时，这些答案选项实际上可以归类成 9 个收入等级。

以上讨论表明，对收入这样比较敏感、涉及个人隐私的题目，问得粗略比详细要好，因为这样可以减轻被访者的负担，获得较高的成功率，得到较正确的答案。但要注意的是答案越详细，搜集到的资料越多，在资料分析时的自由度也越大。放宽答案类别，是以牺牲信息含量为代价的。而且在有的情况下，即使放宽了答案类别，也未见得就能降低社会遵从效应。比较下面有关饮酒的题目。

例 4.18　如果您喝酒，通常一天里会喝一杯、两杯、三杯，还是更多？

被访者根据题目对答案的分类，可以合理地推论出"三杯"或"更多"是研究者认可的最高分类，如果不想让别人认为自己贪杯的话，就最好不选这个最高类别。不难看出，题目对答案的分类已经传递出研究者将如何评价被访者答案的有关信息。

例 4.18a　如果您喝酒，通常一天里会喝一两杯、三四杯、五六杯，还是七八杯？

应该不难猜想，同样的被访者对这个题目，回答"三四杯"的人，会比前一题回答"三杯"或"更多"的人多出许多。因为在前一个题目中，"三杯"或"更多"是最高类别；而在后一个题目中，"三四杯"只是一个中间类别，在这道题中，研究者认为有的人常喝"七八杯"。也就是说，答案类别给被访者提供了信息，使他们有可能猜想答案的最佳范围在哪里。

其实，在设计这种题目时，无论怎样设定答案类别，都显得过于主观，最佳的设计莫过于不事先给出答案类别，用开放题形式来问被访者，让他直接给出数字就行了。由此看来，究竟要不要事先给出答案类别，给出答案的详略程度，需要针对具体题目具体分析。

（四）采用随机回答法

当调查员问到那些特别受到社会反对，或干脆就是违法的行为和事件，例如询问非法用药、偷窃经历等时，这些题目的答案，可能会让被访者面临失去工作甚至被起诉的危险。这时即使访问员保证答案被揭露的机会很小，被访者也宁可选择扭曲回答，而不会冒险给出正确答案。对此有一种随机回答的方法，可以从总体上获得有关信息。下面通过一个例子来说明此种方法的应用程序。

例 4.19　请您自己掷出一枚硬币，然后根据硬币的正反面结果（注意：这个结果只有您能看到），对下面的两个题目做出回答。如果掷硬币的结果是正面，请回答题目 a；结果是反面，请回答题目 b。答案必须是"是"或"不是"的形式。

a. 上个月您吸食过大麻吗？

b. 您母亲的生日是不是在 6 月？

例 4.19 中的 a 题目被称为目标题目，b 题目被称为不相干题目。在具体执行中，访问员只知道被访者回答了"是"还是"不是"，却不知道他是根据题目 a 还是题目 b 来回答的。这无疑大大增加了被访者如实回答的可能性。表 4-3 是一个用随机回答法得到的访问结果。

表 4-3　使用随机回答法所做的估算

	对所有题目 的回答	对不相干题目 的估计回答	对目标题目 的推论回答	对目标题目修正 百分比回答
是	20%	4%	16%	32%
不是	80%	46%	34%	68%
合计	100%	50%	50%	100%

注：不相干题目是："您母亲的生日是不是在 6 月？"有半数样本被问到这个问题。另一半样本被问到目标问题："上个月您吸食过大麻吗？"

资料来源：福勒．调查问卷的设计与评估．重庆：重庆大学出版社，2010：43.

表 4-3 中的所有被访者中有 20% 回答"是"。由于被访者是根据掷硬币的正反面结果来回答题目 a 或题目 b 的，所以应该有 50% 的被访者回答了题目 b。对于这些被访者而言，由于人的自然出生日期是随机的，故 1 年的 12 个月中，每个月出生的人数都应该占总人数的 1/12。这样母亲生日在 6 月的人数也应占总人数的 1/12，即大约是 8.3%，近似等于 8%。于是 50% 回答了题目 b 的被访者中的 1/12，即大约 4% 回答了"是"。也就是说，20% 回答"是"的被访者中，有 16% 上个月曾经吸食过大麻。另外，由于只有 50% 的被访者回答了题目 a，因此可以推断在这个样本所代表的总体中，大约有 32% 的人在上个月曾经吸食过大麻。

需要指出的是，随机回答法在调查访问中并不是很常用的。一个原因是这项技术比较复杂，操作起来有一定难度，所以使用起来特别费时间。访问员不仅要逐个地向被访者解释如何操作这项技术，还要使其相信，没有人能将某个特定的被访者与某个被报告的行为联系起来。另一个原因是不相干题目的设计比较困难，为了让人觉得可信，既不能选择发生机会很小的题目，也不能选择同样让人觉得可能暴露隐私的题目。再有，这种技术不能进行个人层次的分析，只能针对总体得出结论。

第三节　主观状态题目

事实和行为题目设计的关键是使答案尽可能真实，因此讨论的重点是得到正确答案的方法。与此不同，主观题没有外在的客观标准来评判答案的对错，答案没有绝对意义，彼此之间只有相对意义。因此主观题设计的关键在于刺激的标准化，即让所有被访者回答相同的题目，对题目有一致的理解。本节将先分析主观状态测量的特点，以及主观题设计的标准化原则；然后讨论在不同类型的主观题中，标准化刺激的具体实现方式。

一、主观测量与标准化

所谓主观题是指对人们主观状态的测量，即测量人们的态度、情感、意见、判断、意向等。在上面有关客观事实题目的讨论中提到，即使题目涉及的事件很复杂，只要能通过对概念或术语的界定说清楚题目是什么意思，并将有关定义以一致的方式加以传达，而且所设计的题目可以让人有能力也愿意回答，这样得到的答案就可以通过与实际记录的对比，知道正确与否。也就是说，对客观事实题目的测量，由于存在可以与之比较的客观标准答案，因此答案能够获得绝对的含义。

与对事实和行为的测量不同，在对主观状态的测量中，答案只是一种主观陈述，被访者的主观状态究竟如何，只能靠他们答案的内容来推论，并不存在一个可以判断答案对错的客观参照标准。根据题目答案所呈现的陈述，只能用来进行相对比较。例如，在询问人们的感觉时，可以说这群人报告的感觉，比那群人报告的正确一些；也可以说这群人今年报告的感觉，比前一年报告的正确一些。但仅根据主观测量，就说人们普遍认为自己的健康状况是良好的，或说人们普遍对犯罪率的升高存在恐惧感，可能就不太恰当了。因为当人们用一个量表来测量自己对犯罪的恐惧或对自己健康状况的感觉时，并不存在上述那种绝对的标准来确保这种测量已经得出能进行判断的"好"答案。也就是说，在主观测量中，题目的答案是相对的，没有绝对的含义。

有证据显示，主观测量的答案，会受到题目本身的用词和问法的很大的影响。题目的形式不仅会影响到答案的效度，也会影响到答案的分布。对答案效度的影响，是所有题目设计普遍存在的；但对答案分布的影响，则是主观测量所具有的。从主观测量得到的答案分布是相对的，没有绝对意义，答案分布的变化不会影响答案的效度。例如，在用"非常同意"到"非常不同意"的五分类量表进行测量时，如果答案选项的排列以量表中负的那一端开头，则被访者可能较多地选负的选项，这样测量得分的平均值就会降低；反之亦然。如果将这个题目当作指标来用，它的效度不会因为答案选项的排列方式的不同而变化。从两种排列方式得到的不同被访者之间的相对差异，可能与其他原本就应该相关的测量指标之间，都呈现同样良好的相关性。而相关性反过来又可以证明两种题目形式同样有效度。

由此看来，主观测量的评判标准，就是看它提供多少有效信息，使人对被访者彼此之间的相对位置了解多少。如果把主观测量的结果当作具有绝对意义的资料来使用，就是对主观测量的一种误用。例如，前面提到的"人们普遍认为"这种提法，如果不对其进行任何限定性说明，就可能导致一种误解。因为这种陈述背后所反映的事实，其实只是多数被访者对特定题目中若干选项的选择；如果针对同一议题变换刺激的方式，那么同一群被访者就可能产生完全相反的答案分布，进而对该议题得出不同说法。

另一项需要补充说明的是，在主观测量中，"偏误"（bias）的概念是没有意义的，这里偏误的含义是对真实得分的系统性偏离。虽然在主观测量中，只要将题目本身的用词和问法、答案选项排序，或将与资料搜集有关的其他事情略加改变，题目答案的分布就可能朝正向或负向发生变化。但由于主观测量没有真实的得分，因此无论答案分布偏向哪一边，都不会构成偏误。而且在用主观测量结果进行相对比较时，由于不同群体的资料都是以同一种方式搜集的，所以测量偏误在比较中是没有影响的。

由于没有客观标准可以用来评判主观测量的答案的正确性，因此在主观状态的测量中，题目及答案的标准化就成为题目设计的关键。一项策略是设计能以标准化方式进行测量的题目，使所有被访者对题目有一致的理解。因为只有在刺激一致时，被访者不同答案间的差异，才是他们态度之间的差异。也就是说，被访者只有在同一条起跑线上出发，跑出来的结果，才能反映出他们彼此间真实的差异。另一项策略是尽量做到答题方式的标准化，即答题方式应让所有被访者能够一致地执行。也就是说，要清楚地界定被访者用来评定顺序的连续量表，并确定一个合理的方式，使被访者能将自己或所要评定的任何事物，在这个连续量表上进行定位。

在调查实践中，前面介绍过的"是/否选择""评定尺度"和"语义差异"，是这种连续量表经常采用的形式。一般说来，用越多类属来让被访者选用，测量效果越好。另外，把几个题目的答案组合起来构成指数或量表，也是经常用来增强测量效度的有效方法；有关指数和量表技术将在下一节讨论。下面将在不同类型的主观题设计中，具体讨论如何实现测量的标准化。从内容上看，测量主观状态的题目可以被划分为：被访者对人或事物的评价，被访者对某种观点的看法，被访者对自己某种知识状况的主观叙述。

二、对人或事物的评价

被访者对人或事物的评价是经常被调查的项目。此类评价可具体分为以下几种：首先是对他人或某个具体事实的评价，如被访者对医生的态度、和善程度的评价。其次是对自我感受的评价，如被访者对自己生活快乐程度的评价。最后是将自己的状态与某种标准进行的比较，如被访者将自己的体重与普通人的体重标准的比较。构造这样的主观题目，需要注意三点：界定清楚评价对象、选取适当的回答模式，以及弄清楚回答模式的特征。

（一）界定评价对象

在调查中，被访者的来源是多种多样的，因此对要评价的人或事物的理解，也可能是多种多样的。所以设计这类题目，要特别注意界定清楚评价的对象是什么，要确认每个被访者是在评价同样的对象。有关健康的调查经常要求被访者对自己的健康状况做出评价，例如：

例 4.20　您对您的健康状况如何评价——很好、好、一般、差、很差？

无疑被访者的回答应该说就是他对自身健康状况的认识，这里并不需要将这种认识与某个客观标准进行比较，以判断被访者认识的对错。重要的是要认识到，被访者对题目中"健康"的含义的理解，可能不尽相同。也许有的人比较看重健康的表现形式，而另一些人则更注重自己觉得健康的程度，或许还有人看重的是生活方式的健康程度，等等。不难看出，对健康的感受虽然彼此相关，但还是存在差异的。需要注意的是被访者对"健康"含义的理解越是标准化，由于概念理解不同而产生的变异就越小，这时被访者之间由于判断不同而产生的真实差异，就会在调查结果中占据主要地位。

有关犯罪的调查经常会要求被访者对当前犯罪状况的严重程度做出评价，例如：

例 4.21　您对当前社会上的犯罪状况如何评价——严重、比较严重、一般、不太严重、不严重？

与"健康"相比，对"犯罪"的理解可能出现的差异会更大些，比如人们通常不把计算机犯罪、金融诈骗等智力型犯罪，与持械抢劫、人身伤害等暴力型犯罪相提并论。另外，在询问有关犯罪的题目时，交代清楚题目所涉及的地域范围是很重要的，人们的视野通常是按邻里社区、城市、地方区域和国家的顺序伸展的。邻里社区的犯罪状况，可能会对被访者的判断有很大影响。因此当题目涉及更大的地域范围时，一定要交代清楚。总之，要想获得好的测量，就要先清楚地说明所要评价的目标，让被访者能有一致的理解。

（二）连续量表的设计原则

在测量对人或事物的评价时，让被访者在一个由正向到负向的连续量表上，为测评对象找一个位置，是最常采用的回答模式。例如：

例 4.22　您对您的健康状况如何评价？
很好　好　一般　差　很差
例 4.23　如果用数字来代表您的健康状况，10 表示最佳，0 表示最差，0～10 之间的数字，表示最佳和最差之间的状况。那么目前您的健康状况可以用哪个数字来表示？

10　9　8　7　6　5　4　3　2　1　0

从形式上看，上面两个题目在连续量表的使用上略有差异，一个题目有 5 个答案选项，用形容词来标明选项；另一个题目则设置了 11 个答案选项，用数字来标明选项。尽管有这些不同之处，但在设计上，两个题目都符合两条基本原则。第一条原则是连续量表必须界定一个单一维度的答案选项。下面是一个违反该原则的例子。

> **例 4.24** 您如何评价您的老板？
>
> 宽容且能力强
>
> 宽容但能力弱
>
> 不宽容但能力强
>
> 不宽容且能力弱

这个答案选项中包含了两个维度：宽容和能力。尽管这组答案在设计上，希望涵盖两个维度各种可能的组合，但两个维度都只有两个类别，这使得量表的分辨率减弱。一般说来，让被访者同时处理两个维度是不恰当的，好的设计应要求被访者在一个界定良好的单一维度上，充分地表述自己的评价。

第二条原则是顺序测量假设：把自己归在较高类别的人，要比把自己归在较低类别的人，更倾向于选择比较正向的答案选项。下面的例子可以对这条原则做出说明。

> **例 4.25** 您觉得您的老板怎么样？
>
> 很满意　有些满意　满意　不满意

按题目设计，"有些满意"是比"满意"更高、更具有正面意义的类别，但这不排除有许多观察者会认为"有些满意"是比"满意"更低、更具负面意义的类别。如果有些被访者做出了与上述观察者相同的判断，有关回答顺序的假设就没有得到满足，这将在测量中造成严重的信度问题。在使用形容词来标明选项时，比较容易产生含混的答案顺序。

（三）连续量表的特征

除了以上两条原则外，在设计题目时，还可以对下面的特征进行选择。第一个可选择的特征是答案选项的数目。就答案选项的数目而言，选项的个数越少，访问员和被访者的操作难度就会越小。但对于研究者来说，这并不一定是件好事，因为选项的个数越少，每个题目所能提供的信息也会越少。例如，如果上面在测量健康时，只提供"好"与"差"两个答案选项，那么根据访问结果，可以将被访者的健康状况分成两类，其中回答"好"的被访者，比回答"差"的被访者对自己的健康状况有更正面的评价，但是，除此之外研究者无法获得其他相关信息。不难想象，同样是回答"好"，不同的被访者感觉自己健康状况的良好程度，很可能存在着相当大的差异，而仅提供一个回答选项"好"，是无法捕捉到这种感觉上的相对差异的。

另外，从答案分布的角度看，如果答案选项太少，被访者大多选择某个特定方向的答案选项的话，那么调查结果对了解总体的情况是没有什么价值的。例如，如果有 90% 的被访者认为自己的健康状况"好"。那么，除了能知道总体中有少量被访者，即 10% 回答"差"的被访者的健康状况与大多数人不一样外，仍然不知道总体的大部分，即 90% 回答"好"的被访者彼此之间健康状况有什么差异。

从上面的分析不难看出，在设计答案选项时，有两点是需要注意的。第一，选项不能太少，要想获得更多的有效信息，多一点选项要比少一点选项好。较多的答案选项，能提供较多的信息，研究者能更多地了解被访者评价的相对位置。第二，答案选项设计得是否合适，关键要看其是否使被访者在各个选项之间得到了比较广泛的分布，一般说来，分布得越广泛越好。虽然较少的答案选项也能使被访者有均衡的分布，例如，在有两个选项时，50% 对 50% 的分布，但通常答案选项较多时，被访者更容易有广泛的分布。

不过在设计答案时，也要注意答案选项并不是越多越好，因为答案选项的数量受到两点限制。第一，被访者对选项之间差异的分辨力是有限的，选项越多，彼此之间的差异就越小。所以一旦选项超过一定数目，被访者就很难清楚地进行分辨了，从而也就无法提供更有效的信息了。研究表明，如果答案选项超过 10 个，所能增加的有效信息，就十分有限了。大多数被访者能够有效分辨答案选项的数目，通常在 5 到 7 个之间。第二，被访者的记忆力也是有限的。这一条主要与电话访问有关。因为，电话访问不像当面访问和自填问卷，被访者无法看到答案选项的清单，只能通过记忆来回答。如果答案选项很多，被访者就可能无法完整地记住全部答案选项，这样在回答时就可能会出现失误。研究表明，被访者通常更容易记住第一个和最后一个选项，对中间选项则记得不太清楚。所以在电话访问中，最好采用只有 3 或 4 个答案选项的量表，确保被访者在回答题目时，能比较容易地记住所有的答案选项。

第二个可选择的特征是答案选项的表述形式。例 4.22、例 4.23 表明形容词或数字都可以用来标明选项。这两种表述形式既都有优点，也都存在不足。用形容词来标明，比较容易形成更一致、更有效的测量。这主要是因为在用数字表示时，只有选项尺度的两端有文字说明，中间选项缺少说明，这样中性点的意义就不那么清晰。例如，例 4.23 的中性点是"5"，但并没有让人感到它是由正向到负向的转折点。很难说当某人的正向感觉大于负向感觉时，他就一定会选择 6 或更大的数字。换句话说，在用数字来标明选项时，很容易使人将量表理解成一个温度计的零上部分，虽然实际上经过中性点已转向了负向评价，但仍让人感觉是在评价正向的程度。

数字标明方式的一种变化，是用"−5 到 +5"的量表形式，来代替"0 到 10"。这时例 4.23 的中性点"5"的位置，代之以"0"，与"0 到 10"的量表形式回答 6 或更大的数字相比，"−5 到 +5"的量表形式更可能做出正向评价。而且两种形式的答案分布也不一样。由此看来，清楚地界定中性点的意义，可以改进测量的一致性程度，因此在选项不多的情况下，最好用形容词标明选项。

尽管用形容词标明选项有利于测量的一致性，但在选项较多时，很难想出十分恰当的形容词来标明选项。因为文字的表现力是有一定局限性的，选项一多，表示彼此差异的形容词听起来就会很类似，被访者也就没有分辨力了。另外，形容词除了难想外，也很难在不同语言之间精确翻译，这使得形容词形式在跨国、跨文化研究中受到一定限制。而数字形式则没有这些限制。

此外，与形容词相比，数字比较容易记忆，也比较容易操作。这个特点在电话访问中比较明显，因为在有限的通话时间里，很难让被访者记住 5 或 6 个形容词，并进行贴切的差异比较。但如果是用数字来界定答案选项，记忆和操作就简单多了。因此在电话访问中，如果有很多答案选项，就应选择数字形式的量表，这可以极大地提高访问资料的信度。

三、对某种观点的看法

被访者对某种观点或政策的态度，是另一类经常涉及的调查题目。此时被访者并不是在连续量表上给评价对象定位，而是考察题目中的观点是否与自己的观点一致，或对题目中的观点与自己观点之间的差距加以考察。构造此类题目同样需要首先明确供比较的观点，其次提供合适的回答模式，最后分析回答模式的特征。

（一）明确供比较的观点

与评价事物一样，在让人表述对某种观点的看法时，也要注意题目的标准化，即让被访者对题目有一致的理解，并有能力完成答题的过程。例如：

例 4.26 请问您赞成还是反对全民社会医疗保险计划？

社会医疗保险可以通过多种方式来实现，既可以由政府完全包下来，也可以动员政府和社会两方面的力量来实现。但按例 4.26 的提问方式，被访者想到的"社会医疗保险"的实现方式，可以随着每个被访者的理解不同而不同。因此对于此类题目，研究者应该更加详细地交代一些计划细节，使得被访者在理解题目含义时的差异减至最低，进而更有效地测量到被访者的真实观点。

与上面由研究者界定需要比较的观点不同，在有些情况下，由被访者自己对需要比较的观点进行界定，反倒是一种比较合理的选择，这一点与评价人或事物时的做法不同。例如：

例 4.27 您认为全民社会医疗保险计划应该涵盖个人或家庭问题吗？

在这个例子中，"个人或家庭问题"在题目里并没有被界定。但这样做并非没有道理，以个人问题为例，由于个人问题的性质有很大差异，对一个人构成问题的情形，在另一个人那里可能就算不上问题，因此要全面界定构成个人问题的要素是相当困难的。正因为如此，让被访者自己去界定个人问题，不失为一种明智之举。对此，只要研究者在分析资料时，心里明白每个被访者所考虑的个人问题是由相当异质的客观环境构成的就行了。

　　除此之外，还需要注意的一点就是要避免把两个议题挤在一个题目里，防止出现所谓的双重含义题目。如：

　　例 4.28　当前城市环境污染越来越严重，应该有更多的经费投入城市绿地的建设和养护中。您同意这种看法吗？

　　不难看出，这个题目就是一个双重含义题目。人们或许同意题目对环境状况的判断，但并不一定就认为建设城市绿地是解决污染的办法。有的人即使同意对污染的判断，也可能不赞成扩大城市绿地的建议。把两个议题放在一起，可能就很难解释被访者的答案究竟是什么意思了。因为这时题目中实际发生的是两个比较过程，究竟被访者完成的是哪一个，研究者是无法根据一个答案来判断的。

（二）"同意/不同意"

　　要为被访者提供合适的回答模式，就先要分析一下被访者在被问及对某个观点的看法时，会采取何种回答策略。例如，在环保调查中，经常会问及有关核污染的问题：

　　例 4.29　请问您是同意还是不同意"大力发展核能源"这种观点？

　　面对这个题目，被访者最常见的选择策略可能是，先考虑一下这个政策选择与自己的观点是否是一致的。如果是一致的话，他就会表示这是自己赞成的政策；反之则会表示不同意。除了上面这种常见策略，被访者也可能会有其他选择。例如，在一项与税收政策有关的调查中，有这样的题目：

　　例 4.30　提高税收通常会损害富人的利益，而使穷人受益。请问您同意还是不同意这种说法？

　　这个题目涉及抽象原则，通常人们在面对此类题目时，更愿意保持一种比较温和的态度，或者说很少走向某个极端。那么，当被访者被要求必须在同意与不同意之间做出二分选择时，他通常会将自己的观点，与题目中的说法进行比较，然后再看二者之间的差距如何。也就是说，被访者是在对自己的观点与另一种说法之间的差距加以评价。

　　基于被访者的以上回答策略，"同意/不同意"可能是比较恰当的回答模式。"同意/不同意"模式的一种更加妥当的表述形式是：

　　　　完全同意　　同意　　不同意　　完全不同意

　　以上表述将回答限定在认知维度，符合主观题设计原则中维持单一维度答案选项的要求。但有些"同意/不同意"模式的表述是不满足这一原则的，例如：

　　　　强烈地同意　　同意　　不同意　　强烈地不同意

　　这种表述实际上包含了两个维度。其中"强烈地"这一用语，暗示出一种情绪化的成分，它蕴含着对答案的一种信念与关怀，而这已经超越了认知维度。在调查访问中，询问被访者对某种观点的看法，实际上是在获取信息，是一种认知。带有情绪化成分的答案，就不再是单纯的认知，而是引入了价值判断维度。

在设计"同意/不同意"模式时，另一个选择是决定是否提供中间选项。对于被访者来说，中间选项可以减轻回答时的压力。因为在访问中，有些被访者会觉得自己正反意见的强度差不多；另有一些被访者则对某种观点有些同意，又有些不同意，拿不定主意到底如何进行平衡；还有一些被访者可能对题目含义不太了解，或不太清楚自己的意见。这几种被访者自然是欢迎中间选项的。但要注意的是，如果太多的被访者选择了中间选项，是不利于资料分析的。因此要设计一些方案，来区分选择中间选项的被访者，特别是要将最后一种类型的被访者甄别出来。

四、对知识状况的调查

对被访者知识状况的调查，是另一种形式的主观测量。知识状况调查的一个直接目标，是甄别出那些认为自己对某项议题比较熟悉的被访者。然后通过分析比较，看看这些自认为熟悉议题的被访者，与其他被访者在想法或行为上有何差异。需要说明的是，知识状况调查与事实调查不同。在事实调查中，被访者答案的对与错，是一种客观事实；而在知识状况调查中，无论答案是对还是错，都反映的是被访者的知识状况，因此知识状况调查是一种主观测量。

可以采用多种方式来测量知识状况，其中以"多重选项"或"对/错"形式来设计题目，是比较有效的方法。例如：

例 4.31　请问以下仪式中哪一个是基督教的仪式，是剃度、受洗、朝觐还是晨礼？

以这种形式的题目来测量被访者的知识状况，有三个特点。首先，题目测量的是能否识别的能力，而不是回忆。从认知的角度看，识别出来要比回忆起来容易一些。当你看到或听到一个词语或名字时，你可能就会想起来是认识的；但如果没有提示，你可能就想不起来了。其次，测量效果在很大程度上依赖于那些看起来真实、其实错误的干扰选项。特别是干扰选项的难度，甚至能直接影响分辨效果。这就像考试一样，题目难成绩就差，反之亦然。不过，干扰选项太难，可能会导致被访者的知识状况被低估。最后，测量效果同样也受正确答案数量的影响，为了达到一定的分辨水平，正确答案数要比被访者通常可能知道的数量多一些。

除了"多重选项"或"对/错"形式，还可以采用开放题来测知识状况。开放题的优点是完全没有"假"的正确答案。由于选择题为被访者提供了答案选项，因此即使随便猜，也会有一定的概率猜中正确答案。假如有 55% 的人答对了一个"对/错"形式的题目，那么一个比较极端的可能结果是，只有 15% 的人是真的知道正确答案而答对的。因为对于"对/错"形式而言，如果有 45% 的人答错了，那在 55% 答对的人中，就有可能有 45％ 是蒙对的。而开放题就不存在这样的问题，被访者除非真的知道答案，否则是写不出来的。开放题的缺点是可能会导致被访者的知识状况被低估，因为有些被访者如果时间充裕，就很可能可以写出正确的答案。

第四节　指数与量表

在调查访问中，事实和行为题目比较具体直观，单一指标测量往往就能涵盖全部意义。相比之下，主观状态题目要复杂一些，人们对其含义的理解经常会产生差异。这时如果能采用多个指标进行测量，通常能收到比较好的效果。而指数与量表（scales）则是实施多个指标测量的有效工具。除此之外，指数与量表也是经常用来测量抽象概念的有效工具。本节将介绍指数与量表的概念，以及常用的指数和量表的构造方法。

一、多个指标测量

在调查访问中，与单一指标测量相比，多个指标测量具有两个显著的优点。首先，多个指标所涉及的范围要比单个指标大了许多，因此能实现更加详细的测量目标。而在测量目标不变的情况下，多个指标测量能大大减轻被访者的负担。其次，在多个指标测量中，由于最终测量结果反映的是多个指标的特点，因此减少了结果的变异性，进而提高了测量质量。

多个指标测量的一个典型例子是哥特曼量表（Guttman scales），它是哥特曼（L. Guttman）于 20 世纪 40 年代发展出来的。下面是哥特曼量表的一个例子（见表 4-4）。

表 4-4　哥特曼量表实例

你赞同以下说法吗？	
（1）对于我的孩子来说，取得成功是对作为父母的我所付出的努力加以回报的唯一方式。	同意____不同意____
（2）上一所好的大学并且找到一个好的工作对我的孩子的幸福是非常重要的。	同意____不同意____
（3）如果一个人已经取得了他或她的教育或物质目标，幸福就更可能实现。	同意____不同意____
（4）在传统价值观中，关于成功的诱惑力并不是对真正的幸福的一个障碍。	同意____不同意____

资料来源：德威利斯. 量表编制：理论与应用（第 2 版）. 重庆：重庆大学出版社，2004：81.

按照哥特曼量表的理想的状况，同意后一个题目的人，就应该也同意前一个题目。也就是说，同意好学校、好工作对子女的幸福来说很重要的人，自然也会同意题目（1）中对子女成功的理解。同意题目（3）的观点，自然也就会同意题目（1）（2）的观点。于是这些指标中的每一个，都界定了这个连续量表中的某一点。也就是说，哥特曼量表的指标之间存在着强度结构，这是该量表的基本特征。

另一种多个指标测量的指标之间，并不像哥特曼量表那样设定有强度结构。例如，在测量个人气质时，由于气质是个包含了个人的谈吐、仪表、待人接物、修养造诣等多方面含义的复杂概念，因此可以设计多个指标来测量。这种多个指标构成的指标群，通常被整合为某种指数（index）。也就是说，利用指数这个工具，可以通过综合多个指标得分，最终反映出此人的气质状况。

如上所述，量表和指数都对抽象概念进行复合测量，即基于一项以上资料的测量。但是，量表和指数的得分方式是不一样的：量表是根据测量对象对题目的回答强弱程度，给予不同的得分；而指数是根据测量对象选择指标的多少，给予不同的得分。从使用频率看，指数比量表运用得更加频繁。这主要是因为根据已有的资料来建立量表的难度较大，有时甚至是不可能的，而已有的成熟量表又不多。相对来说，建立指数的技术则相对简单一些，建立指数对资料的要求也不那么苛刻。另外，建立指数和量表的逻辑，原则上讲并不冲突，一个细致全面的指数是可以转化为一个量表的。

二、指数的建立

指数的建立包括以下几项技术：首先是选取指标的方法，这需要对指标进行表面效度检验和相关性分析；其次是对指标分值进行加权的技术；最后是处理缺失值的方法。下面介绍每一步骤的具体细节。

（一）指标的选取

建立指数的第一步是选取符合标准的指标。首先，要尽可能挑选表面效度较高的指标。如果是建立大学综合质量指数，"学校的师生人数比"就是比"教师参与社会公众活动的比例"更具有表面效度的指标。其次，要对不同指标进行相关性检验，如果两个指标之间完全没有相关关系，如"图书馆藏书量"与"每星期慢跑次数"，就表明这两个指标代表的不是同一个变量。因此，如果某个指标与其他所有指标都不相关，就应将这个指标排除掉。同时，如果两个指标之间完全相关或有非常强的相关关系，如"受教育年限"与"获得学位证书等级"，就表明两个指标的意义相同，因此，只需保留其中一个指标就行了。

（二）指标的加权

在按一定标准选定指标后，要进一步考虑每个指标在指数构成中的分量如何，也就是考虑加权问题。加权是给指数中的某些重要指标赋予特殊的分量。除非你有充分的理由，否则应给予各项指标相同的分量，即给每个指标以相同的权重。下面通过一个例子来进一步说明加权问题。

假定你对大学综合质量感兴趣，希望构建一个大学综合质量指数。你分别从重点大学、非重点大学和专科院校中，各挑选了一所大学进行调查研究，最后决定采用 6 个指标来代表大学的综合质量。表 4 - 5 是你的调研成果。

表 4 - 5　大学综合质量调查结果

指标	学校类别					
	重点大学		非重点大学		专科院校	
	未加权	加权	未加权	加权	未加权	加权
（1）教师与学生人数比	−14	−14×2	−18	−18×2	−30	−30×2
（2）硕士以上学位教师的百分比	80	80×2	80	80×2	60	60×2
（3）学生人均拥有的图书馆藏书量	300	300×1	309	309×1	360	360×1
（4）未能获得学位学生的百分比	−8	−8×3	−10	−10×3	−12	−12×3
（5）毕业后读更高学位学生的百分比	14	14×1	16	16×1	1	1×1
（6）教师平均发表学术论文数	8	8×3	3	3×3	1	1×3
综合质量得分	380	446	380	428	380	388

资料来源：唐盛明. 实用社会科学研究方法. 上海：立信会计出版社，1998：145 - 146.

表 4 - 5 中的正负号代表指标的作用方向。对于正号而言，数字越高，综合质量越好；对于负号而言则刚好相反。经过研究分析，你认为 6 个指标在指数中的分量是不一样的，其中教师平均发表学术论文数和未能获得学位学生的百分比最为重要，其次是教师与学生人数比和硕士以上学位教师的百分比，最不重要的是学生人均拥有的图书馆藏书量和毕业后读更高学位学生的百分比。按此重要性顺序加权，分别给予三个等级 3、2、1 的权重数。

从表中可以看到，在未加权时，重点大学、非重点大学和专科院校的综合质量得分完全相等；但是，加权后，重点大学的综合质量得分上升到了第一，而专科院校则退居末尾了。也就是说，加权能够直接影响到调查研究的结果。虽然以上数据是为了示范而虚构的，但是，对加权与不加权情况的比较，可以显现出加权的重要性。

（三）处理缺失值

无论是用何种方法收集到的资料，都会出现数据缺失的情况。但是，数据缺失对建立指数的影响较大，因为，指数是由多个指标综合而成的，所以只要有一个指标因被访者拒答而产生数值缺失，就可能影响整个指数的信度和效度。下面介绍几种处理缺失值的常用方法。

第一，如果数据中缺失值占的比重不大，如为 3％～5％，可以考虑删除那些含有缺失值的被访者。在这里需要考虑的问题，一是剩下的数据还能否满足统计分析的需要；二是删除一些被访者是否会使样本代表性产生偏差，从而影响到分析结果。

第二，如果指数有多个指标，则可以考虑用已有数据的平均值，来代替缺失值。假设研究者用一个由 10 个指标构建的指数，对 100 名被访者进行了测量，其中有 8 名被访者没有回答第 3 个指标。这时可先算出 92 名回答者第 3 个指标得分的平均值，用该平均值去填补 8 名未回答者的缺失值。同理，可以同样处理其他指标的缺失值。但是需要注意的是，当指标太少时，最好不要用平均值方法。

第三，在大样本和指标较多的情况下，还可以用随机方法给缺失值赋值。虽然从个别被访者的角度看，随机值可能与实际情况有较大的出入，但相对于抽样总体而言，这种无序的偏差基本上会自我抵消。

三、总加量表

最常见的总加量表，是由美国心理学家利克特（R. A. Likert）在 20 世纪 30 年代设计的量表形式发展而来的，因此总加量表又经常被称为利克特量表（Likert scales）。下面介绍总加量表的含义以及设计方法。

（一）总加量表的含义

总加量表由一组陈述项目以及相应的答案选项构成，用它测出的某个人的态度得分，是当该被访者对每个项目发表意见后，在每个项目上得分的总和。最初的设计只询问被访者是否同意某个陈述，如"您是否同意'吸烟有害无益'这种说法"，对此被访者可以回答"同意"或"不同意"。但如果被访者的回答是"特别同意"或"十分不同意"，那"同意"和"不同意"这种两项选择，就无法完全反映出他的相对同意程度。利克特的贡献是将原有量表中的两项选择，扩展成了"非常同意""同意""不同意""非常不同意"这种四项选择。

具有清楚的顺序回答形式，是总加量表最大的优点。而且根据以上回答形式，还可以衍生出其他许多回答形式：

　　1. 对"社会调查方法"这门课的教学质量，你的总体评价是：

　　（1）优秀　　　　（2）良好　　　　（3）一般　　　　（4）较差

　　（5）很差

　　2. 总的说来，我觉得自己是个失败者。

　　（1）总是这样　　（2）常常这样　　（3）有时这样　　（4）很少这样

　　（5）从未这样

　　3. 您对飘柔洗发水的感觉是：

　　（1）很不喜欢　　（2）比较不喜欢　　（3）稍有不喜欢　　（4）稍有喜欢

　　（5）比较喜欢　　（6）很喜欢

不难看出，总加量表可以在很多不同的场合和情况下使用。虽然针对不同的陈述内容，答案的用词有所变化，但答案的排列顺序和强度结构并没有变化。另外，总加量表的答案类别应保持在 4~8 个，最好能提供类似"不知道""未决定""没意见"等中性类别。

由此看来，总加量表是通过让被访者针对某个陈述项目，从几个答案中进行选择来测量他的态度。这里所谓量表测量是通过不同答案选项的排列顺序与强度结构，来量度某人对某一项目的反应。在实际测量中，这种形式的总加量表很少被单独使用，一般总是针对某个议题的不同层面，设计出不同的陈述，分别用总加量表进行测量，然后将每一个陈述的测量得分进行加总，用加总后的综合得分，来代表对该议题的测量结果。由于包含了数个项目及其答案，这种测量形式可被视为多个总加量表的叠加组合，而对议题的测量得分则是每一个总加量表得分的"加总"，故被称为利克特总加量表，简称为总加量表或利克特量表。其实，总加量表最后得到的测量结果更像是一个指数。表 4-6 是用来测量"自尊心"的罗森伯格量表（Rosenberg scales），它就是总加量表的一个例子。

表 4-6 罗森伯格量表

您是否同意下列说法，请在合适的答案栏中打√。

陈述项目	答案选项（限选一项）			
	完全同意	同意	不同意	完全不同意
1. 总的说来，我对自己很满意。				
2. 有时我认为自己一无是处。				
3. 我认为我有一些好的品质。				
4. 我能把事情干得像其他大多数人那样好。				
5. 我感到我没有什么可自豪的。				
6. 我有时候确实感到自己很无用。				
7. 我感到我是个有价值的人，至少和别人相等。				
8. 我希望我对自己的尊重能多些。				
9. 总的说来，我倾向于认为自己是个失败者。				
10. 我对自己采取积极的态度。				

资料来源：唐盛明. 实用社会科学研究方法. 上海：立信会计出版社，1998：146-147.

需要指出的是，量表的 10 项陈述中的 1、3、4、7、10 是自尊心高的表现，2、5、6、8、9 则是自尊心低的表现。在建立量表时，要将不同方向的陈述穿插安排，避免被访者不认真考虑，全部选择"同意"或者"不同意"。而如何给总加量表的答案类别打分，完全由研究者个人决定，既可以用"4"也可以用"1"来代表"完全同意"。但是要注意陈述的方向，例如，当陈述 1 用"4"来代表"完全同意"时，陈述 2 就应用"1"来代表"完全同意"。另外还要注意，总加量表的测量属于定序测量，答案的分数显示的只是一种顺序排名。虽然在实践中，总加量表的得分通常被作为定距变量来使用，但这并没有改变它定序测量的内涵。

（二）总加量表的设计

总加量表的设计包括编写量表项目、确定答案的形式和项目测试等内容。

1. 编写量表项目

在编写量表项目时，除了项目的内容要反映测量的主题外，要特别注意同时运用积极与消极的陈述。变动项目维度方向的目的是避免出现回答偏误。因为某些人在回答很多项目时，可能会由于懒惰或某种心理倾向，出现以相同模式（通常是"同意"）来回答项目的趋势。如果正反交替以不同方向来陈述项目，那些可能会都选择"同意"来回答项目的人，就不得不选择不同的答案选项来回答，否则就会出现相互矛盾的意见。

2. 确定答案的形式

在设计总加量表时，最好提供 4～8 个答案类别，最好不少于 4 个，但最多不要超过 8 个，因为多于这个数目意义不大，反而会增加填答困难。有研究表明，当答案类别数目从两个增加到 20 个时，刚开始时信度会增加得很快，不过到 7 个左右时，信度就持平了，大约到 11 个之后，数目增加对信度的增加不会有多少贡献。

答案类别应维持偶数平衡，即如果设定了"非常同意"和"同意"，就要相应地设定"非常不同意"和"不同意"。但是，对于是否设定类似"不知道""未决定""没意见"等中性类别，研究者之间存在不同观点。一些研究者担心被访者会通过选择中性类别来回避选择。不过最好还是提供一个中性类别，因为人们通常会对假想的议题、物体和事件发表自己的意见，有了中性类别，研究者就能识别出采取中间立场或无意见的人。

对于每个项目的答案类别还要赋予相应的分数，以典型的 5 级答案为例，每个答案既可以相应地按 1～5 来计分，也可以按 −2、−1、0、1、2 来计分，即：

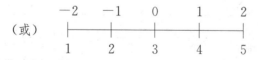

它表示了 5 种反应的连续统。依照 5 级答案的逻辑还可以派生出 7 级或 3 级答案，3 级答案在判断时比较简单，常用于有关小学生的研究。按 −2、−1、0、1、2 方式记分的优点在于，可以将 0 分看作中立或完全不明确的态度，而负分则意味着测出的态度是反对正分所代表的意见的。不过这里需要注意，总加量表的测量属于定序测量，答案的分数显示的只是一种顺序排名，顺序类别之间的距离并不是等距的，使用数字完全是出于方便起见，而且使用 0 分也并没有使测出的结果变成一种定比测量。

3. 项目测试

对项目进行测试的目的是检查每个项目的分辨力，即考察项目能否区分出人们的不同态度。分辨力的计算方法是：先用量表草案对一些被访者进行测试，然后根据受测被访者获得的总分对被访者进行排序。接下来挑出总分最高的 25％和总分最低的 25％的被访者，分别计算这两类被访者在每一个项目上的平均得分。将这两个平均分相减，所得出的就是该项目的分辨力系数。分辨力系数的绝对值越大，说明这一项目的分辨力越高，反之亦然。表 4-7 是计算分辨力的一个例子。

表 4-7　分辨力的计算

		(1)	(2)	(3)	(4)	(5)	(6)	(7)	(8)	(9)	(10)	(11)	(12)	个案总分
总分高的 25％ 的个案	个案 1	4	5	5	4	3	5	4	4	3	5	2	5	49
	个案 2	5	4	4	5	5	4	3	2	5	4	1	4	46
	个案 3	5	4	3	3	4	5	4	3	4	4	2	4	45
	个案 4	4	4	4	4	5	3	3	3	4	5	1	5	45
	个案 5	5	5	3	2	4	4	3	4	5	2	2	4	43
	个案 6	4	3	3	5	4	5	4	4	2	3	1	5	42
	个案 7	4	4	4	4	2	3	3	4	4	3	2	4	41
	个案 8	3	3	4	4	2	3	5	4	2	3	2	5	40
	……	……	……	……	……	……	……	……	……	……	……	……	……	……
	个案 14	2	3	2	3	3	2	3	4	4	3	2	4	35
	个案 15	2	4	2	3	2	2	3	4	4	3	1	4	34
总分低的 25％ 的个案	个案 16	2	2	4	2	3	4	1	1	4	2	2	5	32
	个案 17	2	2	2	3	4	2	4	1	3	3	2	4	32
	个案 18	1	3	2	4	1	3	3	2	1	2	2	5	29
	个案 19	1	1	2	2	2	2	3	3	4	1	1	4	26
	个案 20	1	1	1	2	1	2	1	2	3	2	2	3	21
总分高的 25％ 的个案的平均分		23/5 =4.6	4.4	3.8	3.6	4.2	4.2	3.4	3.2	4.2	4.0	1.6	4.4	
总分低的 25％ 的个案的平均分		7/5 =1.4	1.8	2.2	2.6	2.2	2.6	2.4	1.8	3.0	2.0	1.8	4.2	
分辨力系数		3.2	2.6	1.6	1.0	2.0	1.6	1.0	1.4	1.2	2.0	-0.2	0.2	

资料来源：袁方. 社会研究方法教程. 北京：北京大学出版社，1997：302.

从表 4-7 的计算结果可以看出，第（11）（12）个项目的分辨力很小，因此，在正式量表中应删除这两个项目。

利用总加量表得到总加指数，便可以识别出某个人对于特定的测试客体的态度如何，也可以比较不同被访者的态度差异。例如，在一个包含 20 个项目的总加量表中，最高的赞同总分是 100 分。那么一个得 92 分的被访者的态度，就可以被认为是肯定的；而一个得 92 分的被访者，就比一个得 90 分的被访者赞同程度更高。不过也应看到总加量表无法区分两个得分相同的被访者的态度结构，即它无法区分两个都得 92 分的被访者，是否在具体项目上存在态度上的差异。

四、语义差异量表

语义差异量表是由奥斯古德（C. E. Osgood）、苏吉（G. J. Suci）和坦嫩鲍姆（P. H. Tannenbaum）等人在 1957 年根据语义心理学研究提出的，主要用来测量人们对观念、事物或他人的感觉。下面介绍语义差异量表的含义以及设计方法。

（一）语义差异量表的含义

语义差异量表的研究焦点是测量某一客体（观念、事物或他人）对人们的意义。具体说来，这一客体可能导致人们产生某些联想或印象，而某一特定群体联想的图像具有一定的意义，它反映出了这一特定群体对这一客体的态度或立场。

使用语义差异量表进行测量的第一步是确定要进行评分的客体，如某种观念、具体事物或社会角色。第二步，选择 3～15 组能够表现该测量客体各种对立（相反）形象的形容词或短语，注意测量客体的这些对立形象并非现实存在，而是处于一种联想的关系中。第三步，由应答者从三个语义维度——评价（好—坏）、潜能（强—弱）、活动（快—慢），在一个以 7～11 个评分点数划分对立形容词两极的量表上，对测量客体进行评分。第四步也即最后一步，计算出被访者对每一对形容词评分的平均值，并对这些数据进行图形评价，或者应用统计方法，对数据进行数量描述，从而对人们的态度或行为倾向，以及人们态度或行为倾向之间的差异进行度量。表 4-8 是用语义差异量表对某商业机构进行分析的实例。

表 4-8　语义差异量表实例

	某商业机构							
	1	2	3	4	5	6	7	
现代								老式
积极进取的								保守的
不友好的								友好的
根基不稳固的								根基稳固的
外形有吸引力								外形无特色
可靠								不可靠
感觉宾至如归								感觉不适
对顾客漠不关心								提供帮助

续前表

	某商业机构							
	1	2	3	4	5	6	7	
易打交道								难打交道
无停车或交通问题								有停车或交通问题
不成功的								成功的
无引人注目的广告								广告引人注目

资料来源：迈克丹尼尔，盖兹 . 当代市场调研 . 北京：机械工业出版社，2000：193.

（二）语义差异量表的设计

由于语义差异量表没有标准化的形式，故研究者在使用时，每次都必须根据研究主题选择能反映主题的形容词或短语，并确定评分点数。研究者在进行语义差异量表的设计时，应注意以下两点问题。

首先，需要注意防止出现"光晕效应"，即被访者在对测试客体的组成要素不十分了解时，简单凭借对该客体的总体印象，会夸大对客体组成要素的正面或负面的评价，产生明显的偏差。为了能部分地消除"光晕效应"，在设计时，褒义词和贬义词在量表两端的分布应相对随机，不要将褒义词集中在一边，将贬义词集中在另一边。褒义词和贬义词随机分布可以促使被访者在填答前仔细考虑。在数据搜集之后，为了便于数据分析，可以进行适当调整，重新把所有褒义词放在一边，贬义词放在另一边。

其次，需要注意评分点数问题。如果评分点数太少，量表就会显得过于粗糙，难以对测量客体的形象做出区分；而如果评分点数太多，则有可能超出了大多数人的分辨能力。在调查实践中，"7 点评分"量表应用得比较广泛，评分点数最好不要超过 11。与总加量表的评分一样，语义差异量表的评分同样也存在中性评分点的问题。如在 7 点评分时，对 4 分的解释就要非常小心，因为 4 分的回答既可能表明被访者对测试客体的评价持中立态度，也可能是他不了解该客体，无法将已给的这组形容词或短语与该客体联系在一起。当调查中出现大量中性评分（如 4 分）答案时，量表的测量结果会失去应有的分辨力。这时除了要向被访者提供有关测试客体的更详细的解释外，还应通过对量表中的形容词或短语与测试客体的关联性的分析，进一步完善量表。

对语义差异量表测量结果进行分析，可以先计算出被访者群体在每一组形容词或短语上的平均得分，然后再根据分数画出相应的语义差异轮廓图。利用轮廓图一方面可以分析被访者群体对测试客体的真实感受和态度；另一方面可以进行比较分析，比较的对象既可以是不同被访者群体对同一测试客体的评价，也可以是同一被访者群体对不同测试客体的评价。图 4-1 就是男女大学生对其大学生朋友的评价结果。

除了图 4-1 的方法，还可以对测试结果进行数量比较。一种方法是先将量表

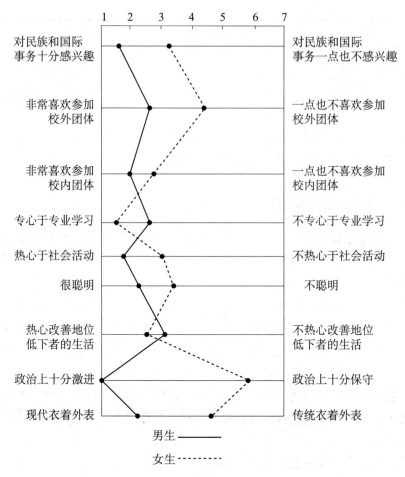

图4-1 男女大学生对其大学生朋友的评价结果

资料来源：袁方. 社会研究方法教程. 北京：北京大学出版社，1997：312.

中所有形容词或短语按所测试的维度划分成几类，例如将表4-8中的"外形有吸引力""广告引人注目"等划分为公司形象宣传类，将"友好的""感觉宾至如归""提供帮助""易打交道"等划分成客户服务类。将被访者群体在每一组形容词或短语上的平均得分，按这些类别再进行一次平均，然后比较被访者群体对不同类别的评价差异。

◀ **复习思考题** ▶

1. 是/否选择题有什么特点？它与复选题中只有两项内容的题目有什么不同？

2. 在设计评定尺度时要注意哪些问题？

3. 题目的测量目标与题目自身有什么区别？

4. 为什么说确定表述题目的词句是题目设计的难点？怎样才能使被访者与研究者对题目用词的理解达到一致？

5. 采用多个题目来测量复杂概念具有哪些优点？

6. 在题目设计中如何减少记忆产生的误差？如何帮助被访者对事件进行时间定位？

7. 怎样实施随机回答法？

8. 为什么说主观题只有相对意义？标准化对于主观测量具有何种意义？为什么在主观测量中"偏误"的概念是没有意义的？

9. 为什么设计连续量表必须界定一个单一维度的答案选项？

10. 确定连续量表答案选项需要注意哪些问题？答案选项的数目受到哪些限制？答案选项的不同表述形式分别具有哪些优缺点？

11. "同意/不同意"回答模式具有哪些特征？

12. 以"多重选项"或"对/错"形式的题目来测量被访者的知识状况有哪些共同特点？

13. 指数与量表之间的区别是什么？在建立指标时，如何处理缺失值？

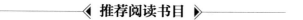

◀ 推荐阅读书目 ▶

1. 刘德寰. 市场调查. 北京：经济管理出版社，2000.
2. 唐盛明. 实用社会科学研究方法. 上海：立信会计出版社，1998.

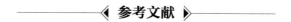

◀ 参考文献 ▶

1. 阿特斯兰德. 经验性社会研究方法. 北京：中央文献出版社，1995.
2. 巴比. 社会研究方法. 北京：华夏出版社，2000.
3. 德威利斯. 量表编制：理论与应用（第2版）. 重庆：重庆大学出版社，2004.
4. 风笑天. 现代社会调查方法. 2版. 武汉：华中科技大学出版社，2001.
5. 福勒. 调查研究方法. 重庆：重庆大学出版社，2004.
6. 福勒. 调查问卷的设计与评估. 重庆：重庆大学出版社，2010.
7. 刘德寰. 市场调查. 北京：经济管理出版社，2000.
8. 迈克丹尼尔，盖兹. 当代市场调研. 北京：机械工业出版社，2000.
9. 曼吉翁. 邮寄问卷调查. 台北：弘智文化事业有限公司，1999.
10. 唐盛明. 实用社会科学研究方法. 上海：立信会计出版社，1998.
11. 袁方. 社会研究方法教程. 北京：北京大学出版社，1997.

第五章

问卷设计与评估

本章要点

- 编写问卷题目初稿的步骤：（1）对调查目标进行文字说明；（2）形成研究问题；（3）建立分析框架；（4）列出变量清单以及数据分析计划；（5）草拟题目。

- 评估题目的方法包括焦点小组讨论、深度访问和实地试调查。

- 焦点小组讨论的准备工作主要有以下几项内容：编写讨论指南、选择主持人、招募参与者、准备讨论场地及其他设备。

- 实施深度访问应注意：（1）要按一定标准选择被访者；（2）要特别注意把握访问时间的长短；（3）使用的问卷长度要比实际访问问卷短。

- 常规的试调查包括以下几个步骤：（1）选取类似于正式调查对象的被访者；（2）对被访者进行问卷访问和观察；（3）访问员与研究者一起以小组讨论的形式，报告自己对题目的评估；（4）研究者根据访问员的报告，对问卷做出修改。

- 除了常规方法外，试调查还可以采用以下几种方法：（1）对访问员和被访者的行为进行系统的编码；（2）访问员采用标准化的评估表对被访者进行评估；（3）采用标准化访问中的追问技术。

- 一份完整的问卷通常采取以下结构：问卷标题、问卷说明、题目与答案、编码、访问的执行记录。

- 问卷题目的总体布局原则：（1）由浅而深，由易而难；（2）一个主题与另一个主题之间要有所区分，尽可能将主题相同的题目放在一起；（3）按一定的逻辑顺序来组织不同主题的题目；（4）背景资料题目在当面访问时先问，在自填问卷中后问。

基本概念

调查主题◇分析框架◇变量清单◇焦点小组讨论◇群体访问◇群体动力◇深度访问◇实验室访问◇有声思考法◇阶梯前进法◇实地试调查◇行为编码◇题目评级表◇问卷结构◇问卷的顺序效应

问卷是一份精心准备的题目表格，是用来搜集资料的测量工具，可以采用书面印刷和电脑程序两种形式。在调查研究中，问卷质量对于研究结果有很大的影响，因此要认真对待。上一章讨论的重点是问卷题目的设计方法与技巧，而本章讨论的重点则是问卷设计的具体步骤。简单说来，问卷的设计过程包括编写题目、评估题目、问卷的编排与格式化等几个步骤。

第一节 编写题目

在问卷设计之初，并非立刻就动手编写题目，研究计划的主持人通常会邀请相关研究人员围绕调查主题开研讨会，先对调查目标、问卷中特定概念的测量方式、分析框架、变量清单、数据分析计划、调查的执行过程进行讨论，然后才开始在此基础上编写题目。形成一份高质量的问卷一般要召开数次研讨会，随着问卷的逐步完善，最初形成的一些内容可能会有所改动，因此在问卷研讨过程中必须形成详细的会议记录（包括出席会议的人员、会议的主题和议程、会议的时间和地点、问卷草案、其他特殊决议的事项），以提高工作效率，保证问卷设计不偏离研究主题所设定的方向。另外，对于不太熟悉的研究主题，问卷设计人员应该围绕研究主题，深入要调查的田野现场，花时间与调查对象进行一些非结构访问，以避免设计出含义模糊的题目和不符合客观实际的答案来。下面将分别介绍如何形成有关调查目标、分析框架、变量清单、问卷题目设计原则的文字材料。

一、陈述调查目标

要想设计出好的问卷，设计者首先要对调查目标有一个清楚的认识。严格说来，陈述调查目标不仅仅要说明调查主题，即调查的议题或调查涉及的研究领域；更重要的是要有效地把调查主题缩小成一些特定的研究问题，或者说在调查主题范围内寻找问题。因为，对于一项具体的调查来说，它的调查主题往往过于宽泛，可以是调查的起点，但无法成为调查的具体执行对象。

例5.1 "离婚与再婚现象"可以成为一个调查主题，但它并不构成一个特定的研究问题，而"早婚的人会比较容易离婚吗""带有前次婚姻所留下子女的家庭的稳定性如何"则是该主题中的两个研究问题。

例5.2 如果调查主题是"媒体对犯罪和犯人的描绘"，则可以进一步把该主题缩小成以下研究问题："新闻媒体是否会呈现扭曲的犯罪图像？"

例5.3 "个人的谋职过程"是一个调查主题，而"个人是如何利用自己的社会关系网络谋职的"则是一个具体的研究问题。

在问卷设计中，如果缺少了把调查主题聚焦或缩小成研究问题的步骤，一开始就根据一个宽泛的主题直接草拟题目，经常会无从下手。即使勉强写出了一些题目，其内容也往往流于空泛，无法切中预期的调查目标。一个调查主题有时能够精练、浓缩出不止一个研究问题。为了防止在具体草拟题目时出现偏离调查目标的情况，可以用一段文字写下调查拟达成的目标，文字性的陈述会时时提醒研究人员调查测量所侧重的内容。

在一般情况下，可以通过检索和阅读文献或者通过与他人讨论，来完成把调查主题缩小成研究问题的步骤。

首先，可以通过检索和阅读文献，从一些公开发表的与调查主题相关的研究论文或调查报告中，发现许多有价值的研究问题。因为研究者在发表论文或调查报告时，会先交代自己的研究问题，所以，以这些问题为基础，便可以进一步浓缩出与之相关联的其他问题。有时也可以直接沿用其他研究者提出的研究问题，通过收集新的调查资料，来检验已有的研究结论，证伪或澄清这些研究结论的适用性。另外，许多研究者经常会在论文结束时，对未来进一步的研究提出建议。将这些研究建议转换成新的研究问题，并非一件难事。总之，检索和阅读文献是发现研究问题的一条捷径，照猫画虎相对来说是一件既方便又保险的便宜事。

其次，与他人讨论也是提炼研究问题的一种常用方法，这里的"他人"主要是指对调查主题知之甚详的专家、问卷设计委托方的决策者。对于某个社会领域可能存在的研究问题，这个领域的专家学者，无疑是有发言权的。因此在确定调查主题后，找几个专家学者开一个小规模的研讨会，对聚焦研究问题肯定是好处颇多的。对于研讨会的人员构成要注意异质性。一是要围绕调查主题，邀请不同专业领域的专家参加。因为许多社会议题是不同学科的共同研究领域，例如，婚姻问题不仅是社会学、社会工作专业的研究领域，也是经济学专业涉足的研究领域。专业领域不同，专家提出问题的视角也会有差异，这就能大大丰富所研究问题的内涵。二是应注意专家的年龄、性别特征。年长的学者基于丰富的专业理论基础，更有可能比较全面地把握调查主题所涉及的研究问题；年轻学者一般正处于学术上升期，对伴随时代变化，调查主题中可能包含的新问题更具有敏感性。女性学者则更可能以一种独特的视角提出研究问题。

对于那些委托进行的问卷设计，在确认调查目标时，一定要与委托方的决策者进行充分的沟通。根据以往经验，问卷设计中偏离调查目标的现象，在接受委托进行问卷设计时特别突出。经常会有这样的情况发生：问卷设计者针对某项研究计划完成了一份问卷设计，但项目委托方的决策者（部门领导、经理）想得到完全不同的信息，于是设计者不得不重起炉灶，大量工作时间就被浪费在问卷设计上了。产生此类问题的最主要原因就是，设计者事先没有与项目决策者充分沟通。明智的做法是在接受委托之初，就与拥有项目最终决策权的部门领导或经理坐在一起，讨论调查目标，力争把调查主题缩小成一些具体的研究问题。这时要注意，实际工作与科学研究在用语和表述上存在一定差距，而且部门领导或经理们也大多没有太多的调查专业知识，一个笼统的调查主题陈述，有可能无法完全说清楚项目委托方的全部意思。根据以往的经验，最好能让委托方有关人员以问题的形式比较详细地提出他们对调查主题的要求，或让他们根据调查主题提出希望通过调查来了解的问题清单，以收到事半功倍的效果。

最后，无论是与专家研讨，还是与委托方的决策者座谈，都可以采用焦点小组讨论的形式进行。有关焦点小组讨论的具体执行方法，将在下一节中做详细的介绍。

二、概念操作化与测量质量评估

（一）概念的操作化

在确定研究主题和研究问题后，我们需要考虑研究问题当中涉及哪些概念，这些概念在调查研究当中如何从抽象定义变成研究者可以观测的变量和指标。这就是概念的具体化与操作化。

美国社会学家拉扎斯菲尔德将概念的操作化过程分为四个阶段：第一，概念的形成；第二，概念的界定；第三，选择测量指标；第四，编制综合指标。界定概念的第一步是将概念分解，从不同角度或维度对概念所表示的现象进行分类。对于抽象度较高的概念需要逐步、逐层分解。比如，"社会支持"的概念，可以被分为正式支持和非正式支持。对非正式支持，又可以从支持的内容上分解为经济支持、情感支持等方面。我们选择测量指标就是确定用哪些经验层面的现象来测量变量。刚才我们说到的"社会支持"的概念，可以用"我能与自己的家庭谈论我的难题""我的朋友们能与我分享快乐和忧伤""在我的生活当中，有些人关心着我的感情"等作为指标来测量社会支持利用度。有一些概念相对简单，可以用一到两个指标来测量，譬如一个人的文化程度可以用上学的年数、获取的毕业证书的等级来表示。而对复杂的概念，则需要用多个指标来测量，以构建一个综合的指标体系。然而，在实际测量中我们往往会发现，概念的操作化所面临的困难是非常多的。就拿作为个人基本情况的"年龄"来讲，出生年月日通常用公历进行登记，但也有以农历进行登记的，特别是中华人民共和国成立前出生的人，大多采用农历登记生日。即使都采用了公历登记，也涉及在操作中是否以满周岁作为年龄的计算方式。不同的测量指标与计算方法会带来最终数据收集与统计结果的不同，这就带来另一个问题——问卷的信度与效度。

（二）信度与效度

信度与效度是所有测量的中心议题，是关于研究的测量是否真实、可信和有效的重要标准。信度与效度关注具体的测量是怎样与概念吻合的。由于社会理论中的概念经常是模糊的、无法直接观察到的，完美的信度和效度事实上是无法达到的，但它是研究者努力追求的理想。

信度（reliability）是指可靠性或一致性，这意味着在完全一样或同等的条件下，相同的结果重复出现。反过来，缺乏信度，测量就会不稳定，就会出现不一致的结果。譬如，我有一把尺子，如果我每次测量我的身高，它都给我相同的身高值（这里我们说的是净身高，没有穿不同高度的鞋子或梳上高耸的发型），那么这把尺子就是一把有信度的尺子。提高测量的信度，可以通过以下四个方法来进行：（1）清楚地概念化所有的构想；（2）增加测量层次；（3）使用多重指标来测量一个变量；（4）使用前测、测试研究和复制。[1]

效度（validity）意味着真实性，即研究者有关现实的概念与现实世界之间的匹配程度。效度的核心在于研究构想与指标之间的吻合程度，涉及的是概念与操作性定义之间的契合度的问题。契合度越高，测量效度就越高。如果研究者用来描述或分析社会的构想与真实世界之间不匹配，那就没有效度。当研究者说某个指标具有效度时，是指这个指标所具有的效度，只适用于某个特定的目的与定义。同一个指标可能对某个人群来说是具有效度的，但对另外一个人群来说则不具备效度。举例来说，如果讨论的是测量焦虑，那么当我们使用贝克焦虑量表时，它对成人来讲是有效的，但对儿童来讲可能并不具备效度。

在一个理论与假设中，对于两个关联在一起的变量的测量过程，有三个层次需要考虑：概念层次、操作层次以及经验层次。在最抽象的概念层次，研究者感兴趣的是两个构想之间的因果关系，或称概念假设。在操作层次，研究者感兴趣的是检验假设，进而判断指标间的关联程度。这个层次会用到相关统计问卷以及其他类似工具。第三个层次是具体的经验层次。测量的过程结合这三个层次，以演绎的方式从抽象到具体。问卷通过对经验世界的观测来获得研究者假设中涉及的变量的相关数据，从而能够检验变量之间的因果关系，这就是分析框架与变量清单。概念化与操作化过程见图 5-1。

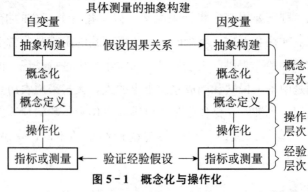

图 5-1　概念化与操作化

资料来源：纽曼. 社会研究方法：定性和定量的取向. 北京：中国人民大学出版社，2007：225.

---

[1]　纽曼. 社会研究方法：定性和定量的取向. 北京：中国人民大学出版社，2007：230.

三、分析框架与变量清单

在明确了调查主题和研究问题后，接下来就要具体确定变量分析框架，然后依据分析框架来设计问卷。要建立分析框架，研究者首先要考虑：从所研究的问题出发，究竟需要测量哪些变量？其次，要弄清楚变量之间的因果关系如何。在一般情况下，分析框架需要有一份详细的变量及其指标的清单；对于那些解释性分析，最好能画出变量关系的逻辑框架图。

对于问卷设计而言，如果有一个完善的分析框架，就能够大大减少问卷设计的盲目性。因为，问卷题目是变量及其指标的转换形式，如果在没有变量清单的情况下，直接根据调查主题设计题目，就很容易遗漏一些该有的题目，或多出一些不该有的题目。前者会造成无法进行正常的统计分析，后者则会增加问卷长度，从而导致拒访率上升或资料质量降低。因此，建立分析框架是问卷设计中相当重要的一个步骤，问卷设计者必须进行比较全面的思考。

那么，如何建立分析框架呢？分析框架的复杂程度，与研究者希望达到的研究目的有关。如果研究者进行的是描述性研究，则分析框架相对比较简单；但是，如果研究者希望进行一项解释性研究，分析框架就比较复杂了。

例如，在关于离婚问题的研究中，如果研究者只是想要描述当前社会的离婚现状，那么，他可能只需要问被访者是否有离婚经历、有没有未成年的子女、夫妻是否异地生活。对于有离婚经历的被访者，还可以进一步询问离婚次数、离婚时的年龄、是否有再婚的打算等。然后结合被访者的个人资料，简单地分析这些变量之间的关系，便可对当前社会的离婚现状有一个大致的描述。

但如果研究者希望的不是一般性地描述离婚状况，而是进一步解释离婚率变化的原因，那他就必须去思考影响离婚率变化的因素，然后将其纳入问卷设计中，以供研究分析之用。通常研究者需要针对研究问题，提出相应的研究假设，确定具有解释力的研究变量，并依据这些假设建立的变量之间的关联性，建立一个系统的分析框架。

具体说来，研究者可能针对离婚率的变化，提出以下理论假设：如果已婚者有机会接触到很多可以成为结婚对象的同伴，那么离婚的机会会增加。换句话说，某种类型的人际交往，如与可能成为婚姻伴侣的人的接触，对婚姻的稳定性有负面的影响。为了检验这个假设，研究者必须询问近期离婚的被访者，在离婚前是否有较多的机会与配偶以外的异性进行交往。另外，研究者可能还要进一步思考影响这种交往机会发生的社会背景因素，如未婚女性从事全职工作的比例、该地区的性别比。因为未婚女性工作的比例越高，已婚男性在工作场所就会有越多的机会与未婚女性发生交往；同时一个地区女性人口比例越高，女性进入劳动力市场的机会也就越大。除了这些社会因素，研究者还需要考察相关的文化因素，因为这种交往互动对婚姻的影响，更可能发生在一个强调个人自我实现与自我选择，并容许以离婚结束不愉快婚姻的文化氛围中。

图5-2给出了一个离婚率分析框架图，图中箭头所指的方向是指"影响"。性别比和女性就业率，一方面二者相互影响，另一方面则都对配偶以外的异性交往产生影响，而这种异性交往在一个对离婚持宽容态度的文化氛围中，会直接导致离婚率的上升，同时宽容的文化氛围对离婚率也有正面的影响。但以上诸多因素，对婚姻和家庭的稳定性产生的则是负面影响。

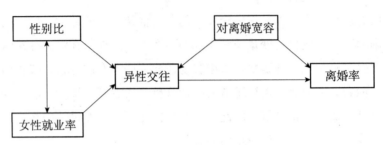

图5-2　离婚率分析框架图

虽然以上分别讨论了描述性研究和解释性研究中的分析框架，但在实际研究中，除了一些比较简单的议题外，大多数研究并不只具有其中一种目的。如上面的离婚议题，实际上就可以用一份问卷完成资料收集。因此，在建立分析框架时，要尽可能地考虑服务于多个研究目的。特别是比较大型的研究项目，在建立分析框架时，要尽可能详尽地列出研究问题可能涉及的变量及其指标的清单。下面是两项研究的变量清单的例子。

在一项有关"父母投资与子女赡养关系"的研究中，研究者将"父母投资"界定为"父母为子女提供的各种帮助"，并从时间上区分为"早期家庭帮助""近期给予的帮助""正在给予的帮助"三个方面，然后列出不同时段各种帮助的具体测量项目（如表5-1所示）。

表5-1　父母为子女提供的各种帮助调查项目

早期家庭帮助	被访者早期对家庭帮助的依赖	是否在家做作业
		在升学上是否得到帮助
		在就业上是否得到帮助
		在换工作上是否得到帮助
		在分房上是否得到帮助
	父母为子女结婚所花的费用	
	被访者的教育水平	
	婚后的居住情况	

续前表

近期给予的帮助	照看孩子	
	做家务	
	提供经济上的帮助	
正在给予的帮助	照看孩子	
	做家务	
	提供经济上的帮助	

资料来源：风笑天．现代社会调查方法．2版．武汉：华中科技大学出版社，2001：101-102.

在另一项有关"居民住宅消费需求"的调查中，研究者先将调查内容分为"被访者及家庭的基本情况""住房状况""对储蓄及银行住房贷款的看法"等几个类别，然后列出各个类别的具体测量项目（如表5-2所示）。

表5-2 居民住宅消费需求调查项目

被访者及家庭的基本情况	家庭主要就业者（收入最高者）情况	性别
		出生年份
		教育水平
		职业
		工作单位类别
		职务
		职称
		当年收入总额（元）
	家庭情况	常住人口
		就业人口（含有退休收入人口）
		上大学人口
		当年收入总额（元）
		近期（2~3年）年收入预测（元）
住房状况	现住房状况	产权
		类别
		建筑面积（m²）
	购置住房情况	购房价格
		购房款的主要来源
		付款方式
		购房考虑的主要因素
		尚未购置住房的主要原因
		是否愿意再购置住房

续前表

		参加储蓄的目的
		偏好的储蓄机构
对储蓄及银行住房贷款的看法	对储蓄的看法	选择储蓄网点考虑的主要因素
		偏好的储蓄种类
		储蓄机构存在的主要问题
		是否愿意从银行贷款买房
		偏好的住房贷款类型
	对银行住房贷款的看法	贷款时考虑的主要因素
		希望银行提供的贷款期限
		希望银行提供的贷款比例
		当前银行住房贷款存在的主要问题

资料来源：柯惠新，丁立宏. 市场调查与分析. 北京：中国统计出版社，2000：25-31.

另外，建立分析框架还需要考虑到分析资料的统计方法，因为不同的统计方法对变量的测量有不同的要求。一些统计分析模型，如生存数据统计分析，还对数据结构有特定的要求。

一般说来，建立分析框架的方法，与前面提炼研究问题的方法类似，一是检索文献，二是对相关人员进行深度访问，三是焦点小组访问。除此之外，建立分析框架更多地依赖于研究者的独创性思考。

四、问卷题目设计原则

在形成分析框架以及变量清单后，就可以具体设计和评估题目了。有关题目的设计方法与技巧在第四章已有详细讨论，这里将针对题目设计，提出一些一般性原则。

（一）内容合适

一般说来，人们对自己做过的事、目前的状况，以及自己的亲身感受，容易做出准确的判断，对与此相关的问题，也能给出准确的回答。因此，在编写题目时，要注意题目的内容不仅要满足研究的需求，而且要适合被访者。

第一，要询问被访者能够可靠回答的题目，避免提出超越被访者回答能力的题目。例如，人们对自己子女就读的学校发表的意见是比较可信的，但对自己所在地区所有的学校或全国所有学校的运作情况所发表的意见的可信程度就会比较低。

第二，在设计题目时，尽量不要让被访者预测自己对未来或假设情境的反应。因为对于没有经历过的情况，人们不太容易对自己的行为、感觉做出预测。一定要问的话，最好能让被访者感受一下假设情景，如在询问对某新产品的购买意向时，不要只在题目中做文字描述，而要让被访者试用一下。

第三，不要在题目中简单地让被访者提供事情的原因。因为一种结果的出现，可能缘于多方面的原因，直接向被访者询问事情的原因，并不能得到可信或有用的资料。对事情做因果分析，必须依赖多方面的资料。

第四，研究者最好放弃让被访者提供解决问题的方法的念头，对于那些复杂的问题更是如此。因为提出任何复杂问题的解决途径，都需要拥有多方面的信息，而调查中的题目和答案选项是无法为被访者提供足够多的信息的。研究者之所以会求教于被访者，往往是因为自己熟知某项议题，所以高估了大多数人对该议题的了解程度。其实，被访者所能提供的只能是自己知道的有关信息，而解决问题的方法则是研究者在对有关信息进行研究分析后的结果。

（二）措辞用字清楚

问卷题目的措辞用字要力求简单、清晰和口语化。

首先，要避免使用专业术语和缩略语。专业术语的使用通常局限于某个特殊的专业人群，例如，心理学中的"皮格马利翁效应"（Pygmalion effect）、社会学中的"失范"（anomie）等，对一般大众而言很可能是陌生的。缩略语是词语的一种简便写法，例如，SUV 就是运动型多用途汽车（Sports Utility Vehicle）的缩略语，而这对不熟悉汽车的被访者来说就很陌生了。对于包含不熟悉或不知道的语句的题目，被访者很可能会拒答或跳过去不答。因此应该使用被访者能理解的词汇和语法——对一般大众而言，通常是指广播、电视与报纸上所使用的语言。如果无法避免使用术语或缩略语，就应该对术语或缩略语的含义加以适当的解释。

其次，要避免使用语义模糊不清的字眼。由于对调查议题很熟悉，研究者经常会不考虑被访者的感受，对题目做出潜在的假定。举例来说："您的收入是多少？"这里研究者预先假设被访者对收入的理解与自己一致，但被访者其实是可以对收入有多种理解的：周薪、月薪或年薪，税前或税后的收入，今年或去年的收入，单指薪水或指所有的收入来源，等等。正确的做法是具体解释清楚究竟想了解哪一种收入，例如："您的家庭去年税前总收入是多少？"另一种语义不清是由使用可做多重解释的字眼所致，举例来说："您是否定期上网浏览？"如何回答这个题目完全取决于被访者对"定期"这个字眼的理解。"定期"既可以被理解为每天一次，也可以被埋解为一周一次、一个月一次。因此，为了提高资料质量，就应该尽可能使用含义明确的字眼，如："您是否每天都上网浏览？""您每周上网浏览几次？"等等。

（三）一次问一件事情

问卷题目设计要避免出现双重负载（double-barreled），应该做到一个题目只问一件事情，这是一个经常被提及的设计原则。否则，一方面会增加被访者回答的困难，另一方面也会造成研究者分析的困难。但即使是经验丰富的研究者，有时还是会犯此类错误：在一个题目中包含两个或者更多的议题。例如："你是否打算在明年辞职另找一份工作？"这是一个双重负载题目，因为打算辞职和打算另找一份工作是两件事，打算辞职并不等于打算另找一份工作，同样，没有另找一份工作的打算也不等于没有辞职的打算。把这个问题一分为二，就能纠正双重负载问题。需要说明的是，这种形式的双重负载比较直接，也比较容易被识别和纠正，容易疏忽的是形式比较隐蔽的双重负载题目，如题目中包含了不合理的假设，或包含了隐含的限制条件。

例如："经济形势下滑是否影响您的投资意愿？"首先，该提问虽然对经济形式给予了明确说明，却使该词明显具有负面含义。这样题目实际涉及了两件事：经济形势和投资意愿。其实，题目设定的经济形势与投资间的关系，许多人是无法知道的。正确的做法是分别询问被访者对经济形势的看法和投资意愿，然后通过变量分析来确定二者之间的关联性。

其次，避免在题目中包含隐含的限制条件。有些题目虽然没有设定不合理的假设，但存在隐含的限制条件，这些条件使得题目的答案只对部分被访者适用。例如："在过去的一个月，您是否进行过某种运动以避免发胖？"从事运动也许是担心肥胖，但运动的目的绝非只是限制肥胖。这个题目实际上将被访者划分成三类：从不运动的人，因恐惧肥胖而运动的人，并非因恐惧肥胖而运动的人。题目实际只适用于第二类人。第一类人的否定的回答，只是表明其不运动，但并不表明其不恐惧肥胖，或许他们正在使用某种减肥药物。第三类人的肯定的回答，也并不表明其运动的原因是恐惧肥胖。正确的做法是先询问被访者是否参与运动，然后再询问参与运动的人的运动目的。

（四）客观公正

问卷题目设计应遵守客观公正的原则，不要诱导被访者朝某个设定的方向回答问题。对于研究者和访问员而言，在调查中故意诱导被访者，不仅是缺乏专业素养的表现，而且是不道德的。即使是由于专业水平不足，在无意中诱导了被访者，也会极大地损害资料的质量。在题目设计中要保持客观公正，避免对被访者造成诱导。合适的题目语句应使被访者觉得所有答案选项都是正当的，都是可以选择的。而引导性语句则通过措辞用字，引导被访者选择某个或某一方向的选项。举例来说，题目"您不赞成在公共场所吸烟，是吗"就显然使用了引导性语句，结果必然导致大多数被访者选择"不赞成"的看法。如果将题目改成"您对在公共场所吸烟有什么看法"，被访者答案的分布情况就可能会发生变化。

第二节　评估题目

草拟出的问卷题目只是一份初稿，由于问卷设计者的认知过程和范围的局限，这些题目还不能用于实际的调查。只有经过评估的题目，才能最终用于实际调查。

评估题目的方法包括焦点小组讨论、深度访问和实地试调查。三种方法在评估问题时，各自具有不同的功能，本节将详细探讨每一种方法的具体执行过程。

一、焦点小组讨论

在题目草拟完成后，进一步的工作是了解这些题目能否被大多数人理解和回答。为了实现这一目的，可以再次借助焦点小组讨论的形式，对已形成的问卷草稿中的题目，逐题进行检查，看看调查对象对题目的了解程度。

（一）基本概念

焦点小组讨论就是采用小型座谈会的形式，在一名主持人的引导下，对某一主题进行深入讨论，从而获得对有关问题的深入了解。如果说当面访问是访问员与被访者之间的一对一互动，焦点小组讨论就是焦点团体成员之间的一种群体互动，前者是"群体访问"（group interviewing），后者是"群体动力"（group dynamics）。群体动力所提供的群体互动作用是焦点小组讨论成功的关键。在一般情况下，个人在接受刺激后会做出反应；而在群体情境下，某个人的反应又会成为对其他人的刺激。这样在团体讨论中，若团体成员对主题进行充分和详尽的讨论，每个团体成员就有可能受到多种刺激，进而做出多方面的反应。由此不难推断，同样数量的个人在讨论或群体相互作用情境下产生的信息，要多于在一对一互动中产生的信息。

如上所述，焦点小组讨论的关键，是鼓励参加焦点团体的成员针对主题进行充分、详尽的讨论。社会心理学的研究发现，当人们主动表述，而不是被动地回答问题时，他们往往会对某一主题表达出更全面和更深入的看法。因此，焦点小组讨论要避免直接提问，而采用间接提问来激发自发的讨论。在这个过程中，研究者既可以了解参与者有关主题的论点，也可以观察到参与者的表情、语气与动作，这有助于正确诠释参与者的论点。不仅如此，研究者还能了解到参与者在听到其他参与者的意见时的反应。

焦点小组讨论作为一种研究方法，已得到了广泛的应用，特别是经常被用于一些商业调查。大多数的市场调研公司、广告代理商和消费品生产商选择使用这种方法。例如，广告公司就经常借助焦点小组讨论，来了解消费者对某项新产品的接受程度。另外，这种方法在心理学、社会学和广告学研究中，也有广泛的应用，许多相关的调查研究把焦点小组讨论作为一种重要的获取信息的方法。研究者的一个共识就是，在研究的初始阶段，进行焦点小组讨论是有价值的。因为每个研究者都有其自身的局限性，多听听他人的声音，可以使自己对将要研究的事物以及人们对该事物的看法，有更多的了解。

在调查研究中，焦点小组讨论可以帮助研究者确定调查目标、形成题目，以及在形成问卷草稿后，对题目进行评估。具体说来，焦点小组讨论可以在以下两方面，帮助研究者改进调查问卷的设计。一方面，焦点小组讨论可以帮助研究者弄清楚被访者对调查主题的不同理解和认知状况，把握现实生活的复杂性；另一方面，焦点小组讨论也能帮助研究者评估调查问卷中遣词用字的适当性，以及了解被访者对一些抽象概念是如何理解的，使研究者更准确地选择词语和概念。

例 5.4 研究者想从事一项关于人们在劳动力市场如何寻找工作的研究。调查中主要的一个部分是测量人们找工作的次数。研究者希望借助焦点小组讨论，确定人们如何理解工作的含义，了解人们找工作的途径或方式，并同时检验某些题目的措辞。

在一般情况下，焦点小组讨论可以为研究者提供许多与找工作相关的信息。首先，通过讨论，研究者可以对被访者的认知程度有所了解。例如，可以了解到在全职就业以外，存在哪些被访者认可的工作形式；被访者在多大程度上，认为半职就业、临时性就业（无合同、非稳定的工作）和务农也算是几种工作形式；研究者事先的有关被访者对工作含义的了解、看法的假定，在多大程度上符合实际情况。

其次，讨论可以明确找工作的途径或方式的含义。例如，找工作中的"找"是否就一定意味着当事人要主动有所作为，如托人介绍推荐、去人才交流会、求助于职业介绍机构、个人申请或自荐等；是否将国家分配或组织调动、自雇佣也列入问题的考虑范围。无疑，这些信息能使研究者更加清楚地界定找工作的途径或方式的含义。

最后，讨论能弄清楚被访者对某些关键字或词的了解程度。例如，找工作一定是指一个查询、请求和获取的主动过程，还是更一般地包括被动地被分派、自我指派的过程；工作是必须有合同、有固定时间和场所，还是也可以无合同，时间、场所不固定。

焦点小组讨论是获取问卷设计相关信息的有效方法，与焦点小组讨论的投入成本相比，采用这种方法往往能获得意想不到的收益。虽然焦点小组讨论在问卷设计初始阶段，能帮助过滤问卷中可能存在的问题，也能解决问卷题目在措辞和概念理解上的疑虑，但也不应该过分夸大这种方法的功能，因为它并不能代替其他问卷设计环节，如深度访问和实地试调查。

（二）讨论的准备

焦点小组讨论的准备工作主要包括以下几项内容：编写讨论指南、选择主持人、招募参与者、准备讨论场地及其他设备。

首先，一次成功的焦点小组讨论需要有一份精心准备的讨论指南，即一份讨论中所要涉及的话题概要。在进行改进问卷的焦点小组讨论时，讨论指南可以在问卷草稿的基础上形成，即围绕问卷内容来设计指南包括的议题。指南最好委托主持人根据讨论主题和委托方需要的信息来起草，然后在充分听取各方意见的基础上修改定稿。这样做的好处是，主持人熟悉指南的内容，便于他的现场发挥。如果是研究者编写的指南，则应在征询主持人意见并修改后再付诸使用。

讨论指南通常包含三个部分：一是一些旨在建立良好关系的轻松话题，以及对焦点小组讨论规则的解释；二是提出讨论的主题，以及每项主题的细化内容；三是总结各项具体要求。讨论指南中包括的各项话题，应按一定顺序展开，例如，有关餐饮主题的讨论指南可以先从人们对外出吃饭的态度和感受开始讨论，接着讨论人们对快餐业的看法，然后具体讨论某个快餐连锁店的食品，最后以讨论快餐店的室内装修风格对营业额的影响结束。在正式使用指南之前，一定要广泛征求意见，力争使委托方的各类人员都认可指南上列出的主题是必要而且没有遗漏的。

其次，主持人的表现对于焦点小组讨论的成功与否起关键作用。一个优秀的主持人应具备两方面的技能，一是拥有与讨论主题相关的专业知识，二是具有驾驭焦点小组讨论进程和方向的能力。对主持人的素质要求包括以下几点：

（1）感染力。主持人应具备热情开朗的性格，要对人、对生活充满广泛的兴趣，不仅能使自己完全融入讨论的话题，而且更重要的是能激励小组成员，特别是那些不太发言的成员积极参与。

（2）包容性。主持人应是一个宽容的人，能接受并重视人与人之间的区别，尤其是与自己的生活态度截然不同的人的看法。当讨论的兴奋点偏离预定目标时，主持人要有足够的耐心去倾听，从而发现新的、有价值的信息。

（3）灵活性。主持人应思维敏捷，具备较强的灵活应变能力，善于面对各种不确定性，能够迅速做出决策。特别是当讨论中出现新议题，或讨论过程出现混乱时，主持人要能随机应变，及时地根据现场情景，改变讨论指南中的有关内容。

（4）敏感性。主持人应比较细心，善于观察细节，不仅要能听到被说出来的话语，还要能分辨出发言中的各种潜台词，并能及时地捕捉到小组成员通过肢体语言传递出来的相关信息。

（5）表述能力。这是主持人应具有的一项最基本的素质，很难想象一个不擅辞令的主持人，能胜任讨论的主持工作。主持人不仅要喜欢讲话，而且要很会讲话，特别是能在不同类型和规模的团体中很自信地讲话。

主持人的素质在相当大的程度上，来自个人的性格、感悟力、敏感性和准确的直觉能力。一个先天条件不佳的人，仅靠后天的培训，是很难成为一名优秀的主持人的。

再次，参与人员是焦点小组讨论的主体，可以通过不同的方法进行招募，如在街头拦人，或随机选择一些电话号码的机主，但必须进行适当的筛选。研究者一般应避免在焦点小组中有重复性的或"职业性"的成员。因为职业被访者往往只是为了获取报酬，通常不会有太积极的表现。

从焦点小组讨论的人数看，最好包括5～8个被访者。如果小组人数少于5个，小组可能就会失去多元化和充分互动产生活跃氛围的优势，最终形成一种针对3～4个人的个别访问场景。相反，如果小组人数多于8个，就很难清楚地聆听到每一位被访者的意见；特别是作为问卷设计者，就无法做到认真地追问每一位被访者，发现这些人之间在认知、经验和看法上的差异了。也有学者认为，对某些调查主题而言，有些人可能没什么要表达的意见，因此焦点小组讨论可以包含 10～12 人。虽然对于焦点小组讨论的理想人数并无定论，但焦点小组讨论的目的是发现不同的意见和观点，而不是找到一个具有代表性的看法。在进行焦点小组讨论时，只有包含那些对议题具有不同认知和经验的各式各样的被访者，才能发现标准化问卷设计所存在的各种障碍和问题，探寻到解决的办法。

在人员构成上，参加焦点小组讨论的人员一般应保持异质性，因为只有这样才能最大限度地获取各方的观点和意见。不过对于某些特定的调查主题来说，如果那些具有不同背景和经历的人坐在一起，无法坦率地发表自己的看法，就最好让小组保持同质性。例如，若讨论的主题是征收市场管理费，那么小组全部由工商管理人员组成，或全部由商贩组成，抑或由这两种人混合组成，小组内的互动肯定是不同的。从设计问卷的角度看，要让商贩谈论其对征收管理费用的看法，最好让他们处于一个不用担心他们所说的内容会暴露在工商管理人员面前的情境之下；同理，要让工商管理人员在讨论时避开商贩。不过有时为了进一步了解小组构成对讨论某一主题的影响，研究人员也可同时安排同质性小组和异质性小组的讨论，通过比较获取其他有价值的信息。

最后，焦点小组讨论最好安排在专门的焦点小组测试室中进行。测试室通常是一间类似会议室的房间，房间中的一面墙装有一面很大的单面镜。在房间不引人注意的地方，还装有录音、录像设备，用以记录整个讨论过程。也有调查机构用起居室式的环境代替会议室，希望营造一种轻松、非正式的气氛，使参与讨论的人员如同在家中一般，感觉更放松，更有利于自由、充分地发表意见。另外，也可以用闭路电视系统来代替单面镜，这使得监控房间中情况的工作人员在交谈和操作设备时，不至于影响到讨论现场。焦点小组讨论的时间最好安排得比较充裕，时间长度可在一个半小时至三个小时之间。

（三）讨论的实施

焦点小组讨论应在使人们感觉轻松的氛围下进行，这样才能促进彼此沟通，使每个人都有说话的机会。在讨论进行的过程中，主持人要负起应有的责任。一方面，主持人要把握焦点小组讨论的主题，尽可能将参与者的注意力引向讨论的主题，在"让人们充分表达自己的观点"与"围绕调查主题讨论"之间寻求一个适当的平衡点，避免讨论离题太远，避免围绕主题提出新的问题，而使讨论始终有一个焦点。另一方面，主持人要做好参与者之间的协调工作。在讨论进行的过程中，经常会出现冷场、跑题或某个成员控制讨论方向的情况，这时主持人要通过新的提问、引导或转移话题，使讨论重新回到正常的状态。

实施焦点小组讨论的另一个关键环节是对讨论过程的记录。由于主持人的任务是维持讨论的持续运作，因此要安排一个或多个专职人员进行记录。记录人员最好不要出现在讨论会场中，这样就可以排除他们对讨论的干扰。除了笔录外，最好能对讨论过程进行录像。录像资料可以反复观看，研究人员可通过观看录像，对结果进行进一步的讨论。相对而言，录像资料优于录音资料，因为录音资料经常难以确认发言者。

（四）结果分析

在焦点小组讨论结束后，要及时整理、分析记录。在整理记录时，一方面要检查记录，看是否准确完整，是否存在差错和遗漏；另一方面要通过对一些关键事实和重要数据的查证核实，检验结果是否真实有效。

在分析讨论结果时要注意，焦点小组讨论的目的，是得到不同的经验和认识，而不是得到一个具有代表性的样本。以评估问卷为例，焦点小组讨论的最终成果，是找出问卷中可能存在的各种不足之处。首先，要弄清楚问卷题目是否涵盖了被访者所有的回答类型。其次，要弄清楚被访者能否回答这些题目，如果根据讨论结果，被访者无法对题目做出适当的回应，就应对题目做出修正。最后，要弄清楚问卷题目的措辞或概念表述，能否使被访者有一致的理解，如果不能，就要设法改进表述方式，使题目以更清晰的方式呈现给被访者。

二、深度访问

在实地试调查之前，除了利用焦点小组讨论来评估问卷初稿外，还应该借助深度访问进一步对题目进行评估。因为焦点小组讨论在评估题目时，比较侧重于检验一般性的问题，不太关注题目答案所使用的特定文字及难度这样比较特殊的问题，而这正是深度访问关注的重点。

（一）深度访问概述

深度访问是一种无结构的一对一的面谈，但与普通面谈不同，它是借助于一些访问技术，来探察被访者在理解和回答问卷题目时的思考过程。进行深度访问的访问人员通常不是一般的调查访问员，而是具有娴熟访问技巧的研究人员，或资深的访问督导。有时认知心理学家会充当深度访问的访问员。深度访问的目标，是找出那些并非所有被访者都能理解的题目，以及被访者无法按研究者的预期回答题目的情形。根据从深度访问中得来的资料，研究者就可以对题目进行相应的改进。在深度访问中，被访者都是能获得报酬的志愿者，因此要比实际调查时的被访者更愿意合作，这对于研究人员了解题目的可行程度是非常有利的。深度访问由于一般是将被访者带到能录制和观察访问过程的特殊环境（实验室）中进行访问，所以又经常被称为"实验室访问"。

实施深度访问首先要按一定标准选择被访者，其中最重要的一条就是被访者要有一定的代表性，他们应当能够反映出未来实际调查中各种被访者的不同特性。另外，进行深度访问要特别注意把握访问时间的长短，一般应控制在 1～1.5 个小时，不要太长。因为在进行深度访问时，互动双方体力和脑力都有较大的消耗，因此如果访问时间超过 2 个小时，那么被访者实际上已经没有有效答题能力了。再有，深度访问要比一般性访问更细致，需要花费较多时间进行访问互动，因此深度访问的问卷长度要比实际调查问卷短，一份深度访问问卷在实际访问时，最好能在 15～20 分钟内答完。由此可见，对某个被访者进行一次深度访问，通常只能涵盖调查问卷中的一部分题目。

虽然深度访问与焦点小组讨论表面上看起来有一些相似之处，但二者希望达成的目标并不完全相同。在某种意义上，深度访问与焦点小组讨论具有一定的互补性。例如，在问卷评估中，尽管焦点小组也会讨论如何理解题目中的概念和字词，但它并不考察一个人处理概念和字词的思考过程，故无法对题目所使用的特定文字及题目的难度做出评估；又比如，焦点小组也会讨论能不能或愿不愿意答题，但它无法复制被访者探索答案的真正过程，而这些恰恰是深度访问的关注点。如果说这两种方法都能帮助研究者了解被访者是如何答题的，那么焦点小组讨论只能检验一般性的问题，而深度访问则能发现有关理解和答题经历的某种特殊问题。另外，深度访问比焦点小组讨论成本高，而且比较费时。焦点小组讨论能在一个半小时之内获得七八个被访者的知觉经验；而在相同时间内，深度访问只能得到一个被访者的知觉经验。

（二）访问技术

深度访问实际上是在观察被访者答题的认知过程，或者说"阅读"被访者回答题目的思考逻辑。由于观察对象是被访者回答背后隐含的内容，因此一般访问过程是无法实现深度访问的，而必须借助一些专门的访问技术，如有声思考法和阶梯前进法。

有声思考法是要求被访者将心里想的事情说出来，包括：叙述在解读题目、搜索和筛选与该题目相关的记忆信息、确定回答题目信息等各阶段时的想法和认知过程。研究者通过被访者的叙述，可以了解到被访者是如何理解题目、产生答案的。这种方法的不足之处是对被访者运用语言的能力有较高的要求，被访者如果教育水平较低，就不太容易很有条理地说清楚自己的认知过程。这样研究者要想找出有用的结论，就不得不付出更多的精力。另外，让被访者进行有声思考，也可能会改变被访者的答题方式。

阶梯前进法是沿着一定的问题线索进行访问，使研究者有机会了解被访者的思想脉络。标准的做法是先由访问员念题目，然后让被访者完整地回答一次题目，接下来访问员再询问被访者与答题过程相关的问题。这些问题可以包括以下几项内容：

（1）要求被访者解释题目的意义；

（2）要求被访者界定题目中的某些概念或术语；

（3）询问被访者对答案选项有没有什么不确定或疑惑之处；

（4）询问被访者对自己给出的回答有多大信心；

（5）如果题目要求的答案是数字形式，则询问被访者是如何获得该数字的；

（6）如果题目要求进行等级排序，则询问被访者是如何决定答案顺序的。

对被访者答题过程的询问，可以采用以下两种方法进行。第一种方法是，在被访者回答完一个题目或几个相关题目后，马上就按访问提纲进行访问提问。第二种方法是等被访者回答完整个问卷后，再进行访问提问。前者的好处是被访者刚刚完成回答，对答题的思考过程记得比较清楚，叙述起来比较容易。但其阻断了正常的答题过程，无法反映题目之间的关联性对被访者认知的影响，从而使访问过程与真实调查有一定距离。后者的优点是被访者对问卷有一个整体认识，能够比较全面地叙述答题思考过程，但很难要求被访者完全重现在回答每一个题目时的思考过程。

三、实地试调查

在问卷初稿设计完成后，还应进行实地试调查，因为焦点小组讨论和深度访问并不能涵盖问卷设计的所有层面。在深度访问中，研究者能流利地读题，并不代表访问员在被访者家中或电话中也能做到。在焦点小组讨论和深度访问中，问卷中的某个题目可能没出现什么不足，但不见得在实地访问中也是如此。所以在正式调查前，试调查是掌控问卷质量必不可少的环节，越是大型调查越是如此。这里将介绍几种试调查的实施技术。

（一）试调查概述

要进行试调查，比较常规的做法是让有经验的访问员，基于方便和有效性考虑，选取 15～35 个类似正式调查对象的被访者，对其进行问卷访问。在试调查中，访问员不仅仅要负责访问，更重要的是要观察问卷及调查过程中需要改进的地方。在试调查结束后，访问员要与研究者一起，以小组讨论的形式，报告自己对题目的评估。通过访问员的报告，研究者很容易发现问卷存在的一些格式问题，像错误的跳答说明、不适当的答案选项和印刷错误等。另外，研究者还可以根据试调查花费的时间长度来评估问卷的长短。在实际调查中，由于调查成本、问卷回收率、被访者的答题能力、被访者的答题意愿等因素的限制，访问时间是有一定限制的，而决定访问时间的最重要因素就是问卷长度。

如上所述，这种常规的试调查方法，可以在一定程度上对问卷做出评估。但是，由于该方法发现问题的标准不统一，评估在很大程度上依赖于访问员的主观判断，因此存在着一定的局限性。对此可以利用以下一些方法加以补充，以增加问卷评估的客观性。首先，可以在试调查的过程中，对访问员和被访者的行为进行系统的编码。其次，要求访问员采用标准化题目评级表对问卷进行评估。最后，在试调查访问中，也可以采用标准化访问中的追问技术（可参见第七章），对被访者的回答进行追问。

另外，试调查采用的方法，还与具体的资料收集方式有关。相比之下，自填问卷要比当面访问更需要试调查，因为访问员可以在实际调查中纠正一部分错误。不过适合当面访问的试调查方法，并不一定适合自填问卷的试调查。比较适合自填问卷的试调查方法是，在一组被访者填答问卷后，研究者分别对被访者进行访问，围绕以下主题来评估问卷。第一，指导填答问卷的指示文字是否清楚；第二，题目含义是否清晰；第三，题目的答案选项，在理解和回答上有无难度。

（二）行为编码技术

在试调查中，除了可以让访问员对题目进行主观评估外，也可以通过对访问双方行为的编码，来获取有关题目质量的信息。这种方法的原理是：在令人满意的访问中，一方面，访问员应按照题目内容逐字读出题目；另一方面，被访者应给予一个与题目目标相符的答案。一旦有偏离这种问答过程的行为发生，一种可能就是问卷设计出现了问题。这样，通过对访问双方行为编码的分析，就可以对问卷题目进行评估，找出并纠正可能存在的问题。

对访问双方的行为进行编码，包括以下几个环节。首先，在试调查时，无论是当面访问还是电话访问，都对整个访问过程进行录音或录像。注意在录音或录像时，事先要明确地告知被访者，征得同意后才能进行，否则有可能引发法律纠纷。在一般情况下，被访者会同意接受试调查，并且大多不反对将访问过程录音或录像。其次，让经过培训的编码人员一边听录音、看录像，一边分析访问中出现的问题，并按预先设定的行为指标进行编码。

对访问双方的行为进行编码的关键，是认定反映问卷设计问题的指标。大体说来，可以针对以下几种行为进行编码。

第一，访问员读题行为：

（1）能逐字逐句按题目内容读出题目；

（2）在不影响题意的前提下，略做变化地读出题目；

（3）读题时由于改字、漏字，已经明显歪曲了原题含义。

第二，被访者打断访问员读题的行为：

（1）抢先对题目提出疑问；

（2）抢先提供答案。

第三，被访者的答案与设计目标不符的行为：

（1）访问员没有采取纠正措施；

（2）访问员重复读题；

（3）访问员进行了追问。

第四，被访者要求澄清题意的行为。

在进行编码时，可以采用以下表格形式来记录（见表5-3）：

表 5 - 3 行为编码汇总表（念读）

问题	正确跳答	无误	次要错误	主要错误	打断	重复问题	其他追问	要求澄清
A1		22	2	1				
A1a		25				1	8	
A2		25		2		5	1	1
A3		22	3				1	
A4		9	11	6		1	1	3
A4a		21	3	1				1
A5		24			1			5

注：表中数字为虚构的行为编码。

资料来源：福勒. 调查问卷的设计与评估. 重庆：重庆大学出版社，2010：120.

在对每一次访问双方的行为进行编码后，就可以统计某项指标在某个题目上出现的频率。例如，表 5 - 3 中访问员在念题目 A1 时，22 次没有错误；2 次略有错误，但不影响对题意的理解；1 次严重错误，已经扭曲了原来的题意。那么，究竟某项指标在某个题目上发生多大比例，就可以认为该题目需要进一步改进呢？严格来讲这个标准很难统一规定，一个可以作为参考的比例是 15%。按照这个标准，表 5 - 3 中的题目 A1a 和 A5 分别因为访问员追问和被访者要求澄清的次数较多，而 A4 可能存在设计上的不足，致使读题和答题存在较多问题，需要进一步改进。

需要注意的是，一定比例的有问题编码的存在，只是表明该项问卷题目可能需要改进。但这项问卷题目究竟问题何在，还需要通过进一步的分析才能加以判断。一个常见的做法是召集访问员会议，让访问员对问题发生的原因发表意见。他们是访问互动的参与者，对于某个问卷题目为什么难念、被访者答题遇到什么困难有直接的认识。由于编码员通过听录音、看录像，也对访问过程有感性认识，故也可以让他们参加访问员会议，或单独召集他们开会。根据对题目的分析，在找到问题原因并做出修改后，可用修改后的问卷重新进行一次试调查，以检验题目的修改效果。

（三）题目评级表

除了对访问双方的行为进行编码外，另一种客观评估问卷题目的方法是，要求访问员填写每个题目的简易评级表。题目评级表的一个重要功能，是提示访问员更多地关注访问中比较重要的维度。在设计上，评级表要求访问员围绕访问中可能存在的三类问题，对每一个题目的设计质量进行三级评估。三类问题包括：

（1）在逐字逐句读出问卷题目时存在问题的程度。

（2）被访者在理解题目时存在问题的程度，包括对某些字词或概念的理解、被访者彼此之间对题目理解的一致性程度。

（3）被访者在提供答案时存在问题的程度。

三级评估等级包括：

A：没有证据显示存在问题。

B：可能存在问题。

C：肯定存在问题。

在实际访问时，可以采用以下表格形式来记录（见表5－4）：

表5－4　访问员题目评级表

问题	难念	被访者有理解问题	被访者有作答困难	其他问题	评语
A1	A	A	A		
A1a	B	A	A		
A2	A	B	A		
A3	A	A	A		
A4	C	C	B		
A4a	A	A	B		
A5	A	A	A		

注：表中字母为虚构的某个访问员的评级编码。

资料来源：福勒．调查问卷的设计与评估．重庆：重庆大学出版社，2010：124.

当访问员完成题目评级表的填答工作后，可以对所有访问员的填答结果进行统计。另外，应要求访问员在召开访问员会议之前，完成评级表的填答工作。这样，一方面能使研究者了解到所有访问员对题目的评估，而不仅仅是那些在访问员会议上发言的访问员的看法；另一方面，研究者在对访问员的评估做出统计的基础上，可以引导与会人员把讨论重点放在那些访问员认为问题突出的题目上。

总之，对于访问员来说，填答题目评级表并不是什么难事，但评级表对于发现问卷设计中的问题，引导访问员会议的讨论方向，是益处多多的，因此填答题目评级表可以作为一项成熟的技术在试调查中加以采用。在实际应用中，需要注意不要将评级表设计得过于复杂，否则会大大加重访问员的工作负担，但效果并不会有太大的提高。评级表的任务就是找到问题，而确定问题产生的原因则是访问员会议的主要议题。

第三节　问卷的编排与格式化

在问卷设计中，尽管编写和评估题目是非常重要的环节，但问卷的编排和格式化也是不容忽视的。因为一份结构分明、编排整齐的问卷，特别有利于提高访问效率。不仅如此，由于题目的排列可能会产生顺序效应（order effect），因此合理地安排题目在问卷中的相对位置，能够有效降低访问结果出现偏差的可能性。下面将先介绍问卷的一般结构，然后讨论如何防止顺序效应，最后简略地探讨一下问卷的排版与印刷。

一、问卷结构

虽然按调查的执行方式，可以将问卷分为自填式和访问式两种类型，但两者的结构基本相同，只是在一些具体细节上略有差异。一份完整的问卷通常采取以下结构：问卷标题、问卷说明、题目与答案、编码、访问的执行记录。

（一）问卷标题

问卷标题是对调查主题的概括说明，目的是使被访者对将要回答哪方面的题目有一个大致的了解。在确定标题时，要尽量做到简明扼要，不要太长，最好能引起被访者的回答兴趣，如"中国劳动就业调查问卷""经济发展与家庭变迁调查问卷（丈夫样本）""2003 中国企业经营者跟踪调查问卷""金色花园别墅调查问卷"等。注意不要简单采用"问卷调查"这样的标题，它容易使被访者产生疑惑，进而导致拒访率上升。

（二）问卷说明

问卷说明包括两项内容，一项内容是向被访者概括说明调查项目，包括调查目的、大概内容、调查的主持单位、被访者的选取方法以及调查结果的保密措施等内容。此类说明常采用短信的形式，一般比较简洁、开门见山，最终目的就是引起被访者对调查的重视，认真填答问卷。下面是"中国综合社会调查——2003 年城市问卷"的问卷说明。

> **例 5.5**　"中国综合社会调查——2003 年城市问卷"问卷说明
> 您好！
> 感谢您能够参加这次调查活动。本次调查是由国务院发展研究中心社会发展研究部与中国人民大学联合举行的一次全国性的社会基本状况调查，主要目的是了解改革开放 20 多年来中国城市居民的就业、教育与社会生活等各方面的情况。您是我们经过严格的科学抽样选中的调查代表，您的合作对我们了解有关信息和决策工作具有十分重要的意义。
> 本次调研工作采取无记名的方式进行。您的回答不涉及是非对错，但务必请您按照您的实际情况逐一回答我们所提的每个题目。对您的回答我们将按照《统计法》予以保密。
> 对您的合作和支持，我们表示衷心的感谢！

问卷说明的另一项内容，是对问卷填答或记录以及其他相关事项的说明。填答说明又分为两种。一种是对整个问卷填答的一般性说明，是对填答方法、要求和注意事项总的说明；这一部分在自填问卷中通常集中列在给被访者的短信之后，在访问式问卷中则列在访问员手册中。另一种则是对比较复杂的问卷题目的填答方法及要求的说明，通常放在题目之后。在自填问卷中，要尽量减少这类说明，尽可能地通过题目传递信息，因为不同的被访者对于此类说明，可能会有不同的反应。另外，自填问卷在填答说明中，还要说明返回问卷的时间和地点。下面是一个自填问卷填答说明的例子。

例 5.6 *自填问卷的填答说明*

（1）请在选中的答案号码上画圈；或在题目中的 _____ 处，填上符合自己情况的内容。

（2）问卷每页右边竖线隔开的数字及短横线是供编码用的，您不必填写。

（3）若无特殊说明，每一个题目只能选择一个答案。

（4）在填写问卷时，请不要与他人商量。

（5）恳请您在×月×日前寄回问卷。再次感谢您的合作。

（三）题目与答案

题目与答案是问卷的主要内容。从内容上看，主要包括以下几种类型的题目：有关被访者背景资料的题目，有关事实、行为及后果的题目，有关态度、意见、感觉和偏好等主观意向的题目。后两类题目视不同议题而定；背景资料题目则是指被访者的一些主要特征，包括性别、年龄、民族、家庭人口、婚姻状况、文化程度、职业、单位、收入和所在地区等。从形式上看，主要有开放式题目和封闭式题目两类。自填问卷应严格限制题目为封闭式，因为在缺乏指导的情况下，被访者用自己的话来回答题目，答案经常是不完整或语义不清的，很难转换成数字代码，对于统计分析价值不大。题目及答案的设计，在第四章中已进行了详细介绍。

（四）编码

问卷调查通常涉及大量被访者，大量调查结果只有借助计算机才能进行处理和分析，因此，需要对调查结果进行编码，即将文字资料转换成数字形式。编码既可以与问卷设计同步进行，也可以在调查结束后进行，前者称为预编码，后者称为后编码。在一般情况下，除了开放式题目，封闭式题目大多采用预编码，即在设计问卷时，就预先赋予每一个题目及其答案一个数字作为它的代码。同时，每份问卷还必须有编号，即问卷编号。有关编码的其他内容可参见第八章。

（五）访问的执行记录

为了核查资料和计算工作量，问卷还应该留出空间，让访问员记录访问执行的相关信息，包括访问员的姓名及编号、访问地点、访问日期、访问开始和结束时间等内容。如有必要，还可记录被访者的电话号码、家庭住址等信息，以便于审核和进一步追踪调查。但要注意，如果问卷主题比较敏感，或涉及违法内容，则最好不要记录被访者的信息；同时还要注意，记录被访者的信息一定要征得被访者同意。

二、题目的排列顺序

在问卷编排与格式化过程中，决定题目的顺序是一项重要的内容，因为被访者对前面题目的回答，可能会影响到他对后面题目的回答。给题目排序会面临两个问题：一个是题目在问卷中的总体布局，即哪些题目应该放在问卷的哪一个部分；另一个是问卷的顺序效应问题，即哪个题目应该放在哪个题目的前面。

（一）总体布局

关于问卷的总体布局，第一，可以按照访问时被访者可能遇到的不舒适和混淆程度，来安排题目出现的先后顺序。题目的顺序最好是由浅而深、由易而难。如果将问卷分为开始、中间与结束三个部分，那么在开始部分，题目要尽量设计得浅显易懂、有趣，通常安排一些比较容易回答的"热身"题目，帮助被访者建立起答题的信心。比较复杂、比较敏感的题目，一般安排在问卷的中间部分，这时被访者经过开始部分的"热身"，已经建立起了对研究者的信任和合作态度，增强了回答复杂、敏感题目的心理承受能力。注意，回答起来比较困难的题目，要适当安排在后面一些，这样做能减少拒访、拒答的数量。在结束部分，应有礼貌地感谢被访者的合作。如果问卷中包含敏感题目，在结束部分最好再次重申尊重被访者隐私权的承诺。

第二，在总体布局上要注意层次分明，一个主题与另一个主题之间要有所区分，尽可能将相同主题的题目放在一起。例如，不要住房情况还没问完，就转到婚姻话题上，过一会儿又回到住房情况上面，这样跳来跳去，会使被访者感到困惑，被访者甚至可能会对访问员的调查能力产生怀疑。在进入一个新话题，或从一个话题转入另一个话题时，最好有一个简短的陈述说明，如"现在我想了解一些你的住房情况"，这种陈述可以帮助被访者理清答题方向，有利于其正确回答题目。

第三，可以按一定的逻辑顺序来组织不同主题的题目，使被访者更顺畅地考虑题目的答案。例如，在为某家快餐店设计快餐消费调查问卷时，可以先问比较简单的题目，如上个月是否去过快餐店。如果答案是肯定的，接下来就可进一步询问在快餐店消费的情况。如果答案是否定的，则可接着问是否曾经去过快餐店。如果此时答案仍然是否定的，就可以询问不去快餐店消费的原因；如果此时答案是肯定的，就可以询问以往去快餐店消费的情况。最后询问被访者的背景资料。

不同主题的题目可能是一组一组的。例如，问被访者在快餐店消费的情况，就可能包括：多长时间去一次；为什么选择这一家快餐店；是在店里吃、在车里吃还是在其他地方吃，抑或是打包带回家；在店里吃的感觉如何；等等。而问被访者以往消费快餐的情况，则可能包括最近一次去的是哪家快餐店、为什么上个月没去快餐店、下个月是否去等题目。

第四，有关被访者背景资料的题目的位置，也属于总体布局的内容。一些有关调查的书主张把背景资料放在问卷后面问，以免像查家谱似的，给被访者不舒服的感觉。但在调查实践中，许多问卷把背景资料题目放在最前面，特别是在当面访问的问卷中。其实，当面访问这样做是有道理的，访问员在简短的自我介绍之后，问被访者一些关于个人以及家庭的人口学资料，能够很快与之建立和谐的关系。这种题目通常比较容易回答，也没有太大的威胁性。而一旦建立起和谐关系，就可以进一步问一些相对敏感的题目了。不过背景资料题目毕竟比较单调乏味，放在问卷前面会使问卷的开头看起来千篇一律，在自填问卷中，很容易坏了被访者答题的兴致，因此自填问卷的个人背景资料题目，还是放在后面为好。

（二）顺序效应

问卷的顺序效应是指前面题目的存在，使被访者改变了对后面题目的回答。例如，在前面问了许多关于老人健康、经济状况和子女赡养的题目后，接着问被访者对安乐死的看法，那么与单独询问这一题目相比，被访者赞成安乐死的比例很可能会升高。研究表明，受教育程度较低或缺乏强烈意见的被访者，更容易受到顺序效应的影响。这部分被访者通常把先出现的题目作为回答后出现的题目的依据。问卷的顺序效应使问卷设计陷入困境。一方面，总体布局原则要求尽量把相关的题目集中在一起，以避免逻辑混乱；另一方面，这种做法又可能产生顺序效应。

在实际调查中，有些研究者想通过随机编排题目的方式，来消除顺序效应。但由于随机编排大大增加了被访者的回答难度，因此这样做一般是得不偿失的。比较妥当的办法是，在设计问卷时，对可能产生顺序效应的题目，预先估计一下它的影响程度。具体做法是将被访者随机分为两组，分别给他们发放按不同顺序排列的问卷，然后比较两组对象的回答结果，检验是否存在顺序效应。如果结果基本相同，则表明没有太大的顺序效应；若结果有较大差异，就说明顺序效应影响较大。

当顺序效应影响较大时，并没有什么方法可以判断哪种顺序的答案是真实的。这时可以采用漏斗序列来排列题目的顺序，即把一般性题目排在前面先问，把特殊题目放在后面问。这时由于对一般性题目的回答不涉及具体细节，因此对特殊题目的回答没太大影响。例如，在问及特殊疾病之前，先问一般健康状况。

三、问卷的排版与印刷

在问卷设计中，问卷的版面设计也是一项很重要的工作，特别是在邮寄调查问卷中。在给问卷排版时，要注意不要让卷面过于拥挤。有的研究者怕问卷页数太多，看起来太长，便把几个题目挤在同一行里。在这种情况下，被访者很有可能读完前面的题目就转到下一行去了，完全忽略了后面的题目。另有研究者用简略的方式提问，以减少问卷的页数，这样做的坏处是容易使被访者产生误解。也就是说，维持一个排版比较宽松的卷面，不仅有助于问卷阅读的流畅度，而且能减少填答错误，提高调查资料的质量。

另外，在初次访问没有成功时，访问员一般被要求在不同日期不同时段再访问两次。因此，应该为每一次访问单独准备一张访问记录页，由访问员在上面记录下访问不成功的原因，访问日期、时间，访问员和被访者的识别编号，以及访问员对访问过程、访问情景的观察体验和个人意见。

再有，对于复杂题目、特殊情况的说明，如标明题目不适用于某个被访者时的跳答提示，最好用特殊的形式来印刷，例如，用不同字体、加重字体颜色、采用斜体等形式，使访问员能方便地区别出哪些是题目与答案，哪些是给访问员的指示说明。这不仅能提高访问的速度，也会减少访问员的失误。对于自填问卷，要尽量减少跳答题目的数量，无法避免的跳答，则最好采用没有文字指示的箭号或方框。总之，问卷的排版和印刷，应该清晰、整齐和容易阅读，以达到使访问双方轻松自如地进行访问的目的。

第四节　问卷当中的常见错误

初学者在问卷设计中常常会出现错误和不妥当的地方，这是正常的。但由于社会调查研究的结果往往取决于问卷的质量，因此每一个研究者都应尽可能地避免设计当中的错误的发生。一般在设计问卷时容易出现以下四种错误。

一、问题含糊

问题含糊，即问题的含义不清楚、不明确或有其他含义。被访者在理解起这类问题时往往存在较大差异。出现这类错误主要是因为问卷的设计者在设计过程中对所提问题的用意和目的不是十分清楚，表述不当而存在歧义。

（一）概念抽象笼统

调查问卷中涉及的概念，在进行操作化后需要清晰明白，使即便没有受过专业知识训练的普通人也可以清楚理解问题的指向。而问题的含糊往往是由对某个容易产生歧义的要素缺乏限定、表述不清引起的。因此在设计问题或检查问题时，应尽量明确什么人（who）、什么时间（when）、什么地点（where）、做什么（what）、为什么做（why）、如何做（how）六个要素。同时，注意尽量使用简单的语言，不要使用专业术语，也要避免使用抽象的概念。例如：

例 5.7　1. 近年来您对所在学校情况的感觉是？

（1）几乎没有什么变化

（2）变化不大

（3）变化较大

（4）变化很大

2. 您认为这种情况（变化或没变化）如何？

（1）好

（2）不好

第一个问题没有说明"学校情况"是什么情况——是问总体的各方面情况，还是问某一方面的具体情况，如教学情况、科研情况或福利待遇等。在第二个问题中，这种变化的方向也十分笼统，这种变化，可能对被调查的个人来说是有利的，而对群体（某一院系的师生）来说是不利的。面对这样笼统的提问，被访者在理解问题时不一定能够按照研究者最初设计的方向进行。问题不明确，也就意味着资料不可能反映客观的现实。要避免这类错误，需要对调查的目的有清楚的了解，对问题的表述语言反复推敲，确定问题表述的精确性和准确性。

（二）语义模糊不清

正如上文所提到的，多重解释的字眼会导致语义模糊不清。在调查中应尽量避免使用不确切的词。一些副词或形容词，如"很久""经常""一些"等，每个人对其的理解往往是不同的，在问卷设计当中，应尽量避免或减少使用。比如：

例 5.8 您是否经常生病？

例 5.8a 您上月生了几次病？

例 5.8b 您近半年生了几次病？

例 5.9 您在哪儿出生？

例 5.9a 您的出生地：省（自治区、直辖市）、市（地、盟、州）、县（区、旗、县级市）。

对于例 5.8 中的"经常"，不同人会有不同理解，可能研究者认为的"经常"与被访者认为的"经常"会存在差异，最好将其转变为有关频次，这样能够减少理解的偏差。例 5.9 是关于出生地的问题，"在哪儿"一词过于模糊，而修改后的题目则能够清晰地对被访者的出生地进行分类。此外，在问卷设计中，问题越短，其含糊不清的可能性越小。因此在设计中要尽可能不使用长问句。问题要尽可能清晰、简短，使被访者很快能够看完、看懂。

二、问题带倾向性

（一）问题陈述不够客观中立

人们对问题的回答在一定程度上会受到问题措辞所带来的倾向性的影响。这可能会引导被访者偏向某一个回答。因此，问题应保持客观的态度，撰写题目应该使用中立语句，避免在题目中使用倾向性语句，尽量避免提问方式对回答者形成诱导。因为语句不仅有字面的意义，还有内含的、社会的意义。一些社会头衔、权威地位、职业、情感字眼会影响到被访者对题目的理解、对答案的选择。因此题目中要避免情绪化的语句，否则决定被访者答案的可能就是某个情感字眼，而不是题目内容本身。

例如："你赞成那些用钱安抚毫无人性、丧心病狂绑架平民的恐怖分子的政策吗?"这个题目充满了"安抚""毫无人性""丧心病狂""平民""恐怖分子"这些情感字眼，很容易得到否定性的答案。如果改用比较中性的语句，例如"你赞成那些用缴纳赎金的方式解决人质绑架危机的政策吗?"，可能就会得到不同的答案分布。

(二) 声望偏误与偏袒语句

声望偏误，即题目陈述的内容与某个领域的专家、某位权威人士或团体的观点有关。在设计问题时要避免声望偏误，否则被访者可能会根据自己对专家的信任、对权威的服从，而不是根据题目的议题来选择答案。举例来说："大多数医生认为被动吸烟会导致肺癌，你同意吗?"由于一般人都相信医生在吸烟与肺癌关系上的权威性，因此，大多数被访者会同意医生的看法。如果把问题改为："有人认为被动吸烟可能会导致肺癌，你同意吗?"那么，被访者的回答模式就可能改变。

偏袒语句的一种情况是题目用语明显偏袒某个方向，在这一问题当中，被访者感到研究者提出该问题是想得到某种特定的回答，或是在鼓励他、期待他做出某种回答。举例来说，"您赞成在办公场所禁烟吗?"就只提供了"赞成"一个方向，被访者受其影响，很可能会倾向于赞成。较好的提问方式是："您赞成不赞成在办公场所禁烟?"即同时提供了赞成与不赞成两个方向，让被访者可以在两个方向中做选择。偏袒语句的另一种情况是题目故意删除了某些信息，例如："在5家参加竞标的物业公司中您最喜欢哪一家，是辉格物业管理有限公司，还是其余几家?"正确的做法是逐一列出每家公司的名称，同时还要注意公司名称的排列方式，5家公司要各有1/5的机会排在首位或末位，以避免出现心理认知中的首因效应和近因效应。

(三) 直接提出敏感性问题

对于一些敏感的题目，或者是被访者觉得对自我形象有威胁的题目，被访者往往不愿意完全真实地回答，甚至会拒绝回答。譬如关于"婚外性行为"的问题，这种行为带来的道德评判风险会使得被访者保持警觉。直接提问"您是否有过婚外性行为"，容易让被访者感到威胁，被访者即使有过婚外性行为，也有很大的可能通过回避或隐瞒事实的方式来减少对自己的威胁。因为全社会普遍认为婚外性行为违背"婚姻中双方相互忠诚"的社会道德。面对敏感性问题，可以在一些"热身"过程后，再进行询问。在被访者对访问员产生好感和信任之后，被访者更容易给出真实的答案。也可以采用转移法，比如上面关于婚外性行为的询问，可以转换为："如果您的朋友有婚外性行为，您会怎样看？"

三、双重含义与双重否定

双重含义，往往是在问卷的设计当中涉及双重负载的问题。即每个题目同时包含两个或更多的题目，使被访者的答案模棱两可。它可能是在一个题目中包含多个对象，也可能是在一个题目中，同时询问了两个事件。比如：

例 5.10　您的父母是工人吗？

例 5.11　您认为应该提高工资待遇，提升教师的社会地位吗？

例 5.10 实际上包含了"父亲"和"母亲"两个对象，例 5.11 包含了提高工资待遇和提升社会地位两件事情。有些被访者可能同意提升工资待遇，但认为社会地位不需要进一步提高，因此这一部分被访者就无法填写。

双重否定的句式表达非常容易导致误解，在问卷设计中要避免使用否定形式的提问。例如：

例 5.12　您是否不赞成不进行医疗改革政策？

在例 5.12 中，问题被否定了两次，"不赞成""不进行"，即表示肯定的意思，双重否定句语气比肯定句更为强烈，加强了肯定的效果。但它很容易让被访者受到误导，或者漏掉"不"字，并在这种理解的基础上选择答案。

四、答案设计不合理

（一）答案分类不完整

答案设置需遵循"穷尽且互斥"的原则。即问题的所有可能答案都包含在答案的设计内，同时，每一项答案都与其他项答案互不包含，不产生交叉。例如：

例 5.13　您的受教育程度是：

(1) 小学　　(2) 初中　　(3) 普通高中　　(4) 职业高中　　(5) 中专
(6) 技校　　(7) 大专　　(8) 大学本科　　(9) 研究生及以上

在有关受教育程度的答案中，仅列出了正式教育的选项，遗漏了非正式教育的部分，如私塾，同时也遗漏了从未受过任何教育的情况。

（二）答案带有隐含假设

除了问题陈述可能会带有隐含假设外，一些答案的设置也可能带有隐含的前提。

譬如，有关交通工具选择的提问答案之一是"在进行 300 公里以内的短途旅行时，我更倾向于乘飞机"。这个答案当中就包含着一个隐含的假设：被访者会乘飞机出行。

(三) 问题与答案不匹配

问题与答案不匹配指的是在问卷设计过程中，问题和答案指向两个不同的层次。如问题表述的是职业类型，而答案提供的是单位类型，那么被访者就无法做出选择。要避免这类错误，就要对每一个问题的含义都有清楚的了解，在查阅相关资料的基础上设计问题的答案，同时要尽量保持答案之间的互斥性和穷尽性，让每一个被访者均有答案可供选择。

(四) 答案不平衡

最后，问卷设计中需避免出现不平衡的题目，即在撰写题目时，避免使用不平衡的答案选项和偏袒语句。答案选项不平衡是指只有正向（负向）却没有负向（正向）的答案，例如："您认为当前的市政管理水平如何，是非常出色、很好、令人满意还是一般?"这个题目的答案选项就不平衡，因为它没给出负面评价的答案，因此即使被访者对市政管理水平很不满意，也只能选择"一般"。正确的做法是添加上负向答案选项"令人不满意、很差、非常糟糕"。

———————◈ **复习思考题** ◈———————

1. 可以通过哪些途径将调查主题缩小成研究问题?

2. 在问卷设计中，如何确定变量分析框架?

3. 焦点小组成员间的互动同访问员与被访者之间的互动有什么区别? 有效进行焦点小组讨论的关键因素是什么?

4. 焦点小组的讨论指南通常包含哪几个部分? 主持人应具备哪些素质? 在人员构成上有哪些要求? 对实施场地有哪些特殊要求? 在实施中应注意哪些问题? 怎样分析讨论的结果?

5. 深度访问的基本原理是什么? 深度访问与焦点小组讨论有什么不同之处?

6. 怎样对访问双方的行为进行编码? 需要对哪些行为进行编码? 题目评级表有什么功能? 评级表要求对哪几种问题进行评估?

7. 访问的执行记录应包括哪些内容? 如何克服问卷题目编排中的顺序效应?

———————◈ **推荐阅读书目** ◈———————

1. 风笑天. 现代社会调查方法. 2 版. 武汉：华中科技大学出版社，2001.

2. 柯惠新，丁立宏. 市场调查与分析. 北京：中国统计出版社，2000.

◀ **参考文献** ▶

1. 巴比. 社会研究方法. 北京：华夏出版社，2000.

2. 陈义彦，洪永泰. 民意调查. 台北：五南图书出版有限公司，2001.

3. 风笑天. 现代社会调查方法. 2版. 武汉：华中科技大学出版社，2001.

4. 福勒. 调查研究方法. 重庆：重庆大学出版社，2004.

5. 福勒. 调查问卷的设计与评估. 重庆：重庆大学出版社，2010.

6. 柯惠新，丁立宏. 市场调查与分析. 北京：中国统计出版社，2000.

7. 迈克丹尼尔，盖兹. 当代市场调研. 北京：机械工业出版社，2000.

8. 纽曼. 社会研究方法：定性和定量的取向. 北京：中国人民大学出版社，2007.

9. 游清鑫，等. 电访实务. 台北：五南图书出版有限公司，2001.

10. 游清鑫，等. 面访实务. 台北：五南图书出版有限公司，2001.

第六章

资料搜集方法的选择

本章要点

- 自填问卷是指被访者自行填答问卷的一种资料搜集方法，包括邮寄问卷、留置问卷和集中填答等几种形式。

- 邮寄问卷调查的操作步骤为：（1）向被访者寄送通知函；（2）向被访者寄送调查问卷；（3）记录回收问卷的数据；（4）向被访者寄送后续邮件。

- 当面访问的操作步骤为：（1）访问员根据样本名单或地址，查找被抽中的家庭；（2）征得住户同意后进入户内；（3）按户内抽样方法选取符合条件的被访者；（4）按问卷题目向被访者进行口头提问，并根据被访者的回答圈出答案。

- 电脑辅助电话访问的工作程序是：（1）计算机自动拨号并保存拨号记录；（2）如果拨号成功，终端屏幕会提示访问员筛选被访者；（3）向被访者提问通过终端屏幕显示出的问题，并将答案录入计算机。

- 选择调查执行方法需要考虑的因素包括：成本、总体类型、样本的代表性、调查周期、调查内容、问卷回收率和资料质量等。

基本概念

邮寄问卷 ◇ 回收率追踪表 ◇ 留置问卷 ◇ 集中填答 ◇ 当面访问 ◇ 电脑辅助个人当面访问 ◇ 电话访问 ◇ 电脑辅助电话访问

　　在调查研究中，资料搜集可以通过自填问卷、当面访问、电话访问和网络调查等几种形式来完成。这些方法具有不同的特点，分别适合不同条件下的资料搜集过程。在选择具体资料搜集方法时，需要综合考虑多方面的因素，包括成本、总体类型、样本的代表性、调查周期、调查内容、问卷回收率和资料质量等。本章将先介绍四种资料搜集方法，然后逐一讨论上述各方面因素对选择资料搜集方法的影响。

第一节　自填问卷

让被访者自行填答问卷是一种常用的资料搜集方法，包括邮寄问卷、留置问卷和集中填答等几种形式。下面先介绍一下自填问卷的几种形式的具体操作程序，然后集中谈一下提高问卷回收率的方法，最后比较各种自填问卷调查方法的优缺点与适用范围。

一、邮寄问卷

在自填问卷调查的各种操作方法中，邮寄问卷调查是最经常被采用的。这种方法通常是调查机构或研究者通过邮局，把打印好的问卷寄给选定的被访者，请他们按一定要求自行填答问卷，并在规定时间内将填答完的问卷寄回调查机构或研究者。邮寄问卷调查的具体操作步骤如下：

第一，向被访者寄送通知函。首先，根据样本中被访者的名单、通信地址和电话，形成一份有效的邮寄名单。然后，给被访者寄一封短信（或明信片），说明最近将有一份邮寄的问卷，请他们协助填写。这种在正式邮寄问卷之前与被访者的接触，可以引起他们对调查的重视，通常能显著地提高问卷回收率。只要时间和经费许可，这一步骤最好不要省略。

第二，向被访者寄送调查问卷。邮件中除了问卷，还应附上一封说明信、一个写清调查机构地址的回邮信封、谢礼或有关谢礼的许诺。一般说来，邮寄问卷调查的样本量都比较大，因此，寄出信件采用大宗邮件邮资比较便宜。问卷的回收可在"贴邮票"或"商业回函许可"两种形式中选择。假如选择的是贴邮票，那就应事先在回邮信封上贴上足额邮票，这时无论被访者是否寄回问卷，调查机构都得支付这笔邮资。如果选择的是商业回函许可，调查机构就只需支付邮寄回来的问卷的邮资，但要支付一定的手续费。比较起来，如果有大量的问卷寄回，那么贴邮票的方式比较便宜；但如果寄回的问卷较少，那么商业回函许可的费用会低一些。

第三，记录回收问卷的数据。一旦问卷寄出，就应开始对回收的问卷的各项数据进行记录，包括问卷的编号、问卷寄回的日期、问卷寄回的地区，以及按回收日期统计出的每天的回收量和累积回收量。同时，应建立问卷回收率追踪表，动态地了解问卷回收情况，并决定何时为补寄问卷的最佳时机，同时补寄问卷的日期也应记录在图表上。表6-1是问卷回收率追踪表的一个实例，研究者一共寄出了1 818份问卷，在问卷寄出的第4天，开始有问卷寄回，在第8天时达到峰值点，以后逐日递减。

表 6-1　问卷回收率追踪表

天数	收到答卷数	占总数的百分比（%）	累积答卷数目	累积百分比（%）
1	0	0	0	0
2	0	0	0	0
3	0	0	0	0
4	28	1.54	28	1.54
5	79	4.35	107	5.89
6	120	6.60	227	12.49
7	103	5.67	330	18.16
8	140	7.70	470	25.86
9	135	7.43	605	33.29
10	70	3.85	675	37.14
11	82	4.51	757	41.65
12	61	3.36	818	45.01
13	4	0.22	822	45.23
14	0	0	822	45.23
15	0	0	822	45.23
合计	822	45.21		

注："占总数的百分比"与"累积百分比"存在些许差异，此为计算过程中对数字的舍入所致。

资料来源：唐盛明. 实用社会科学研究方法. 上海：立信会计出版社，1998；65.

第四，向被访者寄送后续邮件。如果在问卷寄出的 2～3 个星期后，本该寄回问卷的被访者仍没有回信，就应该考虑向这些被访者寄送提示信，询问是否收到了问卷，并请求其合作，早日寄回问卷。如果仍没有问卷寄回，则可以再寄一封提示信，并附上一份问卷。实践证明，在正式寄送问卷后，再进行两次后续寄送，从时间与费用方面考虑效果最好。其实，在寄送第一封提示信时，最好就附上一份问卷，因为，有一些被访者未回信，可能是由于问卷找不到了。在这种情况下，只寄送提示信是没有效果的。另外，由于寄回的问卷通常是匿名的，因此，可能无法从样本中识别已寄回问卷的被访者。这时后续寄送就要将提示信寄给所有的被访者，信中一方面要感谢那些已经寄回问卷的被访者，另一方面则要提醒那些仍未寄回问卷的被访者，鼓励他们把问卷寄回来。

邮寄问卷由于成本较低、操作简单而受到研究者的青睐。但是，邮寄问卷方法的问卷回收率非常低，使得调查资料的质量得不到很好的保证，这限制了这种方法的应用范围。有资料表明，问卷回收率至少要达到 50% 才能满足资料分析的需要，而回收率达到 60% 就算是相当不错的，只有 70% 以上的回收率才算得上是非常好的[1]。因此，如何提高回收率，就成为研究者们讨论得最多的问题之一。下面介绍

---

① 巴比. 社会研究方法. 北京：华夏出版社，2000；331.

一些提高问卷回收率的方法。

第一，在抽样设计时，可以把预定的回收率考虑在内，按一定比例加大样本规模。例如，如果预定的回收率为 55%，那么一个 1 000 人的样本，在实际抽样时就应抽取 1 818 人。第二，可以在正式邮寄问卷之前，给被访者寄一封信，说明一下将要进行的调查项目；同时在邮寄问卷时，随信附上贴好邮票的回邮信封。第三，在邮寄问卷后，给那些未回信的被访者，补寄提示信和问卷；补寄的时间一般以第一次邮寄问卷后的 2～3 个星期较为适宜，再过 2～3 个星期进行第二次补寄，一般邮寄三次问卷（最初一次加上两次补寄）效果最佳。第四，如果回收率始终达不到要求，则可以通过小规模的当面访问来修正偏差。如果能确定未回答的被访者的个人资料，就可以对他们进行小样本的随机抽样；如果没有这些人的资料，则可以通过对回收资料的初步统计，确定未回答的被访者的人口学特征，并按此特征抽取一个小样本，然后进行当面访问，并力争能使该样本的应答率接近 100%，用该样本数据来修正偏差。

二、其他自填问卷方法

留置问卷也是自填问卷调查经常采用的操作方法，它不是通过邮局来寄问卷给被访者，而是将问卷以某种方式发送到被访者手中。一种发送方式是由访问员以面访的方式找到被访者，在向他说明调查目的和填写要求后，将问卷留置在被访者家中由他自行填答，然后再由访问员按约定时间（如一两天后）取回填答完的问卷，或者访问员一直等到被访者填写完毕后，当场将问卷收回。另一种发送方式是通过某些单位或组织，间接地向被访者发送问卷，在被访者自行填答后，再通过这些单位或组织集体回收。需要注意的是，保证匿名性是留置问卷方法的关键，除了事先向被访者加以说明外，还要采用妥善的问卷回收方法。一种做法是由访问员携带专门的问卷回收箱或回收袋，让被访者将填答完的问卷投入箱（袋）内；另一种做法是在发送问卷时，同时发送一个空白信封，让被访者将填答完的问卷装进空白信封，封好后再交给访问员。

集中填答是自填问卷调查的另一种操作方法，它是将被访者召集到同一地点，然后发给每人一份问卷，在集中讲解填答要求后，由被访者同时填答问卷。集中填答的问卷既可以逐一回收，也可以让被访者自己将问卷投入回收箱中。集中填答特别适合在各类课堂中进行，操作起来有点像进行一次考试。这种方法最大的不足是，在集中填答过程中，被访者彼此之间可能产生某种"团体压力"，进而影响资料的有效性。

三、优缺点分析

（一）自填问卷的优点

第一，调查成本低。邮寄问卷方法由于不需要招募和训练访问员，因此，与访问员有关的费用，如访问员的劳务费、交通费、住宿费和保险费等，都可以节省下来，而这笔费用通常是整个调查的一项主要支出。留置问卷只需要雇用少量的投送人员，而且不需要对投送人员进行访问训练，因此成本也很低。

第二，可以避免发生访问员误差。有访问员参与的调查访问，一般很难避免出现访问员误差，如访问员偏离标准化访问程序的偏差行为、访问员弄虚作假的舞弊行为。而自填问卷在省略访问员环节的同时，也避免了访问员误差的负面影响。

第三，适合处理敏感议题。对某些有较高的隐私性与敏感性的议题，如有关个人使用毒品与管制类麻醉药品的调查，如果有访问员在场，被访者在回答问题时就会感受到压力，从而对真实情况进行隐瞒。如果采用邮寄问卷的方式，被访者无须与访问员进行当面或电话上的即时沟通，回答问卷的压力就会降低，从而提高调查内容的真实性。

第四，不太受调查地域的限制。使用概率抽样，有可能抽中那些既没有电话又地处偏远山区的被访者，此时邮寄问卷可能是唯一的选择。因为，原则上讲，只要是通邮路的地方，就可以进行邮寄问卷调查。

(二) 自填问卷的缺点

第一，问卷回收率低，并可能导致样本出现偏差。根据美国某研究机构的报告，如果调查对象是随机选择的，那么在不做任何事前和事后接触，又不准备谢礼的情况下，邮寄问卷调查的回收率在美国一般不会超过 15%[①]。研究者一般是通过补寄问卷来提高问卷回收率的，但这就增加了搜集资料的时间与成本。有时综合考虑补寄问卷的周期和花费，邮寄问卷调查的成本甚至超出同样规模的电话访问。而且在实际调查中，有时即使再三催复，也无法保证能达到预定的样本规模。这种情况的一个直接后果就是无法把握样本的代表性，因为即使是按随机原则抽取访问对象，也仍然会面临回收问卷与未回收问卷之间的差异问题。一般说来，那些寄回问卷的人，有些可能是对调查主题比较有兴趣，另一些则可能是有较多的闲暇时间，或者是对领取访问酬劳感兴趣。这样回收问卷的内容代表的可能只是整个访问总体中某些类型被访者的态度，而非所有被访者的态度。那些被抽中但对调查主题没兴趣，或没时间填答问卷，或对访问酬劳没有兴趣的被访者，就在调查访问中缺失了，或者仅占很小的比例。而仅以回收问卷的资料对抽样总体进行推论，必然会出现样本偏差。

第二，调查周期较长。邮寄问卷调查之所以特别费时间，主要是因为研究者需要数次补寄问卷，才有可能达到预期的问卷回收率。从时间进程看，研究者第一次寄出问卷 2～3 周后，就需要开始第一次补寄问卷；在又隔了 2～3 周后，又得第二次补寄问卷。这样从第一次寄出问卷算起，有的邮寄问卷调查甚至要费时 3 个月左右，才能回收到预定规模数的样本。因此邮寄问卷调查只适合那些时效性要求不高的调查项目。

---

① 柯惠新，丁立宏. 市场调查与分析. 北京：中国统计出版社，2000：92.

第三，很难控制问卷填答质量。由于自填问卷没有访问员在场，故研究者无法评估问卷是在何种情况下填答完成的。被访者极有可能在填答时征询其他热心人的意见，或者干脆请别人代为填答。另外，被访者也可能没有填答完全部问题就停止了，或只挑选那些自己感兴趣的问题来填答，而忽略掉其他的问题。特别是当问卷的问题较多，或问题比较敏感时，被访者经常会故意漏掉对一些问题的回答。再有，被访者在填答问卷时，可能并不十分理解问卷问题的内容与意义，或者所理解的与研究者的预期不同，进而在有疑问或误解的状态下填答问卷。在调查的实际操作中，研究者一般很难发现和纠正以上失误，有时即使依据被访者的一些基本资料（年龄、受教育程度、性别、职业等）确认了被访者填答有误，想要纠正，这也是一件极为耗费时日的工作。

第四，问卷内容和形式受到限制。自填问卷调查通常假定被访者具有一定的文化程度，但是，在一般性调查中，调查对象往往包含那些文化程度不高，有时甚至是文盲的被访者。这部分被访者理解问卷的含义有一定的困难，因此如果问题内容比较艰深，就无法得到较高的回收率。另外，由于自填问卷调查没有访问员的帮助，由被访者自己完成问卷的填答，因此一些需要视觉辅助的问题形式（如演示卡片）、开放式问题、较复杂的相倚问题，都不太适合采用自填问卷形式来完成。

第二节　当面访问

与自填问卷不同，当面访问不是让被访者自己阅读和填答问卷，而是由专门的访问员按照问卷问题，向被访者进行口头提问，并根据被访者的回答圈出答案。下面先介绍一般入户当面访问的操作程序，然后介绍电脑辅助个人当面访问技术，最后分析一下当面访问的优缺点和适用范围。

一、普通入户当面访问

比较正规的当面访问通常采用入户访问的形式，即访问员根据样本提供的名单或地址，找到被抽中的家庭，在征得住户同意后进入户内，然后按户内抽样方法选取符合条件的被访者，最后，按照问卷问题，向被访者进行口头提问，并根据被访者的回答圈出答案。

不难看出，要进行入户当面访问，首先要决定进入哪一户去访问。如果研究人员已经在设计抽样方案时，抽出了样本中需要访问的家庭地址，那么访问员只要按地址找到这些家庭就行了。但是，在多阶段抽样中，抽样单位名单经常只给到居委会一级，家庭名单需要访问员自行抽取。另外，在确定访问家庭时，经常会遇到被抽中的家庭户内无人的情况。对此通常的解决办法是，当户内无人时应重访，在三次入户均无人时，才能更换新的家庭。

其次，在找到住户后，需要征得住户同意进入户内。拒访是当前大城市问卷调查普遍存在的一个问题。究其原因，一是出于安全方面的考虑，现代城市社区不是熟人社会，居民对陌生人通常是不信任的；二是不愿意日常生活被干扰，居民对频繁的商业调查和促销活动，一般是持排斥态度的。因此，访问员应耐心地进行解释，以获得住户的理解与支持。

再次，在获准进入后，访问员要按照户内抽样规则，抽取符合调查条件的被访者。这一步要特别慎重地处理，如果被访者不在家，那么通常只有在重复入户三次，被抽中的被访者均不在家时，才允许更换备选的住户，重新抽取被访者。特别需要提醒的是，在入户抽取被访者时，一份住户家庭构成资料只能抽取一次，不可重复进行抽取。入户抽样方法已在第三章中进行了详细的讲解。

最后，一旦确定了被访者，访问员就要严格地按照问卷以及辅助卡片上的内容，对被访者进行当面提问，同时根据被访者的回答圈画答案。需要注意的是，访问员在提问时，不能诱导被访者回答问题，必要时应按统一口径解释问题。不过对于开放式问题，访问员一般应给予被访者充分的追问。在调查结束后，访问员通常要赠送一个小礼品，向被访者表示感谢。

二、电脑辅助个人当面访问

电脑辅助个人当面访问（computer-assisted personal interviewing，CAPI）是近年随着计算机技术不断普及而出现的一种面访形式。严格地讲，CAPI 目前还算不上一种独立的面访形式，因为，CAPI 与普通入户当面访问的不同之处主要是在调查工具上，即用手提电脑（普通笔记本电脑或面访专用的无键盘轻型电脑）代替传统的印刷问卷、辅助卡片和记录笔。而普通入户当面访问的一系列操作步骤，CAPI 也是要逐一完成的。在 CAPI 中，调查问卷已经事先存放在计算机内，访问员根据计算机屏幕显示的问题和指导语，向被访者提问，并将被访者的答案，用键盘、鼠标或专用电脑笔输入计算机内。

从目前发展看，CAPI 的变化主要体现为调查工具的不断更新。一方面，面访用的手提电脑日益专门化，而且越来越轻，这无疑可以大大节约问卷印刷、数据录入等的调查成本。另一方面，网络传输技术的发展，使访问员可以即时将调查数据传输给调查机构的数据处理中心，这样就可以极大地缩短调查周期，同时还可以及时发现访问中的问题，纠正访问员的各种偏差。

三、优缺点分析

（一）当面访问的优点

首先，样本代表性较好。使用概率抽样方法获取被访者的当面访问，通常需要事先掌握抽样总体的特性与结构，而且抽样框与抽样总体基本上是一致的。这样在保证一定的访问成功率的前提下，最后的访问结果较能代表总体的特性。另外，经过培训的访问员的参与，可以使访问成功率维持在一个较高水准，从而得到代表性较大的样本。再有，由于访问员可以直接面对被访者，因此能根据抽样资料对其进行确认，进而保证该被访者的确是被抽中的访问对象。

其次，取得的资料质量较高。在当面访问中，如果被访者对问题的内容或含义有不清楚的地方，访问员可以当场进行解释，使被访者可以完全了解问题的内涵，这大大提升了被访者回答内容的效度。另外，被访者在回答问卷时，可能会受到其他事件的干扰，这时访问员通过对访问情境的观察，来判断干扰事件对访问过程的影响，并采取措施减轻其影响，就能使资料质量得以提高。再有，访问员针对访问中的某些问题，使用一些辅助工具，如卡片、表格或实物来说明其具体的含义，可能会使被访者更准确地理解问题的含义，进而提高回答质量。

再次，能获得内容比较复杂的资料。当面访问由于有访问员的协助，因此对访问题目的复杂程度限制较少。经过培训的访问员，能掌握比较复杂的问卷，可以处理复杂的跳答模式，可以问比较复杂、深入的问题，而且可以通过追问技巧提高开放题的回答质量。另外，训练有素的访问员，通常会营造出一种气氛融洽的访问环境，提升被访者接受较多访问题目的可能性。这恰恰有利于对复杂概念或问题的访问，因为复杂概念通常无法用简单的一两个题目来表示，问卷一般都比较长。

最后，可以访问特殊人群。当面访问对调查对象基本没有什么限制，因此特别适合调查特殊人群，包括不识字者或身心残障者（如聋哑人）。对这些特殊人群进行访问，需要对访问员进行特别的训练。

（二）当面访问的缺点

首先，成本较高。当面访问是由访问员来完成的。一般说来，新招募的访问员需要经过一个严格的培训过程，才能胜任调查工作，而招募和培训访问员都需要有经费投入。在调查访问的实施中，与访问员有关的各项费用，如劳务费、交通费、住宿费和保险费等，也是一笔相当大的开销。除访问员的直接花销外，调查成本还需要考虑调查督导的费用，包括培训督导员的费用、各个督导员的劳务支出、访问结束后的实地复查费用等。总之，没有一笔较大的资金准备，是不可能进行当面访问的。调查实践表明，目前在全国范围内对一个 5 000～6 000 的随机样本进行入户当面访问，总费用为人民币 100 多万元。

其次，很难控制访问员误差。在入户当面访问中，访问员一般是分散在许多不同的地点进行访问的。在一般情形下，经过培训的访问员应该通过与被访者的互动，完成研究单位交付的任务。但是，在调查的实际执行中，仍然发现访问员会出现偏误行为，有时甚至还会出现舞弊的行为。对于当面访问中的访问员误差，除了事先的培训、访问中的督察以及事后的抽查，并没有十分有效的方法加以控制。而且为了检查访问员是否尽职，是否客观地、不加诱导地进行了访问，有无作弊行为等等，则又需要增加一笔不小的经费投入。

最后，访问成功率逐渐下降。在当面访问中，访问员只有当面见到被访者，才能进行访问。如果是入户访问，那么访问员还必须获准进到被访者家里面，才能完成访问。虽然当面访问通常会在访问前给被访者寄一份通知信，告知访问目的与执行时间，但即使如此，近年来大城市入户访问的成功率仍呈逐渐下降的趋势。造成成功率逐渐下降的原因是多方面的：第一，近年来随着经济的发展，城市化过程不断加速，城区改造、房屋动迁致使抽样所依据的总体资料日益偏离实际情况，越来越多的被访者无法按抽样地址被找到。第二，出于安全方面的原因，越来越多的新建居民区的居民，不允许访问员入户进行访问；特别是对那些高收入或高地位的特殊阶层人群，更是很难实现当面访问。

第三节　电话访问

由于电话访问借助于电话这种通信工具进行问卷访问，因此，能否顺利进行电话访问，要看电话的普及情况。一般说来，只有在电话普及率达到 90% 以上的地区，电话访问才不致产生严重的样本误差。下面先介绍一下普通电话访问的操作步骤，然后介绍电脑辅助电话访问技术，最后分析一下电话访问的优缺点和适用范围。

一、普通电话访问

普通电话访问除了要准备好电话外，也要像当面访问那样，准备好问卷和供记录用的纸笔。除此之外，在有条件时，最好将访问员统一安排在专用的电话室中进行电话访问，因为这样比较便于督导员管理，出现问题时也能及时统一处理。普通电话访问的步骤为：首先，访问员按照电话号码簿或随机数字拨号方法，确定和拨打电话号码。其次，当电话拨通后，访问员要按设计要求，通过接听电话的人员对该住户进行户内抽样，确定符合调查要求的被访者。如果被抽中的被访者不在，则应该记住号码，换时间再打；为了保证样本的随机性，在一般情况下要求连续追打3~5 次才能放弃。最后，对符合条件的被访者进行电话问卷访问，同时按被访者的回答填写调查问卷。

电话访问可以利用电话号码簿作为抽样框，借助随机数表或采用等距抽样的方法，随机地抽取电话号码进行拨打。但是，很多电话用户，特别是收入水平较高的人群，通常不愿意将私人电话登在电话号码簿上。为了避免出现抽样偏差，电话访问的抽样通常采用随机数字拨号技术，它是根据随机抽样的原理设计的。在进行随机数字拨号时，要先弄清楚所调查地区电话号码的设置规则，然后确定样本所在区域电话号码的前几位，再按照随机的原则确定电话号码的后几位。随机数字拨号技术的具体内容已在第三章中进行了介绍。

二、电脑辅助电话访问

电脑辅助电话访问（CATI）是一项新兴的电话访问技术。与普通电话访问不同，这项技术是借助于 CATI 系统实施的。CATI 系统包括硬件和软件两部分。其中硬件包括：一台计算机主机，用来装载各种调查软件，并控制整个调查的进程；若干台与主机相连接的计算机终端，终端上有耳机式电话和鼠标；若干台起监视作用的计算机。CATI 系统的软件部分包括能完成以下功能的几种软件：自动随机拨号、问卷设计、访问管理、自动录入数据和进行简单统计等。

当 CATI 系统开始工作时，计算机首先会自动拨号并保存拨号记录。其次，如果拨号成功，那么终端屏幕会提示访问员筛选被访者。对于被访者不在家或当时没有空的情况，CATI 系统会自动地储存该被访者的电话号码和下次访问的时间，届时该号码会自动地出现在拨号系统中。再次，当访问开始时，终端屏幕会显示出问题，屏幕上每次只出现一个问题，当访问员将被访者选择的答案录入计算机后，计算机会根据答案自动地跳到下一个相关的问题。最后，在访问进行中，督导员可以通过监视终端随时了解访问的进展情况——包括调查结果和每个访问员的工作情况，有针对性地提出督导意见。例如，当出现平均完成访问时间特别短的情况时，要检查访问员读题的语速和追问情况。

由此可见，在 CATI 系统中，数据编码和录入等烦琐过程，都是由计算机自动完成的。这无疑会大大缩短整个调查的时间。不仅如此，计算机还能自动检查答案的适当性和一致性。如果访问员在录入时，输入了一个不清楚或不可能出现的答案，例如，将 H 写成代表"男性"的 M，计算机会发出响声，要求访问员重新输入答案。这进一步提高了数据质量。另外，由于访问与数据录入同步进行，所以研究者可以在整个访问结束前，就对调查数据进行初步统计分析，从而对整个调查进行动态监控。

三、优缺点分析

（一）电话访问的优点

第一，调查周期非常短。调查速度快是电话访问最大的优点，因为电话访问员能够迅速联络上许多距离极为遥远的被访者。如果按每位电话访问员 30 分钟完成一次访问，一天有效工作时间为 6 小时计算，则 15 人一组的电话访问员就能在 6 天之内访问全国上千位被访者。一般进行一项样本规模在 1 000 左右的标准电话访问，需要 4～7 天。如果调查过程不要求进行户中抽样，或对被访者的样本替代没有太严格的限定，那么调查甚至可以在 3 天内完成。[①] 对于那些需要尽快得到结果的调查，如了解前一天播出的某个新广告的到达率，电话访问无疑是一种最佳的选择。

第二，比较容易控制访问员误差。通常访问员是在计算机房或专门的电话访问实验室里，集中进行电话访问的。在调查现场的研究人员或督导员，可以对访问员的访问工作进行即时监控，以确保访问员能将研究者设计的问卷题意，清楚且正确地表述给被访者，同时能将被访者的回答忠实、完整地记录在电脑中。一旦发现访问员曲解题意，或误解被访者答案的内容，就可以立即纠正访问员的偏差行为，进而确保调查资料的质量。

第三，抽样快捷方便。由于一些住宅电话号码并没有被登记在电话号码簿上，利用电话号码簿进行抽样容易出现偏差，所以当前许多电话访问采用随机数字拨号方法来抽取被访者。随机数字拨号抽样不仅不需要事先编制抽样框，而且省去了按抽样名单寻找被访者的麻烦，因此方便快捷，而且大大节省了抽样成本。特别是使用随机数字拨号抽样，还有可能访问到使用其他抽样方法不太容易抽到的、高收入或高地位阶层的调查对象，进而增大样本的代表性。

第四，访问成功率较高。前面已谈到，越来越多的被访者拒绝陌生人入户访问，另有一些人会因为工作太忙而拒绝面访，但这些人可能会接受短暂的电话访问。通常，如果电话访问时间在 10 分钟以内，题目不超过 30 道，则在电话接通之后，成功率能达到 40％～60％[②]。另外，如果访问议题是被访者感兴趣的，那么经过数次联络之后，访问成功率还可以进一步提高。

（二）电话访问的缺点

首先，样本的代表性存在问题。在电话访问中，电话号码簿涵盖不足的问题已成共识，因此，当前绝大部分电话访问采用随机数字拨号抽样。这样虽然解决了电话号码簿涵盖不足的问题，但仍然没解决抽样总体与目标总体不一致的问题。抽样总体实际上是全体电话用户，而目标总体则可能包括那些没安装电话的调查对象。这个问题目前在我国边远地区和农村，表现得尤为突出。另外，在电话普及率很高的大城市，也存在样本代表性问题。因为许多人拥有不止一个电话号码，这样不同的访问员在进行随机数字拨号抽样时，很可能会对同一个人重复进行访问。再有，在一般家庭中，年龄较大的成员，通常不愿意接听电话；而年龄较小的成员，晚上在家的比例较高；家庭主妇、失业者或退休人员，白天在家的比例较高。因此，如果不就这些个人生活习惯、接听电话的习惯采取相应的调整措施，就会造成样本偏差。

其次，访问内容难以深入。一般说来，电话访问的时间不宜过长，较为适当的

---

① 陈义彦，洪永泰. 民意调查. 台北：五南图书出版有限公司，2001：45.
② 同①47.

访问时间在 10 分钟以内，访问题目不超过 30 道。如果访问时间超过 10 分钟，就会使被访者负担过重，被访者可能会反感而中断访问。而通过这么短的时间、如此有限的题量，是很难进行内容深入的调查的，因为要想深入了解某项议题，就不得不问较多的问题，花费较长的时间，如学术性调查访问时间一般都在 30 分钟以上。另外，在进行电话访问时，访问员无法在现场向被访者解释题目的含义，因此，电话访问的问卷结构和问题形式都不能太复杂，也不能使用复杂的量表。问卷设计要求浅显易懂，尽可能口语化，这一点在某种程度上，限制了形式复杂、艰深的问题在电话访问中的应用，也限制了对某些议题的深入了解。

第四节　网络调查

网络调查（web survey），也称互联网调查法（internet survey）、在线调查法（online survey）、电子调查法（E-survey）。它是一种以互联网信息技术为研究工具，利用网页问卷、电子邮件问卷、网上聊天室、电子公告板、社交网络平台等来收集调查数据和访问资料的一种新式调查方法。网络调查可以用于描述性、解释性或探索性的研究。调查主题可以是浅显易懂的老百姓的生活状态，也可以是抽象的理论探索，但调查单位（survey unit）通常为个体。该方法由于是借助互联网进行的调查，因此互联网技术和计算机技术的新发展都会对网络调查产生影响。目前，主要的网络调查法包括网络问卷调查法、网络访问法和网络观察法。这里仅对网络问卷调查法做一介绍。网络问卷调查主要有三类，即网页调查、电子邮件问卷调查和即时通信工具调查。网页调查是当前最普遍的网络调查方式，目前 80％的网络调查采用的是这种方式。当然在现实生活中，这三种方式经常组合使用。下面先介绍一下最普遍的网页调查方式的操作步骤，然后介绍电子邮件问卷调查、即时通信工具调查等技术，最后讨论一下网络调查法的优缺点和适用范围。

一、网页调查

网页调查即问卷以网页为载体的网上调查形式，是目前使用最广的网络调查方式。它是指调查者将设计好的问卷放在网站的某个网页上，回答者只要登录网页就可以参与调查的一种网络调查方式。这是目前最基本也是最常用的网络调查方法。基于网页的调查需要使用网络问卷调查系统生成问卷或者有程序设计人员参与才能实现，实现起来技术要求较高，但在后期数据整理和分析阶段优势明显，因此当调查样本量较大、问卷问题多的时候，使用这种方式开展调查非常高效。网页调查的具体步骤为：

第一，调查者制订调查计划，充分考虑调查目标、内容、形式、网络调查载体、时间选择等。尤其是首先要弄清适合网络调查的主题。其次，根据研究目的和调查对象的特点选择调查的内容、形式（比如，放置在网站上的问卷是直接弹出问卷式、广告弹出信息式、必然点击式还是偶然链接式等）。最后，选择合适的调查载体和调查时间。网络调查问卷放在不同的网站，参与填答的人群、人数都会有很大的差异。一般说来，调查问卷都会放置在门户网站或影响较大的新闻网站，这样参与填答问卷的人数会增加。如果是针对性很强的主题，那么应考虑放在相应版面、栏目、频道的突出位置。除此之外，调查时间应该合理设置。一般专题类的调查，时间可以长一些，民意调查或市场调查则更注重时效性。调查时间的合理设置可以加强调查的针对性、代表性和时效性。

第二，设计问卷。问卷设计的优劣往往对网络调查的成败具有决定作用，需要高度重视它的一般结构、问题、回答方式的设计。网络问卷设计应该注意的主要问题，与一般的调查问卷设计基本相同。考虑到网络调查的特殊性，为了减少误差，调查问卷的设计应遵循三个原则：一是目的性原则，即询问的问题与调查主题密切相关，重点突出；在调查说明中注意说明调查的目的、意义等，争取被调查者的积极支持与合作。二是简明性原则，即问卷要尽量简单、易懂且更加完整，保证被调查者做出准确真实的回答。三是可接受性原则，即问卷设计要更具有亲和力，容易为被调查者所接受，以提高应答率。例如，合理利用互联网所提供的特有工具，如色彩、声音、图像等来增强问卷的美观性和趣味性，吸引更多的参与者，题目尽量采取选择题。除此之外，还要注意标明调查的起止时间，以免参与者错过调查。

第三，设计数据库和网页。网页调查结果通常是通过数据库直接处理的，无须人工处理。数据库在此指计算机存储、管理数据的软件系统，主要用来进行问卷编码、问题设计、答案设计等。网页调查中的数据库设计需要考虑的问题主要包括：问卷设计、数据处理的功能设计的完备性，数据的完整性和有效性，数据存储空间是否充足，访问速度能否满足访问需求，等等。网页设计包括客户端界面设计和后台处理程序设计两部分。客户端界面设计要方便被访者识别、验证，并易于理解、填写；后台处理程序设计则重点处理好数据的安全、有效、完整性，同时注意程序运行速度、存储空间占用、多用户并发处理、恶意代码处理、代码复用、数据备份、数据恢复、数据转换、匿名处理、重复数据处理和客户端界面数据接口等。常用的计算机数据库软件系统包括：MS Access、MS SQL 系列、Sybase、Oracal、MySQL 等。[①]

第四，调查者将问卷发布并实施调查。当然，在正式发布前，须进行试调查，然后通过相关链接和网络搜索加以发布。一是选择可靠性高、访问率高的网站或服务商。二是上传程序和问卷。三是通过行政通知或网络公告、电子邮件等邀请预期调查对象访问网页并填写问卷，尤其注意要激起被访者参与调查的兴趣。告知内容一般包括调查的性质、目的、内容、回答方法、网络地址、起止时间、注意事项

① 赵国栋，黄永中. 网络调查研究方法概论. 北京：北京大学出版社，2008：104.

等。以下做法可能有助于提高邀请的成功率：给出调查主题的醒目标题；指出电子邮件地址是如何得到的（例如"从您的博客上获知"）；说明调查是谁进行的（例如"受某某机构的委托进行这次网上调查研究"），并给出调查机构的地址以及联系方法；说明研究目的以及谁将得到调查数据；说明完成问卷所需要的时间（例如"大约需要 5 分钟"），以及参加调查能得到什么奖励。同时为了保证是被邀请者本人在答卷，防止一人回答多次，问卷程序在技术上应做些处理，如可以用在被访者回答后锁住其所处站点等技术方法来减少重复填写等不规范现象。

第五，统计和结果分析。在调查结束后，调查者获取经后台处理完成的调查数据，并根据研究目标和内容对调查数据进行统计分析。

需要注意的是，由于网页没有即时通信交互工具的灵活性强，所以在网页问卷设计中要更注意强化视觉效果，吸引参与者，尽量不要使用滚动条，减少参与者的麻烦。同时，网页调查属于随机调查，对调查对象无法实现选择，只能通过事后统计做基本情况分析。而且网络调查事实上无法覆盖全民，网络调查的代表性以及样本结构肯定存在偏差。加上网络调查的被访者一般是自愿参与或者是因为某些共同的原因而参与该调查的，通常缺少代表性抽样过程。因此目前我国的网络调查基本上都是将研究对象限定为网民，并通过增加样本数、针对人口统计特征差异进行适当的加权处理等方式来提高研究质量。网络调查也更多地以经济较发达地区与城镇有关的问题为主，对不发达地区的、农村的、老年的主题很少采取网络调查。当然，为了加强网络调查的代表性，也有人做了不同的尝试：第一种思路是优化问卷设计，并通过人性化及视觉化的网站设计吸引更多的人参与问卷填写，同时减少应答的技术障碍，加强应答的代表性。第二种思路是将网络调查与传统抽样方法相结合。在调查时不区分网民和非网民，对全部总体进行抽样，并为样本中的所有被访者提供上网所需的设备，然后通过网络进行调查。这种方式可以帮助预防和减少各种误差，并能够对误差进行适当的纠正。不过这种方式成本较高，一般适用于网络固定调查。第三种思路是对网络调查结果进行矫正，即采用关键因素调整法。首先确定关键因素，其次调查关键因素在目标总体中的表现水平，再次测算关键因素表现水平变化量对调查目标特征值的函数影响关系，最后根据关键因素在网络调查中的平均表现水平与关键因素在待调查真实总体中的表现水平的差异，按前面测算的函数影响关系对目标调查值的结果进行调整。

二、其他网络调查

（一）电子邮件问卷调查

电子邮件问卷调查是比网页调查出现得更早的一种网络调查法。它是指将问卷直接发送到被访者的电子信箱，请求其主动地填答并发送回问卷的一种网络调查法。该调查法针对性强，它将目标群体的邮件地址作为抽样框，类似于传统调查中的邮寄问卷调查。其调查质量在很大程度上取决于抽样框的完备性和回复率。由于操作复杂且容易传播计算机病毒，电子邮件问卷调查没有其后发展起来的网页调查方式那样运用广泛。但电子邮件问卷调查由于其实施的隐蔽性，除了研究人员和调查对象外，其他人无法看到，因此成为一种极为重要的调查方法。电子邮件问卷调查的步骤为：首先，调查者设计好问卷；其次，调查者收集并选择好相应的邮件地址，群发调查问卷；再次，调查对象接到电子邮件后要填写问卷，必须完成以下步骤——下载、存储、打开、填写、保存、添加附件、发送；最后，调查者收到回复问卷，进行统计分析。作为一种调查方式，它比网页调查有更好的主动性和针对性，因为网页调查对象的随机性强，而电子邮件问卷调查的调查对象基于调查者的选择。电子邮件问卷调查也存在两个问题：其一，电子邮件地址并非都能轻易获得，有些邮箱地址可能并非常用地址，甚至可能多个地址指向同一个调查对象。其二，电子邮件问卷调查的回复率一般不高。这一方面是由于电子邮件是比较私密的电子通信系统，安全过滤系统会被使用，匿名或者陌生电子邮件容易被拒；另一方面是因为电子邮件问卷调查涉及下载、存储、打开、填写、保存、添加附件、发送等多个环节，顺利地让被调查者耐心接受调查这一点并不能得到有效保证。为了建立有效的抽样框，可以把高访问率网站作为调查载体，运用各种激励手段，如宣传赠送礼品等吸引上网者进行个人资料注册，或形成会员制度，建立一个较大规模的志愿者数据库。调查者则可以根据调查需要，在进行某项调查时根据数据库中的某些特征值来进行随机抽样、分层抽样、等距抽样、科学配额等操作，选择有代表性的调查对象，将问卷分发到他们手中。这样做，一方面可以使抽样框尽可能与目标总体相接近，从而减少调查中的抽样框误差；另一方面，由于数据库中的成员是自愿加入的，具有较高的参与积极性，可以降低无回答误差和计量误差。

（二）即时通信工具调查

网络即时通信工具是目前参与人数最多、普及范围最广的网络交互平台系统。即时通信工具调查正是以网络即时通信工具为基础的一种非常方便的调查资料搜集的方式。目前，网络即时通信工具非常多样，国际通用的有脸谱网（Facebook）、推特（Twitter，现已更名为X）、国内有QQ、微信等。人们通过这些交互平台形成共有的"群"，非常方便进行即时的具有针对性的问卷调查，从而有助于提高问卷的回收率和数据质量。另外，各种即时通信工具之间及与前述的网页调查形成互联互通效应，比如新浪微博作为个人信息发布平台，会与人人网、豆瓣网、博客等形成直接链接，然后在个体参与的即时通信工具上以互动的方式进行发布，就可以多渠道、多平台地形成资料搜集方法的多元化。[①] 即时通信工具调查的缺点是以"群"为基础，调查对象的代表性往往不够。

---

① 泥安儒，林聚任. 社会调查研究方法纲要. 济南：山东人民出版社，2012：71.

三、优缺点分析

（一）网络调查的优点

第一，互动性强。互动性强是网络调查最大的优点，因为网络调查问卷可以通过多媒体手段向被访者展示丰富的动画、声音和图像信息，极大地提高了信息的丰富程度，实现了问卷设计及调查方式的多样化，使被访者在回答问题时可以有多种选择，如按钮式选项、下拉式选项；而且依据网络链接逻辑，问卷的逻辑分支和跳转更为方便，也更具个体针对性；被访者也可以通过即时通信工具、邮件等多种方式即时与调查方取得联系，咨询相关的问题；调查者在后台也很容易及时发现调查中出现的错误，并采取补救措施。网络调查具有极强的交互性，可以简化调查研究的进程，并提高调查内容的效度和回收率。

第二，方便高效、成本低。网络调查通过互联网来发放、收集和处理调查研究的数据及信息，不仅降低了调查的成本，而且提高了科学研究的效率，是一个更加高效且成本低廉的新兴调查研究方法。网络调查不受时空和地域的限制，调查者无须亲临现场，更无须花钱雇用大批调查员，只需一台联网的计算机即可 24 小时向天南海北、世界各地的网民就相关主题进行开放的交互式调查。同时，网络调查数据的收集会由后台程序自动完成，减少了数据录入和整理环节，降低了人工输入误差，耗时更短，大大缩短了调查的周期，节省了大量的人力、物力、财力和时间成本。可以这样说，一个掌握了上网技术并能进行统计分析的调查者，在花费相同的调查经费的情况下，能获得和处理的数据量是采用其他调查方式的调查者的十倍到百倍不等。

第三，数据易于收集，结果易于处理，可避免人为误差。网络调查数据的收集是在线完成的，在自动统计软件的配合下，调查数据也能很快得到标准化统计分析，无须人工清点与录入，避免了数据收集和处理过程中人为因素引起的误差；同时，网络调查与自动统计、专家系统、数据库技术等相结合，可以实现调查结果的自动分析处理，易于积累多次调查结果进行对比分析，加强了调查数据收集的准确性和科学性，有效地减少了传统问卷调查方法可能出现的多种误差。

第四，有益于调查质量的监控。网络调查由于互动性和链接性强，往往能给应答者更好的指引，能更有效地减少遗漏问题，加强调查的针对性，减少测量误差；而网络调查的匿名性和跨时空性，减少了调查对象的心理顾虑，特别是当问题比较敏感时，网络调查往往能收集到更真实的答案，减少调查误差；对开放性问题的回答也往往较传统调查方式更为翔实和真实。

第五，访问成功率较高。研究者通过网络调查能够很清晰地确认问卷的发送或回应情况，并通过互动机制提高应答率和回馈率。而且在电子邮件问卷调查与即时通信工具调查中，调查者更容易与调查对象建立联系，并逐步建立起比较固定的回访样本库。

第六，在对敏感性问题的调查中，网络调查能比传统的调查方法收集到质量更高的资料。网络调查具有很强的匿名性，也无须与调查对象面对面；既不会对调查对象形成直接的压迫感，方便打消调查对象的顾虑，也不会从旁对调查对象形成引导和干扰，调查对象往往更容易做出更加真实的回答。

（二）网络调查的缺点

第一，存在调查的误差问题。大量研究表明，抽样调查主要存在四种重要的误差：覆盖误差、抽样误差、测量误差和无应答误差。首先，网络调查中的覆盖误差和抽样误差相当显著，往往成为网络调查信度和效度受到质疑的主要原因。目前在网络调查中，网络覆盖面不足的问题已成共识，加上很多网络调查使用的是便利抽样，基本靠吸引人主动自愿来填答问卷。这种基于调查对象自愿参加的调查结果难以推论到目标总体。如果不顾样本选取的代表性而实施网络调查，那么得到的结果将与实际情况大相径庭。在运用电子邮件问卷调查法进行调查时，由于网民大都拥有多个电子邮箱地址，在调查中很有可能会出现某调查多次指向同一网民的情况，从而导致调查结果产生偏差。目前，网络发展日新月异，网民数量也以指数级速度增长，地址数据库更新滞后导致的抽样框老化问题也会引起结果偏差。其次，网络调查会产生新的测量误差。在网络调查中，计算机代替人工处理数据，人工输入数据时产生的错误即使不能全部消灭也能减少很多，计量误差已经不再具有传统的计量误差的意义。但网络调查中由研究者问卷设计不合理导致的错误回答和由调查对象单独面对调查表不能理解甚至误解导致的偏差，以及调查对象故意错答的现象，都会使调查结果与调查对象的真实意愿产生偏差，甚至完全相反，新的测量误差由此产生。最后，网络调查会增加无应答误差。网络调查的特殊性和网络技术的复杂性也会直接导致被访者有意或无意终止或放弃填答问卷，增加无应答误差。

第二，存在调查结果的可靠性和真实性问题。网络的开放性、匿名性固然为网络调查提供了便捷，但应答者的应答行为具有很强的隐蔽性，研究者很难了解其主观态度及诚信程度，甚至难以避免一人多答、重复提交、工具辅助应答等犯规行为，导致无效问卷增加，影响调查结果。同时，网络的开放性也使私密性、匿名性很难真止实现，很多人心有顾忌，不愿意袒露自身的个人资料和真实想法，各种敏感性问题更加难以获得真实数据。如何保证调查对象在面对一个虚拟世界时依然保持实事求是的态度，这是识别技术问题，也是网络伦理问题。虽然可以通过运用人性化的界面设计，为被访者创造一个被访问的环境，使其产生真实访问的感觉，但这毕竟难以真正解决问题。

第三，对调查者的网络调查技能有更高的要求。网络调查法要求研究者必须具备比较基本的网络技术应用能力，对数据库及网络系统进行较好的管理，同时也必须花费大量的时间来设计和编制电子问卷，掌握包括网络抽样技术、网络调查方法、网络调查技术、网络调查问卷的设计与处理、网络心理和网络法律等方面的知识。遗憾的是很多调查研究者未必具备这样的条件。很多网络调查研究者仍然沿袭传统调研的理论与方法，因此在从事网络调查时往往力不从心，出现很多错误。

第四，网络自身的不安全因素也时刻威胁着调查研究工作的正常运作。网络安全包括硬件安全、软件安全、网络通信安全、人员安全、环境安全等。由于网络安全问题的存在，可能会出现以下问题，使网络调查受到干扰和破坏：一是调查问卷被非法入侵，并遭到篡改；二是由网络安全问题或工作人员疏忽导致的数据泄露或数据系统崩溃；三是由计算机设备中毒或系统老化导致的数据损坏。

第五，某些问题的调查无法通过网络实现。例如，某些试用类（如食品类、化妆品类）调查，需要调查员亲自指导或辅助线下调查，调查才能进行。

当然，在我们说网络调查有这些优缺点时，都基于当前互联网的发展现状。而问题在于，互联网正在迅猛发展，且其发展、变化难以预料。总体而言，网络调查法已经为社会学调查研究开启了一扇崭新的大门。我们需要根据互联网的实际情况，对网络调查的优缺点做适当的审视，扬长避短。另外，多种网络调查方法在实际应用时往往可以结合使用。甚至很多研究者会根据实际情况将线上和线下调查法结合起来使用，更有效地搜集相关数据。

第五节　方法选择的考虑因素

在选择资料搜集方法时，需要综合考虑多方面的因素。首先是成本，这是一项硬约束条件，没有足够的资金支持，就没有选择的空间。另外，总体类型、样本的代表性、调查周期、调查内容、问卷回收率和资料质量等因素，也都对资料搜集方法的选择有关键性的制约作用。本节将逐一对这些因素加以讨论。

一、成本

一般情况下，在三种资料搜集方法中，邮寄问卷调查的成本最低，其次是电话访问，当面访问的成本最高。因此，当经费不足，又希望利用问卷资料进行研究时，就应该选择邮寄问卷调查的方法来搜集资料。由于邮寄问卷调查利用了公共邮政资源，因此调查涉及的范围越大，地理环境越复杂，它的优点就越突出。进行一次全国性邮寄问卷调查的费用，并不比在某个局部地区进行调查的费用更多。而对于访问调查来说，情况就完全不一样了，无论是当面访问，还是电话访问，全国性调查的费用都会高得多。

需要注意的是，虽然表面上邮寄问卷调查花费较低，但邮资、邮寄时的人工和时间、印刷问卷的费用，所有这些成本加起来，其实也是一笔不小的费用。如果问卷回收不理想，就需要寄送提示信，并且大量补寄问卷，倘若再进行一些后续电话联系，费用就更高了。因此，对于那些对问卷回收率有较高要求的调查，可考虑采用电话访问的形式来搜集资料。因为电话访问不仅访问成功率高，而且费用并不太高，有时甚至与邮寄问卷调查的费用持平。另外，利用专门的电话访问设备，可以大大提高电话访问的效率，因此电话访问通常可以委托专门的调查公司来执行。

无论如何，当面访问都是最贵的，可以想象数个乃至数十个访问员、督导员，成百上千次地登门入户进行访问，劳务费、差旅费、各种补贴无疑会累积成一个可观的数字。因此，在使用当面访问时应该特别谨慎。如果研究目标可以通过其他资料搜集方法来完成，那么慎用大规模的当面访问是明智的。

二、总体与抽样

选择资料收集方法，除了要受到经费的限制外，在很大程度上，还要受到抽样总体的制约。这方面主要有两点考虑，一是抽样总体的教育水平，二是抽样总体参与调查的兴趣和动机。如果抽样总体的教育水平很低，阅读和写作能力很差，那么在没有访问员帮助的情况下，他们很难独立填写完整问卷；即使这些调查对象邮寄回问卷，问卷质量也是很低的。同时，相当数量的读写能力较差的调查对象，主动参与调查的兴趣和动机一般来说也较低。对于此类调查对象不宜采用自填问卷方法，最好采用当面访问的方法来搜集资料。相反，对于教育水平较高的抽样总体，如果被访者对调查议题有兴趣，则邮寄问卷方法会收到较好的效果。

另一个与抽样总体相关联的问题是能否获取抽样框。如果能获得具有完整地址的抽样框，就可以通过名单资料进行区域概率抽样，然后使用当面访问、自填问卷的方法来搜集资料。另外，如果在获得地址的同时能得到电话号码，则还可以进行电话访问。但是，如果无法获得具有完整地址的抽样框，采用当面访问、自填问卷的方法来搜集资料就很困难。

在决定资料搜集方法时，还要注意是否需要选取被访者来回答问题。因为如果采用邮寄问卷的方式，将问卷直接寄到住户家中或某个机构，研究者很难控制究竟是谁填了这份问卷。而在电话访问中，通过接听电话来筛选过滤被访者，也并无十分的把握。所以，如果在搜集资料时要进一步选定被访者回答问题，采用当面访问的形式是比较合适的。

三、调查周期

不同的资料搜集方法，所耗费的时间也有所不同。一般说来，自填问卷的调查时间最长，其次是当面访问，电话访问的时间周期最短。电话访问借助公共电话网，可以在短时间内联系到距离极为遥远的被访者。进行一项样本规模在1 000左右的标准电话访问，需要4～7天；而邮寄问卷调查多半历时两个月，有时甚至要费时三个月左右，才能回收到预定规模数的样本。不仅如此，邮寄问卷的时间长短，在某种意义上是由被访者控制的，研究者一般没有什么方法能主动地缩短调查周期。因此，如果需要尽快得到调查结果，应该首先考虑采用电话访问。

当面访问的时间周期通常比电话访问长一些，全国范围的调查，样本规模一般为 5 000～6 000，当面访问的资料搜集需要持续一个月左右。其实，当面访问的调查周期，在很大程度上取决于参与调查的访问员人数——参与调查的访问员越多，调查周期就越短。但是访问员越多，访问员误差也越大，特别是对资料信度有很大的影响。因此，在进行当面访问时，如果排除费用问题，可以先确定一个能接受的调查周期，如一个月的时间，然后通过试调查，确定访问员每天人均完成问卷的数量。样本规模与一个访问员一个月内完成的问卷数目之比，就是参与调查的访问员人数。当然，访问员每天完成的问卷数，在很大程度上取决于问卷的长度和难度。

四、调查内容

调查内容对选择资料搜集方法的影响有两点：一是敏感性程度，二是复杂性程度。

首先，对于敏感性话题，如有关酗酒、使用毒品与管制类麻醉药品，以及其他有争议或越轨行为的调查，许多研究者认为采用自填问卷的方式比较合适，因为当被访者选择负面答案时，无须面对访问员，心理压力比较小。也有人认为在电话访问中，由于被访者并不与访问员见面，因此比较易于回答负面答案。特别是在随机数字拨号电话访问中，被访者基本处于匿名状态，因此也比较容易告知真实的情况。但也有研究表明，通过电话访问得到社会约定俗成的观点的可能性较大。另外，还有观点认为，当面访问是进行敏感性话题调查的最好方法，因为访问员在与被访者的互动中，有可能与其建立一种信赖关系，进而获取敏感资料。以上种种观点，应该说都有各自的道理。在实际调查中，可以尝试结合使用多种方法，如在整个调查中采用自填问卷的形式，但在调查初期，以当面访问的形式接触一下被访者，使其对调查项目有所了解，与其建立起一种基本的信任关系，进而提高被访者的填答质量。

其次，虽然自填问卷被认为能有效处理敏感问题，但它不太适用于处理复杂问题。特别是当问卷需要处理复杂的跳答模式，以及比较复杂的相倚问题时，都需要访问员的帮助，才能较好地完成访问。另外，内容比较复杂的调查，一般无法用简单的一两个题目来访问，所以问卷都比较长，因此不太适合使用电话访问。再有，有些问题形式，如描述情况或事件的复杂问题，或需要一些视觉辅助资料帮助的问题，答案需要亲眼见到才能选择，而电话访问是无法满足这些要求的。因此当问题内容和形式比较复杂时，最好采用当面访问的形式来搜集资料。

五、问卷回收率

在搜集资料的过程中，问卷回收率是一个需要被慎重对待的因素，因为它对样本代表性有着决定性的影响。前面已经提到，回收率低是邮寄问卷的致命伤，虽然邮寄问卷可以通过留置问卷的方式提升回收率，但这样就提高了调查成本。因此当调查对回收率有较高要求时，邮寄问卷是不适合的，需要讨论的是另外两种方法。在一般情况下，当抽样总体规模较大时，利用随机数字拨号抽样进行的电话访问，访问成功率要比当面访问低 5% 以上。如果访问成功率低 5%～10%，再乘上因为没有电话产生的缺失比例，则在选择随机数字拨号电话访问时，访问成功率就是一个需要考虑的因素。如果能接受这样的访问成功率，就可以采用随机数字拨号电话访问，否则就要选择当面访问，或采用其他形式的电话访问。

具体说来，随机数字拨号电话访问的成功率低，并非由于电话访问，而是由于采用了随机数字拨号方法。因为这种方法的特点之一，就是事先不通知被访者，而这恰恰是造成拒访的重要原因。如果事先能获取被访者的地址与电话号码，先寄出一封说明信函，解释调查项目的目的和内容，随后再通过电话请求被访者协助调查，那么在这种情况下，电话访问的成功率与当面访问没有太大不同。特别是研究者，如果对某些被访者，特别是中途中断访问的被访者，考虑进行当面访问，进一步补充获取资料，效果会更好些。另外，样本所处的地理位置对回收率有较大影响。在市中心，电话访问的成功率较高；而在郊区，当面访问的成功率要比电话访问高些。在高档住宅区、写字楼进行调查时，采用电话访问的方式，通常也会比当面访问成功率高。

六、资料质量

资料搜集方法不同，影响资料质量的因素也不同。在自填问卷中，被访者由于不认真、嫌麻烦、没弄懂问题的含义，或不愿意回答某些问题，造成错答或漏答问题，是影响资料质量的最主要因素。而在当面访问中，访问员误差，即访问员的性别、种族、态度，使访问偏离标准化访问，则是影响资料质量的最主要因素。相比之下，错答或漏答问题造成的质量问题更加严重一些，因为很多在有疑问或误解的状态下出现的填答错误，研究者一般是很难发现并纠正的。而且即使想纠正，也是一件极为耗费时日的工作。而漏答则会造成数据缺失，虽然有各种处理缺失数据的方法，但都是不得已而为之的办法，无法从根本上提升数据的质量。至于访问员误差，虽然它对资料质量也会造成负面影响，但通过访问员培训，以及在实地调查中督导员的监督，在很大程度上还是能得到控制的。因此如果对资料质量有较高的要求，最好采取当面访问的方法来搜集资料，如学术性调查最好采取当面访问的形式。

另外，以上两种造成误差的因素，在电话访问中都可能存在。但访问员及电脑辅助电话访问程序，能及时纠正被访者的错答或漏答问题；而在专门的电话调查机房集中访问，使督导员可以及时纠正访问员的偏差行为。因此这两种因素的负面影响，在电话访问中都不那么显著。如果考虑到电话访问成本较低、周期较短，那么在问卷难度不大、长度适当的情况下，可以考虑进行电话访问，如市场调查、民意调查，都可以用电话访问的方式进行。

以上从不同侧重点出发，讨论了应如何选择资料搜集方法。表6－2是对于讨论结果的一个简单汇总。不难看出，除了经费方面的限制，选择当面访问来搜集资料的理由最为充分，而且它也是进行难度较大的学术性调查的最佳选择。相比之下，对于大多数非学术性调查而言，电话访问应该是首选方法。但如果确实经费拮据，对资料质量、调查周期都没有太高要求的话，便可以采用自填问卷，特别是邮寄问卷的方式来搜集资料。

表6－2　三种资料搜集方法在不同因素上的评价

	自填问卷	当面访问	电话访问
成本	√	×	√
总体与抽样	×	√	—
速度	×	—	√
问卷难度	—	√	×
回答率	×	√	√
资料质量	×	√	√

注："√"表示优良，"—"表示一般，"×"表示较差。

◀ **复习思考题** ▶

1. 建立问卷回收率追踪表的主要目的是什么？
2. 可以采用哪些方法来提高邮寄问卷的回收率？
3. 自填问卷的主要优缺点是什么？
4. 城市入户访问成功率下降的原因是什么？
5. 当面访问的主要优缺点是什么？
6. 电脑辅助个人当面访问有哪些发展趋势？
7. 电话访问的主要优缺点是什么？

◀ **推荐阅读书目** ▶

1. 风笑天．现代社会调查方法．2版．武汉：华中科技大学出版社，2001.

2. 韦尔奇，科默．公共管理中的量化方法：技术与应用（第三版）．北京：中国人民大学出版社，2003.

◀ **参考文献** ▶

1. 巴比 . 社会研究方法 . 北京：华夏出版社，2000.

2. 陈义彦，洪永泰 . 民意调查 . 台北：五南图书出版有限公司，2001.

3. 风笑天 . 现代社会调查方法 . 2 版 . 武汉：华中科技大学出版社，2001.

4. 福勒 . 调查研究方法 . 重庆：重庆大学出版社，2004.

5. 柯惠新，丁立宏 . 市场调查与分析 . 北京：中国统计出版社，2000.

6. 泥安儒，林聚任 . 社会调查研究方法纲要 . 济南：山东人民出版社，2012.

7. 纽曼 . 社会研究方法：定性和定量的取向 . 北京：中国人民大学出版社，2007.

8. 水延凯，等 . 社会调查教程 . 北京：中国人民大学出版社，1996.

9. 唐盛明 . 实用社会科学研究方法 . 上海：立信会计出版社，1998.

10. 赵国栋，黄永中 . 网络调查研究方法概论 . 北京：北京大学出版社，2008.

第七章

标准化访问

本章要点

- 按照控制程度的不同，可以将访问过程划分为结构式、半结构式和无结构式访问等几种形式，其中结构式访问是一种高度控制的访问形式，又被称为标准化访问。

- 对访问的控制是通过一套预先设计好的测量工具、测量程序和测量规则来完成的。

- 在标准化访问中，无论是询问被访者主观感觉的题目，还是询问事实的题目，都要严格遵循标准化访问程序。

- 在实际调查中，不可能完全消除访问员误差；标准化访问程序就是为了有效地减少和控制访问员误差，而设计出来的特别测量程序。

- 标准化访问原则包括：（1）完全按题目提问；（2）适当地追问；（3）完整记录答案；（4）保持立场中立；（5）训练被访者。

- 访问员应满足的基本条件包括：（1）良好的读写能力和文字理解能力；（2）最好是兼职人员；（3）要有弹性的工作时间。

- 在标准化的问卷访问中，访问员的调查经验对调查资料的质量可能会产生负面影响；而且访问员也并非一定要具备专业背景。

- 访问员培训大致包括以下内容：（1）调查项目的有关情况；（2）抽样方法和问卷；（3）访问的技巧及方法；（4）调查中的注意事项；（5）职业道德。

- 访问员的培训可采用以下几种方式：讲课、示范、模拟访问和督导访问。

- 评估访问员主要依据以下几项指标：成本、回答率、访问质量和完成问卷的质量。

- 对访问过程的督导方法包括现场督导和每天访问结束后的质量检查。

- 可以通过督导员回访、抽样电话检查、书面契约等方法来尽可能避免造假舞弊行为的发生。

在当面访问和电话访问中，资料搜集工作是由专门组织的多位访问员，以标准化访问的形式完成的。由于访问员误差的存在，访问可能会偏离标准化访问程序。因此，访问员能否严格遵循标准化访问原则，减少访问员误差，就成为能否成功进行标准化访问的关键所在。本章将先探讨标准化访问的概念和原则，然后在此基础上具体介绍如何挑选、培训和督导访问员。

第一节　标准化访问概述

标准化访问是一种高度控制的访问形式，即通过事先设计好的测量工具和程序来完成访问，以达到最大限度实施科学测量程序的目的。在标准化访问中，访问员误差是最主要的误差来源，因为保证访问员行为的一致性是很困难的。下面将先讨论标准化访问的含义及适用范围，然后探讨访问员误差的含义及确认方式。

一、标准化访问的含义及适用范围

一般说来，访问是指访问员通过与被访者的口头交谈来获取信息的过程。访问主要由题目和回答构成；而且交谈双方有不同的角色定位，访问员主要是提出问题，被访者则主要是回答问题，虽然有时访问员也许会主动提供一些相关信息或解释，被访者也会向访问员询问一些问题，但他们这样做的目的都是为进一步的提问和回答做准备。访问可以以多种形式进行，按照对访问过程控制程度的不同，可以将访问划分为结构式、半结构式和无结构式访问几种。

结构式访问又称标准化访问，是一种对访问过程高度控制的访问形式。这种控制主要表现在以下几个方面：首先，访问是按照预先设计好的问卷进行的，问卷上的题目可能是开放式的，也可能是封闭式的，对于后者还预先设计了答案选项。其次，访问员在访问时，只能按照问卷上的指导语、题目和顺序进行提问，不能随意对题目进行解释和发挥。最后，当被访者不清楚题目含义时，访问员只能重复题目，或按访问员手册上的统一说明进行解释。

不难看出，对访问的控制是通过一套预先设计好的测量工具、测量程序和测量规则来完成的。这样做的目的主要是满足科学测量的需要。因为在科学研究中，如果测量对象互异，那么只有使用标准化的测量工具、测量程序和测量规则，才能真正测量出对象本身的差异所在，才能对测量结果进行比较和诠释。也就是说，标准化是实施科学测量的关键所在，作为科学测量手段的当面访问和电话访问，用标准化访问来搜集经验资料，道理也是如此。因为只有使每一位被访者都经历相同的答题过程，每一位访问员都按统一的记录方式记录答案，这时答案显示出来的差异性，才能被正确地解释为被访者之间的差异，而不是资料搜集过程的差异。

需要指出的是，对于询问被访者个人意见、主观感觉或陈述的题目，标准化访问程序比较容易理解。因为，此类题目的答案在很大程度上依赖于被访者对题目字句的判读和理解。题目字句不同，被访者的答案可能会有差异，甚至完全相反。而对于询问事实的题目，如询问收入、年龄或住院次数等，是否也要严格遵循标准化访问程序呢？答案是肯定的，搜集事实性的调查资料，标准化访问程序也是必要的。因为，即使是最简单的题目，也需要被访者对其字句、词语和概念都有相同的理解；不同的理解会使不同的被访者给出完全不同的答案。如果要询问被访者的年收入，就应该给出有关年收入的相同的、完整的定义，讲清楚哪些收入算，哪些收入不算，应包括哪一段时间的收入。

关于标准化访问存在着一些不同的看法，因为调查访问的对象毕竟不同于自然科学中的测量对象，这些被访者经常会就某个题目提出疑问。因此，关于在调查访问中进行标准化测量，一个最关键的争论在于，当被访者对问卷题目产生疑问时，访问员应该如何处理。一种观点认为，题目即使设计得再好，也可能存在被访者不清楚的地方。如果每个访问员遇到这种情况，都自行根据自己的理解，对不清楚的地方进行解释，势必向不同被访者传达不同的意思，这样调查结果就不具有可比性了。相反的观点则主张，访问员应该发挥自己的想象力，为被访者答疑解惑，而不应该让被访者自己判读题目。因为，被访者在没弄清题意的情况下的回答，很可能无法反映事实的本来面貌。

其实，以上争论既涉及对科学性的理解问题，也与如何理解"事实"真相有关。这两点都牵涉到方法论的探讨，这里不做深入分析，只在操作层次提出解决争论的一些建议。由于争论是由对题意理解不清引起的，因此，设计者在调查设计之初一定要在问卷题目的设计上多花些功夫。不难设想，给了访问员一个差劲的题目，让他测量到质量高的结果是不太可能的。不好的题目要尽量在问卷设计阶段就处理好，让访问员在调查中解决在设计时就存在的题目问题，是一种不负责任的做法。让访问员进行标准化访问，应该说是一种比较容易控制调查质量的选择。因此，在进行标准化访问时，应特别强调访问员在题目之外，不对被访者进行其他引导，只有这样才能保证访问结果在很大程度上能直接反映被访者对各类题目的回答情况。

对标准化访问的另一项非议是，这种访问形式一般会依赖封闭式题目，而封闭式题目不像开放式题目那样可以更多地探寻到被访者内心的想法。其实，在标准化访问中，对采用哪种形式的题目没有严格的规定，开放式题目并不妨碍对调查过程的标准化管理。上面谈到的标准化测量准则，对两种形式的题目都适用。当前标准化访问之所以较多地依赖于封闭式题目，主要是因为通过这种题目得到的调查结果，比较容易转化为量化分析资料，而量化分析能够处理规模较大的总体。标准化访问的这一特点使它经常与抽样技术相结合，并用于对一个较大总体的研究。这时个别被访者被确定为调查对象，是因为他们是被描述总体的构成元素，是代表该总体的样本的一部分。研究者感兴趣的是被访者提供的答案对描述总体的意义，而不是被访者本人或他们的答案的实质内容。也就是说，研究者通过标准化访问，是希望根据样本资料对总体做出推断。

虽然标准化访问是一种有效的资料搜集方法，但在社会研究中，有些资料搜集过程并不适合使用标准化访问。如进行探索性研究，就不宜采用标准化访问。在研究的探索阶段，研究目标是考察研究者感兴趣但又不了解的现象，并从中找出要进一步询问的题目。而标准化访问的题目都是结构性或限定性的，研究者对要询问的题目以及可能出现的答案选项，事先就很清楚，访问中得到的答案也都是局限在所询问题目的范围内的。也就是说，通过标准化访问不可能增进对现象的了解，也不会发现任何要进一步询问的题目。

标准化访问同样不适用于个案研究。因为，个案研究一般希望对某个特定的对象进行详尽的描述，这时被访者是作为研究者的合作对象出现的。开始时，研究者会向被访者解释研究的目标和涵盖的范围，但在随后的访问中，研究者会根据被访者叙述的不断展开而自由发挥，即兴提出相应的问题，从而得到被访者个人的特定经历的说明。这就犹如医生对患者病情的询问，目的就是了解患者的特殊病情，并不将询问结果推论到其他患者身上，也不将询问结果与其他患者的病情做比较。

除了以上两种典型情况外，在社会研究中，只要目的是搜集特定被访者的个人特征信息的调查，就不适合使用标准化访问形式。这时比较适合采用以被访者个人叙述为主的个别访问形式。在这种访问中，访问员可以解释和澄清题目，进一步提出新的问题，以及概括、总结被访者的答案，并据此形成记录。总之，这里需要再次强调，尽管标准化访问是一种有效的测量手段，但它并不适用于所有调查研究。

二、访问员误差的含义及确认方式

从理论上讲，误差是指调查资料与研究者所要测量的"真实数据"之间的差异。在调查的各个阶段，如抽样、问卷设计、调查访问和资料处理等，都有可能产生误差。其中，在调查访问阶段由于访问员的影响而产生的那部分误差，被称为访问员误差。在实际访问中，即使采用了标准化访问程序，仍无法使访问员的所有举止都一模一样，也就是说，不可能完全消除访问员误差，能做到的仅仅是设法使访问员对访问资料的影响减至最小。在对误差进行分析时，如果发现调查资料与访问员特征存在某种程度的关联性，或者说被访者答案的"变异"与进行访问的人有关联，就可以判定出现了访问员误差。

根据测量理论，可以将信度和效度作为评估访问员误差的标准。如前所述，信度是指一个测量产生一致性结果的程度，一致性程度越高，信度也就越高；反之亦然。在标准化访问中，如果访问员对被访者的回答没有影响，那么对于某位被访者来说，无论哪位访问员来访问，其回答都应该是一样的。而实际情况经常是相反的——不同的访问员得到的结果不一致。也就是说，访问结果不仅反映了所要测量的"真实数据"，也反映了被访者对当时情景的感受，包括对访问员误差的感受。显然，访问结果的不一致程度越高，说明访问员误差越大，资料的可信程度越低。测量过程执行好坏的另一项评估指标是效度，即实际测量结果与研究者所要测量的结果之间的相符程度。相符程度越高，效度越高；相符程度越低，效度则越低。在实际应用中，效度的评估通常是测算实际测量与某个标准测量之间的相关程度，如对调查数据与人口普查数据进行相关分析。实际测量与标准测量之间的相关程度会随着访问员对答案的影响程度，以及访问员相关误差的增大而降低。

在实际访问中，访问员误差不仅无法完全消除，而且不容易被发现。如果没有特别的测量程序，很容易就会忽略掉调查资料中的访问员误差。而标准化访问程序在很大程度上，正是为了有效地减少和控制访问员误差而设计出来的特别测量程序。从一定意义上说，任何访问员误差都可以被视为对标准化访问程序的偏离。也就是说，一旦出现访问员偏离标准化访问程序的情况，就可以断定他们影响了被访者的回答，即出现了访问员误差。

在实际访问中，可以通过以下三种方法来确认与访问员相关的误差。首先，直接对访问员的访问过程进行观察。这种观察既可以由督导员在访问现场实施，也可以通过事后观看访问过程的现场录像来进行。对访问员的这种观察能够显示出在访问中是否有偏离标准化程序的行为发生，但观察无法显示偏离对答案的影响程度。其次，可以将访问结果与访问员进行相关分析，如果具有显著的相关性，则表明访问员对访问结果有影响，反之亦然。不过实施这种方法需要满足以下条件，即分配给每位访问员的被访者应该是一个有代表性的子样本。如果被访者是随意分配或按便利原则分配给访问员的，那就无法分辨访问员的影响了。最后，可以将访问结果与某种标准答案进行比较，对访问结果进行效标效度检验。但是，真正能够作为效标的资料是非常稀缺的，在调查实践中，人口普查资料经常扮演效标的角色。

第二节　标准化访问的原则

标准化访问的目标是尽可能减少由访问员特征差异造成的调查误差。在实际调查中，虽然无法让所有访问员的特征完全一致，但制定一些提高访问一致性的原则，能够大大降低访问员彼此之间的行为差异，从而最大限度地减少访问员误差，提高调查资料的质量。下面将讨论标准化访问中的一些主要原则，包括访问中的提问、追问和记录方法，以及访问中访问员的中立立场和训练被访者等内容。

一、完全按题目提问

要实现标准化访问，首先就要给所有被访者完全相同的刺激，即完全按题目内容对被访者进行提问。一般说来，按照题目内容逐字读出题目，是大多数访问员手册会提及的格式内容，但是，在实际访问中，很多访问员仍然会改变题目的用字。既然已经明确规定了访问员不能改变题目，为什么访问员还要违反规定呢？

应该看到，有时访问员改变题目用字是不得已而为之，因为有些题目读起来不那么顺口，如果按原题目用字读题，则不利于与被访者进行交流。对于这种情况，研究者应该在问卷设计阶段，尽可能根据问卷试用时的反馈信息，在不变更题目含义的前提下，使题目比较口语化。除了题目编写得不好外，访问员改变题目用字，主要是认为这样做对访问更有利：一方面，访问员有时会担心被访者没有真正把握题目的意思，故而在重复读题时，会改变或强调题目的某些用字；另一方面，由于非正式互动容易建立起信任关系，因此访问员会将用书面语言撰写的题目改成口语，从而使访问以会话方式进行。

可见在调查中，访问员经常会根据自己的需要改变题目的用字，而且老访问员比新访问员更容易这样做。虽然大部分访问员会申辩说，自己的改动不大，而且是为了提高访问质量才这样做的，但从测量的角度看，任何非标准化的变化，都有可能对测量质量产生不利影响。因此，需要对改变题目用字产生的访问员误差进行评估，如果有较大的影响，那就应该制定出相应的措施，防止访问员改变题目用字。

已有的研究表明，如果仅仅改变题目的叙述形式，使那些比较拗口的语句更容易读一些，通常是不会使资料产生显著的访问员误差的。但是，访问员对题目某些用词的强调，可能会导致访问员误差。因为，强调意味着要重复这些用词，这使得被访者受到的刺激强度发生改变。较好的做法是只完整重复读题，或按统一的约定解释词义，而不刻意重复或解释某个用词。最容易产生问题的是改变题目中的关键用词。例如，在下面的两个题目中，只有一个词被改动了，但结果发生了很大变化：

题目1：是不是应该禁止乞讨者在公共场所乞讨？
题目2：是不是应该不允许乞讨者在公共场所乞讨？

应该说"禁止"和"不允许"这两个词的字面含义没有太大差别，但听起来"禁止"的提法要强烈得多，因此，字面的变动往往会对被访者产生不同的影响。对于公众而言，实际上不同意在公共场所乞讨的人数是一定的，但公众对两个题目的回答很可能是不一样的，选择"不允许"的人数可能会多于选择"禁止"的人数。虽然在某些访问员看来，这种改动是无害的，可能更加口语化，使题目更容易被理解，但访问员的用词差异造成的误差，会对资料的准确性造成巨大的危害。同样的情况可能会出现在表7-1的用词中：

表7-1　用词比较

比较受支持	比较不受支持
援助贫弱者	福利
遏制日益上涨的犯罪率	执法
处理吸毒问题	力戒毒瘾
解决大城市问题	救助大城市
确保社会治安	社会治安

资料来源：巴比. 社会研究方法. 北京：华夏出版社，2000：196.

另外，当题目有多个答案供被访者选择时，访问员本应逐一将每个选项读出，但有些访问员经常会去掉或加上"没意见"这个选项。正如题目设计时提到的那样，是否包含"没意见"或"无所谓"这种中性选项，对答案的分布是有相当大的影响的。因此，访问员不应为了方便，就省去这种答案；当然也不要画蛇添足，自作主张加上它。

以上谈的大多是改变题目用词的负面影响，其实在具体调查中，也存在题目用词有较大改变，但对被访者的答案没有太大影响的情况。例如，有研究者将题目中的"妊娠终止"一词，改变成"堕胎"，结果发现对答案没有显著影响。也就是说，访问员改变题目用词的影响，有时是很难预料的。这就需要研究者在设计题目和组织调查时，预先设想一下被访者对不同词语可能的反应。特别是要留意社会期望因素对问答过程的影响。因为，无论是访问员还是被访者，都经常会根据社会期望来调整自己的言谈话语。当然，为了保险起见，最好制定具体措施防止访问员改变题目用词。

二、适当地追问

当访问员按题目提问后，如果被访者没给出令人满意的答案，这时访问员应根据具体情况，对被访者进行适当的追问。在这个过程中，访问员一方面要根据被访者答案的类型，采取适当的追问策略，另一方面则需要注意防止出现追问误差。最常出现的追问误差有两种，一种是引导式追问，另一种是该追问时没去追问。下面将讨论什么样的回答应给予适当的追问，以及追问中可能出现的误差情况。

（一）追问与选项不符的回答

在标准化访问中，封闭式题目是最常见的题目形式。这种题目的设计目标是让被访者从答案选项中，选择出最符合自己情况的答案。在实际执行中，一些被访者可能会给出与答案选项不符的回答，这很可能是由于不理解题目设计的要求。这时访问员应该先告诉被访者，答题的方式是从给出的答案选项中选出一个最符合自己情况的答案，然后再念一遍题目和答案。

在进行以上追问时，访问员很可能会犯两种错误。首先，访问员可能会越俎代庖，自己替被访者挑选一个答案。经常会出现这种情况，被访者的回答与某个答案选项有类似之处，但又不完全相符，这时一些访问员经常会将被访者的答案归入那个选项，而不是通过追问让被访者自己来选择。如在以下题目中，就可能发生这种错误。

　　访问员：您觉得目前公司订餐的快餐店的饭菜质量如何？是很好、不错、还可以，还是不好？

　　被访者：公司附近的快餐店就那么回事。

面对这样的回答，访问员很可能凭借自己的理解，从答案中勾选一项，然后继续问下一个题目。问题是每一个访问员都认为自己勾选的是合适的选项，可访问员们彼此之间并不一致。其实，最合适的选项应当是被访者自己选的，尽管被访者对题目的理解也会有误差，但它与每个访问员无关，而这正是标准化的关键所在。所以，访问员正确的做法是通过复述题目和答案进行追问。

其次，有些访问员虽然进行了追问，但在复述题目和答案时，没有将所有答案选项都复述一遍。如在上面例子中，当被访者回答"就那么回事"时，访问员可能会这样追问："您的意思是'不错'，还是'还可以'？请您说得更明白些。"访问员的这种做法实际上是一种引导式追问，因为他排除了"很好"和"不好"这两种可能的答案选项，这无疑会影响被访者的选择。类似这种只截取部分答案的做法，实际上已经改变了原题的刺激条件，偏离了标准化访问原则。

(二) 追问不精确的回答

在标准化访问中，访问员经常会要求被访者在回答题目时，提供一些比较精确的数字，如家庭收入、人均住房面积、公司员工人数等。面对这样的题目，被访者可能由于记不清楚或懒得细想，只提供一个宽泛的数字或一个大概数字。对此访问员应进行适当的追问，使得答案更精确一些。在追问中，访问员要特别注意，不要进行引导式追问。因为引导式追问向被访者建议了某个特定的答案，使这个答案有更多的被选中的机会。下面的例子对引导式与非引导式追问进行了比较。

　　访问员：在最近一周内，有几个晚上您是在家中用餐的？

　　被访者：我一般都在家中用餐。

显然，被访者给了一个不太精确的回答，访问员的追问如下：

　　访问员（引导式追问1）：您的意思是，在最近一周内，您一次都没在外面用餐？

　　访问员（引导式追问2）：您的意思是，在最近一周内，您在家中用餐的次数是 7 或 6？

这两种追问之所以是引导式的，是因为它们向被访者建议了特定的答案，或者说它们将被访者的回答引向了特定的答案。其实，可以根据一个简单的方法来确认引导式追问，这就是看它能否用"是"或"否"来回答。能用"是"或"否"回答的，就是引导式追问，不能的就不是。在上面例子中，第一种追问显然是可以用"是"或"否"来回答的。第二种追问虽然不像前一种那么直接，但它在列举或提及某些可能的答案时，排除了其他答案，因此也是引导式追问，因为它增加了被列举答案中选的机会。正确的追问方法应该是：

访问员（非引导式追问 1）：在最近一周内，有几个晚上您是在家中用餐的？

访问员（非引导式追问 2）：请您告诉我，在最近一周内，您在家中用餐的次数是多于 6，还是少于 6？

被访者：多于 6 次。

访问员（非引导式追问 2 继续）：您的意思是，在最近一周内，您在家中用餐的次数是 6 或 7？

要特别强调的是，把原题目再念一遍是最好的追问方法，因为此时被访者并没有回答题目。同时，这也是符合标准化的做法，因为每一位访问员都没有可能改变题目。另外，从保持不引导的原则看，上例中的非引导式追问 2 也是可行的。这里访问员采用了"校对"（zeroing-in）技术，即先对答案可能出现的范围进行合理的猜测，然后针对某个关键值提问，看答案会落在关键值左边还是右边，接下来再针对已缩小范围的答案提问，进一步确认答案的数值。虽然"校对"技术是一种提高答案精确程度的有效方法，但它并不完全符合标准化原则。

（三）追问"不知道"的回答

在标准化访问中，被访者经常会回答"不知道"，如果这种答案的比例过高，那么会使资料质量下降。其实，被访者"不知道"的回答传递出的信息是多种多样的。对于一个询问意见、态度、观点的题目，它可以表示被访者不愿回答这个题目。对于一个知识性题目，它可以被理解为一个合理的答案。但它也可能只是一种延迟反应模式——被访者在考虑答案时，习惯性地以此为开场白。或者它表示被访者从前没想过这个问题，不排除他只要略想一下，就能想出答案来。再或者它表示被访者吃不准自己的答案是不是符合访问员关于正确答案的标准。

正是由于有多种不同的理解，因此在出现"不知道"的答案时，访问员最好能分辨一下，在必要时，尽可能地给予适当的追问，以获取进一步的信息。第一，如果对于知识性题目，"不知道"被认为是一个考虑周到的正确答案，访问员就可以记录下答案，接着问下面的题目。第二，如果"不知道"只是一种延迟反应模式，就应该给被访者思考的时间，这时访问员可以重复一遍题目，来帮助被访者思考。

第三，如果被访者没想过或不愿意想这个问题，访问员就应该对被访者加以鼓励，特别是要强调被访者是最适合回答这个题目的人选，然后重复一遍题目。第四，如果被访者不敢肯定自己的答案正确与否，访问员应向其说明，答案无所谓正确与否，只要如实地将自己的理解、判断说出来即可，最佳的信息就是被访者自己给出的答案，然后重复一遍题目。总之，访问员在听到"不知道"的回答时，不要轻易放弃努力，而应该试着给予被访者适当的追问。

（四）追问开放题

在标准化访问中，开放题的追问是最难控制的，不同调查机构的要求也有很大差异，因此这类追问特别容易产生访问员误差。降低访问员误差的最好办法，就是在标准化访问中尽可能少地使用开放题。如果必须采用开放题，那么研究者最好能针对需要追问的情景，对追问用语进行统一规定。一般说来，在被访者回答开放题出现以下情况时，访问员应给予适当的追问。

第一，被访者答案的内容并没有回答题目，而是答了某个其他的问题。例如：

> 访问员：在您看来，工作场所里最好的事情是什么？
> 被访者答案1：我上次工作的那个公司，大家都忙忙碌碌的，彼此并不太在意维持同事关系。

显然，这里被访者答非所问，这时访问员应该将题目再念一遍。

第二，被访者的答案中有一些不清楚的概念或名词，使答案的语义模糊不清。例如：

> 答案2：这里的人。

这个答案也许是题目的答案，但究竟指的是什么，是不十分清楚的。对于这种语义不十分清楚的答案，访问员就应采用以下形式的追问用语，进行适当的追问。

> 访问员追问1：请您多告诉我一些您所提及的人。

第三，被访者答案不够详细或具体。例如：

> 答案3：这里的人都是些很好相处的同事。

或许这样的答案已经会使许多访问员满意了，但很难说它也是让研究者满意的。因为对题目中的"事情"的理解是开放的，研究者究竟是否会满意答案，取决于题目的目标和访问的深入程度。在这个答案中，不同的被访者对"好相处的同事"的理解，可能是会有差异的。而目前的答案并没有提供足够的信息，来分辨被访者答案的彼此差异。访问员应采用以下形式的追问用语，进一步挖掘出被访者答案含义中的差别。

> 追问2：您所谓好相处的同事指的是什么？
> 答案4：他们自顾自，从不来打扰你。你不用劳神他们是怎么想的，也不

用花时间和他们交往。

这样的答案可能并不会使一些年轻的访问员惊讶，因为他们可能也有同感。但这样的答案也可能会使其他访问员吃惊不小，因为"好相处的同事"，似乎应该是热情、友善、热心助人的。由此看来，适当的追问的确很必要，否则真就无法弄清某些被访者对一些美好事物的理解了。

第四，开放题是可以让被访者无限制地提出自己的答案的，因此访问员即使得到了非常合适的答案，也要注意到被访者还有可能提出其他观点的答案。在上面的例子中，被访者还可能对工作场所提出另一件"最好的事情"。所以，访问员应追问道：

追问3：还有没有其他的了？

直到被访者回答：

答案5：没有了。

三、完整记录答案

在标准化访问中，除了提问和追问外，访问员还要对被访者提供的答案进行标准化记录。与按题目逐字提问类似，标准化记录的关键是要完整地记录被访者给出的答案，在记录的内容中排除访问员的判断、归纳、解释或修改。根据题目的形式，可以从两个维度来确定标准化记录的规则：一是看题目是开放的还是封闭的；二是看题目是要求事实性答案，还是要求意见性答案。

第一，如果题目要求被访者以开放题的形式阐述自己的意见或感觉，那么访问员在记录时唯一可遵循的规则就是，逐字记下被访者回答的每一个确切字句，不做归纳，也不做删减。因为主观性题目的答案，与被访者的措辞方式和强调的重点有很大关系。而每一个访问员在归纳或改写时，都会按自己习惯的措辞方式去记录，将记录做成与自己对被访者的感觉一致，这样就有可能改变答案所表达的意思。需要提醒的是，在访问中，逐字记录开放式主观题答案，需要访问员投入更大的精力，在一般情况下，访问员是不会始终如一、主动去这样做的，所以督导员的严格监督是必要的。

第二，对于开放式的事实性题目，并不一定要逐字记录，但对被访者提供的信息要无一遗漏、完整地记录下来。因为，事实性题目通常是问某种特定的信息，被访者回答时的措辞不是重点，访问员在记录时，关注的重点应该是答案中的相关信息。对于被访者的措辞，访问员可以自行决定删减，但不能由于删减字词而遗漏答案中的相关信息，否则就会对标准化访问构成威胁。

另外，被访者在回答事实性题目时，可能会不理解某些概念的含义，这时除非有统一的解释，否则访问员千万不要提供定义或帮助他们答题，因为这种计划外的即兴解释会破坏访问的统一性。比较好的做法是，将所有与回答题目相关的信息都集中起来，经过事后分析给出统一解释。例如，当访问涉及"受过几年正规教育"时，由于很多中学后的教育与一般的教育体制（中学以下、中学、大学专科、大学本科）不太一致，因此当被访者想说明自己在中学后，在艺术、音乐、护理或汽车维修等方面接受的教育时，就很难说清楚这些教育能否算大学教育。在这种情况下，访问员应该忠实地将被访者所有的教育经历统统记录下来，让负责数据处理的人员给出统一的处理方案。

第三，对于封闭式题目，访问员犯错误的可能性不大，因为，此时他们的主要工作是让被访者选择答案，然后将选中的答案记录下来，即使有记录误差，也大多是笔误，属于随机误差范畴。在封闭式题目中需要强调的一点是，在有多个答案选项的情况下，如果被访者不能确定哪个选项符合自己的情况，那么对于事实性或意见性题目，记录方式略有不同。对于事实性题目，应比照开放式题目的处理方式，将被访者提供的所有相关答案信息统统记录下来，等到数据编码、录入时，再决定采用哪一个答案。而对于意见性题目，一种处理方式是追问被访者，直到他选定一个答案为止；另一种处理方式是只记录被访者提供的答案的内容，不对其进行归类，留待以后再决定。

四、保持立场中立

在标准化访问中，被访者与访问员之间是一种"即时关系"，即在很短的时间内，访问双方在只了解对方有限的背景信息的情况下，由访问员介绍其任务、解释其目的，在征得被访者同意后，与被访者建立起的一种信息交流的互动关系。这种关系的建立及其对资料质量的影响，在很大程度上取决于访问员的角色定位。一般说来，访问员在互动中扮演一种既具有权威性又受人尊敬，类似于教师、医生、律师或社会工作人员那样的角色是比较合适的。

第一，从访问关系的建立看，被访者一般是通过对访问员的感觉，来判断访问的正当性、合法性的。只有在确定自己没有风险、访问员不会伤害自己的前提下，他才会接受访问。由于访问关系的建立通常依靠几分钟的互动，而且在电话访问中，被访者甚至没有视觉感知，只能靠听觉来形成印象，因此，被访者通常会借助于自己比较熟悉的角色关系，来界定访问关系。而在生活中，教师、医生、律师或社会工作人员这样的专业人士，通常是受到普遍信任和尊敬的，因此，访问员的角色定位越贴近以上职业，就越容易为被访者所接受。

第二，由于调查访问经常会问到许多个人信息，有时还会涉及一些令人尴尬，甚至牵涉某种风险或威胁的信息，在通常情况下，人们可能会把这样的信息透露给自己的亲密朋友，而不会讲给陌生人听。要求访问员在几分钟内成为被访者的个人密友，几乎是异想天开的。但是，如果访问员以一种权威性专业人士的形象出现，那么被访者反倒有可能讲述自己的故事。就好像去医院看病，去法院打官司，人们会向医生、律师倾诉自己的隐私一样，当确信对方是在帮助自己而不会伤害自己时，被访者通常更希望将个人隐私告诉一个完全陌生的，但看起来专业的人士，而不是告诉自己通过非正式途径认识的熟人。

尽管在访问中，访问员以专业人士的角色出现有利于提高访问质量，但这种专业权威的角色模式，也存在着不足之处。因为访问员的权威角色会给被访者造成一种无形压力，使被访者觉得有责任和义务在回答中尽可能答"对"，或尽可能提供更加复杂、周全的答案，而不是放松地回答题目。被访者这样的做法，非但不会帮助访问员，反而会影响资料的质量。虽然存在以上不足，但友善、专业人士的形象仍是被提倡的访问员的角色定位——同那种完全没有距离，与被访者保持高度"和谐关系"的角色定位相比，前一种角色定位对资料的不利影响要小得多。

以上内容主要是对访问员角色定位的理论认识，在实际访问时，更重要的是要解决角色执行问题。不同专业人士可能由于职业差异，在角色执行中会有不同表现，但他们的一个共同职业特征就是在与自己的服务对象打交道时，都会保持一种中立立场。因此，以专业人士形象出现的访问员，也需要保持中立立场，这通常需要访问员在行为举止上注意做到以下几点。

首先，在访问进行时，访问员一定不要向被访者谈论自己的个人经历、自己对社会现实的看法，更不要表述自己的价值判断。否则会破坏搜集资料这一专业化的访问目标，使访问蜕变成一种建立个人关系的"拉家常"，严重影响资料的质量。访问员面对被访者的生活场景，只应该是一名旁观者，而绝不能成为一个参与者。因为访问员的经历、看法和价值判断，不仅仅会直接干扰被访者对题目的回答，有时甚至会使一些被访者揣摩访问员对答案的个人偏好，从而按访问员的意愿去回答题目。另外，不同的访问员的个人特征也不尽相同，故各人情况和看法也会有差异，由此就会对不同的被访者产生不同的刺激，进而降低访问的标准化程度。

其次，在访问的互动中，访问员一定要处理好对被访者回答的反馈。访问员既不能完全漠视被访者的回答，也不能在反馈中隐含对被访者回答的评价或判断。不可否认，大多数被访者在访问的互动中，会在意访问员对自己的答案的看法。一方面，如果访问员对被访者的回答无动于衷、缺乏回应，那么被访者通常会有挫折感，会丧失回答题目的积极性。另一方面，如果访问员在回应被访者时，反馈信息包含对被访者答案的褒贬，就会使被访者隐藏起自己真实的答案。下面是一则褒贬被访者答案的极端案例：

> 访问员问被访者一天喝多少酒，当被访者说他一天喝 6 杯时，访问员的反应是："哦，我的天呀！太可怕了！"

当然在实际访问中，进行如此莽撞的评论的访问员是不多见的。比较难处理的是访问员微妙的回应过程。例如，当访问员问及健康情况时，被访者回答说："我已经有一年多没去医院看病了，我想自己的身体应该是不错的。"对于这个答案，访问员可能顺口说道："那真不错。"表面上看起来，访问员的反馈没什么不对的，但是，从专业调查搜集资料的角度看，访问员的回应是有问题的，因为他的回应包含了赞许健康体质的价值判断。面对访问员如此的评判，被访者以后的回答很可能会夸大自己的健康程度，因为他不愿意访问员看轻自己。由此可见，访问员在话语、行为上的任何暗示，都有可能成为被访者揣摩自己下一步行动方向的线索，而这的确会给收集资料造成偏误。

总而言之，在访问中，访问员应该尽可能通过保持中立的立场，与被访者维持一种专业化的访问关系，尽量将被访者对建立人际关系的意愿降至最低。同时还应注意在访问的互动中，尽量减少专业化角色给被访者带来的心理压力，维持一种能够自由交流的互动氛围。

五、训练被访者

每一位访问员都应该认识到，在日常生活中，标准化访问并不是一种常见的谈话方式，因此，在开始进行标准化访问时，被访者可能并不知道该做些什么。在他们看来，标准化访问不过是一场礼貌、友善的会谈，只要谈谈一般的想法，简单地填个问卷就行了。他们一般不知道标准化访问是一个严肃的测量过程，有着十分严格的结构化操作程序，对每一项操作规则都有严格的规定，需要被访者提供精确的答案。被访者对标准化访问知识的缺乏，使得访问员必须担负起教师的责任，向被访者解释标准化访问的规则，以及采用标准化访问的理由，帮助他们了解访问互动对他们的角色要求，帮助他们掌握完成访问的技能。访问员的这项工作被称为训练被访者。

在访问中，访问员可以采用多种方法来训练被访者，最常用的形式是标准化指导，即访问员通过语言解说，主动向被访者解释标准化访问的规则。另外，训练也可以利用影音示范或要求被访者做出承诺等形式来进行。需要注意的是，访问员除了有意识地训练被访者之外，他在访问中的一言一行也都在无意识地向被访者传递着访问的目标和规则，这其实就是对被访者的一种广义上的训练。因此，访问员要尽量传递正确的访问信息，避免错误言行发生。下面具体介绍训练被访者的方法。

（一）标准化指导

标准化指导是指访问员就标准化访问的含义和操作方式，向被访者做出的说明。由于被访者通常不了解标准化访问，因此，调查的设计者可以要求访问员在访问之初，向被访者简短地介绍一下标准化访问。下面一段文字就是这种介绍的一个实例：

> 访问员：下面我将对您进行一次标准化访问，在访问中，您将会被问及两种类型的题目。一种是开放式题目，您需要用自己的话来回答；另一种是封闭式题目，我将为您提供一些答案供您选择，您可以按题目的具体要求从中挑选

出最适合的答案。我会完全按题目撰写的字句来提问，这样做是为了保证在此次调查中，每一位被访者被问到的都是一样的题目，如果您没听清题目，我会重复该题目。您有足够的时间来考虑如何回答，如果有任何疑问或不清楚的地方，请尽量提出来。您回答的正确性和完整性非常重要，希望您能尽力合作，谢谢！

这种介绍可以起到两个作用：一是可以使被访者对标准化访问有所了解，认识到这种特殊的访问形式不同于自己以往的受访经验，进而接受访问员对标准化访问规则的界定和解说。二是能使被访者了解标准化访问的操作方法，不仅知道自己该怎样做，同时也了解访问员的操作规范，这样在客观上起到一种监督效应。例如，访问员如果没有严格按题目撰写的字句重复读题，就有可能遭到被访者的质疑。

除了简短的介绍外，标准化指导的另一项内容是，当被访者在访问中遇到困难，或没有严格执行访问规则时，访问员对访问规则的内在含义进行重新阐释。需要访问员重新阐释访问规则的，大致有以下几种情况。

第一，在访问中，被访者经常会针对题目中的某个概念提出质疑，认为概念含义模糊，而且从题目的字句中无法得出被访者认为合适的定义。这时被访者通常会要求访问员给出解释。在此种情况下，如果访问员手册上对此概念有统一的解释，那么访问员可以按统一的口径向被访者加以说明。如果访问员手册上没有统一的解释，那么访问员绝不可以自己给出独立的解释，否则会严重影响资料的质量。正确的做法是按以下说法，对被访者进行标准化指导：

访问员：我已经知道您的疑问在哪儿了。问卷中的题目虽然已经经过严格的测试，但还是很难符合每一位被访者的情况，可能会有一两个题目被访者搞不清楚。但需要说明的是，标准化访问强调访问过程的统一，需要每一位被访者能根据题目所写的，提出自己的最佳答案。如果在访问中，访问员的独立解释使题目发生了变化，研究者就很难对这些题目的答案进行分析了。所以，我再给您念一遍题目，请您根据题目所写的，提出您认为最适当的答案。

第二，在访问中，被访者经常在回答题目遇到困难时，请家人帮忙回答。这时访问员应进行区别性处理。如果被访者回答的是事实性题目，例如家庭收入、住房面积、看病或住院次数等，就可以让家人或其他知情者帮助被访者来回答，这是因为对于这种题目，访问的目的主要是获得正确的信息。但是，如果被访者要他人帮忙回答的是意见性题目，访问员就应加以阻止，并对被访者进行标准化指导：

访问员：您将要回答的题目主要与您的感觉或意见有关，它与事实性题目，如家庭收入、住房面积不同，回答事实性题目，您可以与任何知情者商量，以给出最正确的答案。而对于自己的感觉或意见，一般说来，当事人自己应该是最清楚的；外人即使很了解当事人，也不可能给出比当事人自己的答案更正确的答案。因此，标准化访问总是要求每个当事人独立地回答有关自己感觉或意见的题目。为了保持访问过程的统一，请您在回答有关感觉或意见的题目时，不要与他人商量，自己独立回答。

第三，在访问中，针对某些意见性题目，被访者有时还会询问访问员的意见或看法。与上一种情况一样，被访者的这种要求同样是违反标准化访问的规则的。对此访问员的正确反应是通过标准化指导加以婉拒：

访问员：对不起，按标准化访问规则，在访问中，我不能对与访问有关的内容发表任何意见，因为，访问员的意见或看法会影响访问结果的真实性。如果时间允许，我可以在访问结束后，就您感兴趣的题目，谈谈我的看法。现在还是请您根据自己的理解，提出您的意见或看法。

第四，在访问中，有些被访者在回答开放题时，讲得很快，以至于访问员无法将答案逐字记录下来。面对这种情况，访问员不要迁就被访者，以摘要的方式记录答案，而要明确地通过标准化指导，让被访者放慢回答速度：

访问员：按标准化访问规则，对于开放式题目，我必须逐字记录下您的答案，而不能进行概括或摘要，这样做的目的是保证答案的完整性。因此，您在回答此类题目时，能不能讲得慢些，让我能全部记下来。另外，为保证没有记错或漏记答案，我可能会请您重复答案的某一部分。

有过实际调查经历的读者，可能还能为以上标准化指导添加新的内容，但这并不是重点，在调查中重要的是督促访问员有效地进行标准化指导。唯有标准化指导，才能使被访者知晓如何在标准化访问中正确扮演互动角色，减少向访问员提出违规要求的次数，进而减少出现访问员误差的机会。为了使访问员能有效地进行标准化指导，在访问员培训时，要让访问员充分了解访问规则，以及规则建立的原因。

（二）示范和承诺

除了标准化指导这种形式外，用录音或录像进行示范也是训练被访者的好方法。以录音示范为例，可以事先将一段访问的问答过程做成一盘录音带，其中，特别要注意被访者回答题目的录音，应一字一句清晰可辨，并能充分体现出被访者对于答案正确性和完整性的强烈关注。访问员在正式访问前，先向被访者播放这盘录音带，以此告诉被访者正确的访问方式。在电脑辅助个人当面访问中，访问员可以采用录像的形式进行示范。示范的方法具有直观、易懂和容易模仿的特点，比较容易被接受，特别是对于文化程度不太高的被访者。

无论是标准化指导还是示范，都是访问员主动作为，传递正确的访问信息，被访者则处于被动接受状态。另有一种训练策略则是让被访者主动做出承诺，同意尽量提供正确的答案。具体做法是在被访者初步同意接受访问后，访问员先示范性地问几个题目，以便被访者了解访问会涉及哪些内容。然后访问员告诉被访者，由于答案的正确性、完整性对这个研究是非常重要的，因此被访者必须做出尽可能提供正确的答案的承诺。在形式上，既可以是口头承诺，也可以让被访者签署一份书面声明。如果被访者不肯做出承诺，则结束访问。有研究表明，在初步接受访问的人中，只有很小的比例不肯做出承诺。

（三）传递访问信息

应该说访问员有意识的训练，也是一种访问信息的传递，但这传递的主要是进行正确访问的信息。与此不同，访问员的言谈举止传递的有关访问目标和规则的信息，既可能是正确的，也可能是错误的；而且在大部分情况下，访问员并没有意识到，自己的一些不良举止、言谈已经向被访者传递了一种错误的访问信息，对被访者进行了一种错误的训练。下面是访问员在访问中常见的一些错误的言行表现。

首先，如果在访问开始后，访问员与被访者闲聊一些与访问无关的话题，就会给被访者造成一种"非正式走访""泛泛了解情况"，甚至"串门拉家常"的感觉。这时被访者一般不会很认真地对待访问，大多会敷衍了事、泛泛而谈。

其次，访问员如果在访问中念得非常快，不太注意内容的清晰性，就很可能给被访者造成这样的印象：访问员希望的是尽快完成访问，而不是获得正确、完整的答案。

最后，被访者有时会因为不理解访问进行的方法和参与者的操作规则，而向访问员提出一些违反访问规则的要求，这通常会使访问感到很尴尬。有些访问员为了获取被访者的合作，会变更标准化访问规则，来顺应被访者。

第三节　访问员的挑选

无论是当面访问，还是电话访问，都是由访问员来执行的，因此，找不到合适的访问员，访问只能是纸上谈兵。对于标准化访问而言，除了一些基本条件外，对访问员并没有太多的特殊要求。但是，访问员的一些个人特征，还是会或多或少地影响到调查结果的质量，特别是在有特殊的调查内容时，影响会更大些。下面将提出一些访问员应满足的基本条件，同时还将讨论访问员的人口学特征对调查过程的影响，最后将指出一些对调查结果有显著影响的情形。

一、访问员的基本条件

访问员的基本条件是指调查访问工作对访问员的一些基本要求，概括起来有以下几点。

首先，访问员应具备良好的读写能力和文字理解能力。从目前调查机构招募访问员的现状看，一般会要求访问员具有高中或大专以上文化程度。根据以往的经验，具有大专学习经历的访问员相比之下是一种更理想的选择。不过应当指出，对访问员的文化程度与调查资料质量之间的相关性尚无系统的研究。

其次，访问员最好是一种兼职人员。客观地说，让具有大专及以上文化程度的人员全职地担任访问员是不太现实的。一个原因是访问员的收入同具有大专及以上文化程度人员的平均收入水平相比，只能说处于中等偏低水准。另一个原因是访问工作是比较机械、单调的，而且探寻被访者的工作劳动强度很大。所以，此项工作很难吸引一批长久的全职人员，大多数调查机构的访问员处于较高的流动状态。

最后，访问员必须有弹性的工作时间。无论是入户访问还是电话访问，调查的实施都得满足被访者的时间安排。虽然晚间或周末是进行访问的理想时间段，但也绝不排除被访者会有在其他时间安排访问的要求。一旦访问员在时间上无法满足，就有可能失去访问该被访者的机会。如果这种情况出现很多次，就必然会使样本出现系统偏差。

应该说除非某项调查有特殊的目标，需要招募具有特别资格的人员，否则以上所列出的条件，已经足以使访问员有良好的表现。除此之外，并不需要其他必要条件来促使访问员表现得更好，或搜集到质量更高的资料。从国外招募访问员的经验看，那些只需花部分时间来照顾孩子、具有大专文化程度的中年女性，经常成为访问员的理想人选。而从目前国内对访问员的选择看，比较多的是招募大专院校的学生，也有招募退休的中小学教师和机关办事人员的情况。

二、人口学特征的影响

所谓访问员的人口学特征主要包括年龄、性别、民族和教育水平等，在标准化访问中，这些特征对访问过程、调查资料的影响越小越好。对于那些满足基本条件的访问员来说，以往的调查表明，人口学特征对他们执行标准化问答程序的能力并无明显的影响。而且在一般情况下，在人口学特征与被访者答案之间也没有发现什么相关性。值得一提的是，在少数民族地区进行调查，被访者的民族背景可能会影响答案的准确性，这时如果能使用与被访者民族背景相同的访问员，便可以降低答案的测量偏差。

访问员的人口学特征通常会对被访者与访问员之间的关系产生影响，即具有某些人口学特征可能会使访问员更容易被接受，或更容易与被访者维持互动关系。从教育水平对建立人际关系的影响看，人们通常更喜欢与具有相同或更高教育水平的人互动。根据以往的调查经验，访问员比较喜欢拜访教育水平较高的被访者。当面对中学毕业和大学毕业的被访者时，在访问结束后，访问员通常更愿意与后者闲聊一会儿。而当被访者的教育水平低于访问员时，被访者更希望访问过程具有一种非正式互动的氛围。由此可见，如果访问员的教育水平高于被访者，则访问员更有可能以任务取向与被访者发生互动关系，这种取向有利于标准化访问的执行。也就是说，在对教育水平较低的被访者进行访问时，应尽可能招募比被访者教育水平高的访问员。

另外，如果访问员年龄较大，就很可能使他与被访者之间产生社会距离，从而使得二者之间的互动流于形式。例如，被访者在面对较年长的访问员时，极有可能会根据社会规范修正自己的答案，而将自己真实的想法隐瞒起来，于是年龄较大的访问员就只能得到比较规范性的答案，或者说年长者想要听到的那种答案。相反，被访者在面对二十几岁的年轻访问员时，可能会如实地回答题目。

无论是直接感受还是经验都表明，女性访问员更容易与被访者建立起互动关系，得到被访者较高的评价。不过并没有证据显示女性访问员搜集到的资料比男性访问员的更准确，也就是说，除了从拒访率考虑以外，不应过高地估计性别特征对调查的影响。总之，除了对人际关系的考虑外，不要过高地估计人口学特征的影响，特别是不要为了使访问员与被访者具有相似的人口学特征，去选择那些不太满足基本条件的访问员。

三、其他因素的影响

以上关于挑选访问员的基本条件的分析，并没有强调访问员应具备一定的调查经验。那么调查经验是否应成为访问员的一项基本条件呢？答案是否定的。调查经验是通过多次调查积累的，无疑有助于访问员更方便地与被访者建立起关系，但在进一步的访问中，这些经验未必会对调查资料的质量产生正面的影响。因为，调查经验会使得访问员的感觉变得"迟钝"起来，比较容易疏忽访问中出现的各种特殊情况，这样就会降低调查资料的质量。

除了有关调查经验的质疑外，另一个经常会被提及的问题是，访问员是否应该在与调查主题相关的专业领域接受过特别的培训。这个问题通常会在调查某些专业人员时被提出。例如，对律师进行调查是否一定要挑选法律专业的学生，对医护人员进行调查是否一定要挑选护士学校或医学院的学生。同样，是否需要有护士以上执业资格的人来担任健康访问的访问员。

要想回答以上问题，需要先分清以下两个事实：一是有效地征得被访者的合作意愿，二是有效地执行访问过程。在调查访问中，这两件事是不同的，那些具有专业背景的访问员往往比较容易得到同行们的合作，因此会有较高的访问成功率。例如，当一个具有法律经验的访问员执行有关犯罪主题的调查访问时，警务人员往往是比较愿意配合的。但是，并没有什么证据证明访问员的特殊专业背景会对标准化访问过程、调查资料的质量产生什么特别的影响。其实，那些符合条件的访问员，有或没有特殊的专业背景，受过或未受过特殊的专业培训，其表现和获得的调查资料没有什么差别。而且，有时没有特殊专业背景或未受过特殊专业培训的访问员，反而能更好地完成标准化调查访问任务。因为，那些具有与调查主题相关的专业背景或受过专业培训的访问员，由于对调查主题有一定的了解，所以经常不去追问那些模糊不清的答案。例如，具有医学专业背景的学生在进行健康访问时，就可能会在被访者并没有完全回答清楚题目时，凭自己的感觉认为自己已经知道了被访者的意思，即将自己熟悉的错认为就是被访者的意思。不仅如此，这样的访问员有时还会对被访者进行诱导性的追问，因为当他们认为被访者的回答不清楚的时候，会违反访问员手册对相关内容的规定，凭借自己的专业知识对题目做过多的诠释。而一个普通的访问员，由于没有专业背景先入为主的局限，反而可以进行非引导性的追问，直到被访者弄清题目、回答清楚为止。

以上分析表明，在标准化的问卷访问中，访问员并非一定要具备专业背景。但是，如果在调查中还希望对被访者进行观察和评估，就应该挑选那些具有一定专业背景的访问员。因为对被访者进行观察，特别是做出评估，往往需要访问员进行主观判断，没有专业背景知识支持的一般访问员很难胜任。例如，在健康调查中，如果除了问卷访问外，还要求访问员对被访者的健康状况进行观察和评估，就需要访问员具备一定的专业背景，这时医学院校的学生就成了访问员的理想人选。当然，如果进行的是结构化的标准化观察，就没有太多的理由要求访问员具有特殊专业背景，关键是要设计出任何合格的访问员都能胜任的观察程序。

综上所述，在标准化访问中，最好选择标准化的访问员；对访问员提出特殊的资格要求，可能反而对调查资料的质量产生负面影响。除了上面提及的基本条件外，标准化访问员的形成，主要依靠对访问员的培训和督导。

第四节　访问员的培训

对于标准化访问来说，培训访问员是一个非常重要的环节，新招募的访问员，无论是否从事过调查工作，都要接受标准化访问技术的常规培训。除此之外，还要针对将要进行的某个具体调查项目，对访问员进行特别培训，包括了解项目、熟悉所要使用的特定问卷和有关的材料。即使是有一定调查经验的老访问员，也不能省略特别培训过程。下面将介绍培训访问员应包含的培训内容、应采取的培训方式和培训时间的长短。

一、培训内容

对访问员进行培训，大致包括以下内容：调查项目的有关情况、抽样方法和问卷、访问的技巧及方法、调查中的注意事项和职业道德。

（一）调查项目

在培训中应向访问员简单介绍一下即将实施的调查项目，包括项目名称、研究计划、希望达到的研究目的、研究结果的预期用途、调查对象、项目的执行单位、参与项目的研究人员及工作人员；如有必要，有时还可以向访问员提供为该调查项目提供资金援助的单位的相关信息。让访问员对调查项目有所了解，有助于他们在进行访问时，回答被访者的询问，也可以提供给他们在寻求协助时所必需的信息。不过要提醒访问员在访问中应按统一规定口径，向被访者提供调查项目特别是项目执行和资助单位的相关信息。

（二）抽样方法和问卷

抽样方法和问卷是培训中重点讲解的内容。例如，可以向访问员尤其是新访问员，简单介绍全国抽样中经常采用的区县、街道/乡镇、居委会/村和居民户 4 级 PPS 抽样设计，入户后筛选被访者的 Kish 表方法，等等。让访问员了解各级抽样单位，特别是被访者名单是如何抽出的，既可以促使他们理解访问正确的被访者的重要性，又可以帮助他们心中有数地解答被访者的询问。讲解问卷的目的是使访问员了解题目和答案的具体含义。对问卷中的每一个题目和答案都要逐一讲解，那些特殊定义、举例说明、跳题则是讲解中需要重点突出的内容。

（三）访问的技巧及方法

关于访问的技巧和方法的培训主要包括以下内容：查找和接触被访者、询问、追问、记录和结束访问等。培训要让访问员了解访问中可能遭遇的困难，以及可能产生的错误行为及其原因，并提供解决的方法。另外，由于访问员除了要通过标准化技术完成访问外，还需要以一种"中性的"态度处理好与被访者的关系，因此，培训内容也应包括"中性"地处理人际关系的规则与技巧。

（四）注意事项

在培训中除了要就执行单位对访问员工作的各种要求和规定加以说明外，还要让访问员，特别是新访问员理解严格执行某项规定的理由，以及不这样做会产生的后果。例如，除了要说明为被访者保密的规定外，还要进一步说明：一方面，遵守保密职责是社会伦理的要求；另一方面，如果没有保密的承诺，就会大大影响访问的效度。

（五）职业道德

培训中的一项绝不能被省略的内容是有关职业道德的教育。要让访问员了解，一名合格的访问员应具备以下品质：诚实——不弄虚作假、不舞弊；客观——不带有偏见；认真——不马虎、不敷衍了事；负责——能恪守各项规定与保密职责；耐心——能完整地倾听与仔细地解释。

二、培训方式

访问员的培训可采用以下几种方式：讲课、示范、模拟访问和督导访问。

（一）讲课和示范

课堂讲解是最常见的访问员培训方式，即使是在时间较短的培训中，课堂讲解及示范也应占较大的比重。与课堂讲解相配套，应准备一份内容翔实完备的访问员培训手册，这样即使培训时间较少，访问员也仍然能够通过阅读和复习，来理解和掌握访问的方法和技巧。一份完善的访问员培训手册至少应包括以下一些内容：调查项目简介、项目的抽样设计、问卷内容的讲解、访问的技巧及方法、访问的准备工作及注意事项、访问员的职业规范条例。配合培训，特别是课堂讲解，还要发给访问员一个培训资料袋，里面应装有培训日程表、访问员手册、问卷、必要的卡片、笔记本和笔。

在一般的培训中，除了由培训人员讲解调查项目、抽样方法、问卷、访问技巧和步骤等有关内容外，在时间允许的情况下，可在每讲完一部分后，安排适当的时间让访问员集中提问和讨论，在讨论中要让访问员充分发言。

另外，许多培训人员认为，通过课堂演示，向访问员示范标准的访问过程，是让访问员迅速了解如何操作访问的有效方法。示范访问既可以安排培训人员在课堂上当堂表演，也可以通过放映标准化访问的录像片来完成，不过需要注意，演示给访问员的示范访问一定是完整的过程，而不是某几个片段。

（二）模拟访问

模拟访问是让参加培训的人员轮流扮演被访者和访问员的角色，进行获得合作和相互问答的练习。由于许多访问员是初次接触调查访问技术，比较缺乏对调查访问的感性认识，因此，模拟访问是新访问员了解访问过程最重要的一环。在模拟访问的练习中，要侧重指导访问员熟悉个别访问的技巧，如怎样介绍自己、怎样提出题目、怎样追问、怎样记录答案和怎样结束访问等等。

（三）督导访问

督导访问是在真实场景中，由经验丰富的访问员或专职督导员分组带领参加培训的访问员进行访问的过程。督导访问通常是让访问员到某个住户家中，在督导员的陪伴和观察下，练习从入户到访问直到结束的整个访问过程。在这个过程中，访问员面对的是不认识且非角色扮演的实际被访者，感受到的是真实的调查过程传递出的信息。每当出现了访问员事先没预料到的情况时，跟随的督导员凭经验解决问题的过程，会进一步加深访问员对访问工作的感性认识。

另外，在督导访问中，在获得允许的前提下，可以对新访问员的访问情景进行录音或录像。在督导访问结束后，培训人员可根据录音或录像，对访问员的实际访问效果进行评估分析，帮助访问员找出访问中的错误，特别是要具体分析这些错误中的哪些是由没有正确理解访问方法引起的误差，哪些属于由访问员个人习惯导致的偏差。

三、培训时间

一般说来，在专业调查机构中，基本的访问员培训大多持续两到五天。有研究表明，对访问员的培训时间若短于一天的话，预期培训效果不佳，访问员很难完成标准化访问程序，调查资料会出现较大的差异。不过需要指出的是，究竟安排多长的访问培训时间是最佳的，在专业上并没有统一的认识。

从影响因素看，访问员的经验、项目规模和难度，以及进行访问时的工作环境都会影响到培训时间的长短。第一，如果参加培训的大多是新访问员，那么对于一些基本的访问技巧，就需要增加更多次的练习。第二，如果调查项目的规模较大，随着参加培训的访问员人数的增加，模拟访问和督导访问的时间也会有所增加。第三，如果项目的样本规模较大、调查的指标较多，抽样和问卷设计就会比较复杂，就需要花费更多的时间来讲解。第四，不同工作环境的访问需要不同的培训时间。电话访问由于可以在访问过程中就近监控访问员，纠正其错误行为，而且，由于访问员集中在机房内，在必要时可以在调查中进行再培训，因此培训时间可以相对短一些。当面访问由于访问员大多独立进行访问，不太容易现场监督，因此，在正式访问前安排相对较长时间的培训，可以使访问员有更充分的准备，以确保资料的质量。

第五节　对访问员的督导

督导是指在第一次正式访问后的监督、指导和评估工作。在这之前的指导活动都算是培训。对于访问员误差，除了通过培训不断提高访问员的素质来加以克服外，有效的督导程序也能使其得到进一步的降低。对于标准化访问来说，访问员的行为越是能得到有效的控制，访问员影响产生的误差就会越小，通过访问得到的资料质量也就会越高。下面将在分析访问员误差的基础上，列举一些访问员工作的评估指标，并给出有助于降低误差的督导措施。

一、督导指标

除了采用以上各项措施对访问员进行督导外，还可通过对访问员的评估，达到对他们的有效管理。因为，根据评估结果不仅可以对访问员的工作做出反馈，还可以对访问员的水平高低做出区分，并由此加强对那些水平较低的访问员的督导和培训，进一步提高访问质量。评估访问员主要依据以下几项指标：成本、回答率、访问质量和完成问卷的质量。

（一）成本

从成本角度评估访问员，要先计算每个访问员平均完成一份问卷所花费的时间和金钱的数目。成本高是指在相同的时间内，完成的访问数量较少、拒访率较高，或者完成一份问卷的费用较高。

但是，这样计算出来的结果，有时并不能直接被当作评估访问员工作效率和成本效益的依据。因为，对访问员进行比较，必须看他们的访问工作之间是否具有可比性。有些访问员的访问成本较高，可能是因为分配给访问员的被访者家庭住得特别远，路上需要花费很多时间，或者这些家庭住址特别难找。也可能是因为分配给访问员的被访者不太容易进行访问，例如，访问员恰好被分到了一个高收入人群的住宅区。这些增加访问成本的因素，与访问员表现的好坏无关。不过如果由于访问时间安排不当，没有找到被访者而增加了访问成本，就只能由访问员来负责了。也就是说，如果希望用成本信息来评估访问员，就必须在安排访问任务时，尽量排除那些与访问员表现无关的因素的影响。

这里需要特别指出的是，尽管调查机构都会要求搜集有关访问成本的信息，但它并不必然与所得到的问卷资料的质量相关。也就是说，那些访问成本低的访问员，搜集的资料质量并不一定就高，反过来，访问成本高的也并不一定就意味着资料质量低。总之，成本因素仅仅是评估访问员工作的参考指标之一，在实际操作中不能过分地夸大它的功效。

另外，调查机构有时可能会通过以下措施来节约成本，即缩小访问员队伍的规模，增加每个访问员个人承担的访问工作量。此项举措的确能通过减少雇用人数，来降低调查培训和督导管理的成本，但这绝对不是一项好的选择。因为，访问员由于必须负责更多的访问，所以可能会因访问技巧逐渐娴熟而偏离标准化访问程序，这样就势必对问卷资料的信度产生负面影响。

（二）回答率

在评估访问员时，成功完成访问的比例是一项重要的指标，通常被称为回答率。计算回答率会涉及以下一些与样本总体有关的概念：

（1）抽样设计规定的所有合格的样本单元数，即设计单元数。

（2）访问员找到的合格的样本单元数，即找到的单元数，它占设计单元数的比例被称为接触率。

（3）同意接受访问的合格的样本单元数，即接受访问的单元数，它占设计单元数的比例被称为合作率。

（4）拒绝接受访问或中途中止访问的合格的样本单元数，即拒访单元数，它占设计单元数的比例被称为拒访率。

（5）成功完成访问的合格的样本单元数，即成功访问的单元数，它占设计单元数的比例被称为回答率。

在具体评估某位访问员的回答率之前，应该综合考察他完成的其他几项指标。因为，导致回答率较低的原因是多方面的。例如，如果在回答率低的同时，接触率也较低，这时就要看看是否存在被访者地址不详、路途较远、住处街巷复杂等情况，如果没有，就应对访问员的工作态度做出评价。

再有，如果某位访问员的接触率较高，但合作率较低，同时回答率也较低，那么这很可能是访问员在接触被访者时，某些不规范的操作引起的，但也有可能是被访者不太合作引起的。这时应对访问员进行陪同访问，现场观察访问员在接触被访者时是否存在不规范的操作行为，如有则及时纠正，或对其进行再培训。

另外，有时即使有较高的合作率，也有可能由于较高的拒访率，而出现回答率较低的情况。因为，被访者即使接受了访问，也可能出于各种原因中止访问，特别是在电话访问中更有可能出现这种情况。

许多调查是在再访问结束后，再计算出访问员的回答率的。其实在访问中努力确认访问员的回答率，特别是拒访率，对提高访问质量、发现访问员的操作失误是非常有帮助的。而且随时确认以上指标，可以及时发现那些工作效率不高或不合格的访问员。在一次调查中，研究者发现有两个访问员一天完成的访问数是其他人的3倍，觉得有问题，就去问他们，最后他们承认了自己填写问卷的舞弊行为。

（三）质量

对访问员工作质量的评估有两个重要依据。一个依据是在调查进行时随时检查他们完成的问卷的质量，看看记录是否清晰准确，跳题部分完成得是否正确，所采集的答案能否进行编码，这方面的有关内容将在第八章资料检查中进一步详细讨论。

质量评估的另一个依据是通过直接观察访问过程，看看访问员是如何进行访问、如何获得答案的，访问的标准化程度如何。在电话访问中，可以在电话访问设备中安装监督电话，这样督导员就可以在不被察觉、不造成干扰的情形下，在访问进行时随时切入或切出。一般说来，对每一个访问员的监督都应该是完整的，即对整个访问过程要从头至尾地监督，而且基本上应保持每10次电话访问监督1次的频率。监督当面访问过程主要靠陪同访问，虽然不像监督电话访问那样方便，但也可以借助录像或录音设备来完成。需要注意的是，在访问中录像或录音，一定要事先征得被访者的同意。另外，督导员也要进行专门的训练，特别是在不止有一个督导员的情况下，更要通过训练使督导员掌握评估标准。

无论是电话访问还是当面访问，对访问质量的评估最好都能遵循一个标准化的程序，一个有效的方法是由督导员填写一份访问过程质量评估表。表7-2是访问过程质量评估表的示例。

表 7 - 2　访问过程质量评估表

访问员姓名：

督导员姓名：

评估题号：从_____到_____

反馈日期：

评估得分：

A. 介绍说明阶段

　　1. 是否介绍自己的姓名　　　　　　　　　　　　10□是　　　　　　0□否

　　2. 是否介绍调查项目及主持单位　　　　　　　　10□是　　　　　　0□否

　　3. 是否介绍研究目的　　　　　　　　　　　　　10□是　　　　　　0□否

　　4. 是否说明保密性原则　　　　　　　　　　　　10□是　　　　　　0□否

　　5. 是否说明接受访问/回答题目的自愿原则　　　　10□是　　　　　　0□否

　　6. 是否询问被访者的电话号码　　　　　　　　　10□是　　　　　　0□否

　　7. 是否确认该号码为住宅电话　　　　　　　　　10□是　　　　　　0□否

　　8. 是否向被访者致谢　　　　　　　　　　　　　10□是　　　　　　0□否

　　9. 是否向被访者赠送礼物　　　　　　　　　　　10□是　　　　　　0□否

B. 提问阶段

　　1. 正确地按问卷文字内容进行提问

　　　　20□完全正确　　　　15□1～2题不正确　　10□3～5题不正确　　0□5题以上不正确

　　2. 适当并且非引导性地追问

　　　　20□完全正确　　　　15□1～2题不正确　　10□3～5题不正确　　0□5题以上不正确

　　　　不适当或引导性地追问（列举题目及追问方式）：＿＿＿＿＿＿＿＿＿＿＿＿

　　3. 在需要追问时，没有去追问

　　　　20□完全没有　　　　　10□1或2次失败　　　　　0□2次以上失败

　　　　没有追问的题号：＿＿＿＿＿＿＿＿＿＿＿＿＿＿＿＿＿＿＿

　　4. 跳题不正确

　　　　20□完全没有　　　　　10□1或2次错误　　　　　0□2次以上错误

　　　　跳题不正确的题号：＿＿＿＿＿＿＿＿＿＿＿＿＿＿＿＿

　　5. 对答案进行了不适当的个人主观性或评论性反馈

　　　　20□完全没有　　　　　10□1或2次　　　　　　0□2次以上

　　　　题号以及评论内容：＿＿＿＿＿＿＿＿＿＿＿＿＿＿＿＿

　　6. 在必要时向被访者解释其角色、任务以及理由

　　　　20□是——做得很好　　　　　10□是——做得较好

　　　　0□否——做得很差或失败了　　　20□否——没有解释的必要

　　　　解释的内容：＿＿＿＿＿＿＿＿＿＿＿＿＿＿＿＿＿＿

　　7. 提问或追问的语速

　　　　20□慢　　　　　　10□普通　　　　　　0□快

注：□前面的数字为得分。

资料来源：曼吉翁. 邮寄问题调查. 台北：弘智文化事业有限公司，1999：172.

　　对于访问质量评估而言，访问员遇到的被访者类型越多，则对访问质量的评估也越客观公正。因此，只要条件允许，监督电话访问的次数、陪访的次数或记录访问的录像和录音，越多越好。另外，一定要事先对进行评估的督导员进行培训，使

其掌握评估表的使用方法和评分标准。督导员应全面评估访问员的各种正面和负面的表现，特别是要做到贯彻始终地遵循同一评分标准。再有，不仅在监督电话访问时，要及时将意见反馈给访问员，在监督当面访问时，也要在尽可能短的时间内，向访问员提供评估的意见。因为，如果意见反馈得不及时，访问员很有可能会忘记自己在访问中的不规范操作行为，这样质量评估的作用就大打折扣了。

二、督导方法

不仅严格的系统培训能使访问员认识到各种误差的来源，督导访问也可以纠正一些误差现象。除此之外，在访问进行过程中也应采取一系列的督导措施，包括伴随访问进行的现场督导，以及每天访问结束后的质量检查。

（一）现场督导

在访问正式开始后，督导员就应伴随访问进行一些现场督导。现场督导可以采取公开方式，例如，陪同自己管辖的访问员，特别是陪同那些能力较弱、培训时表现不佳的访问员完成 1～2 个访问。在访问开始阶段，这是一种监督访问质量的非常有效的手段。因为，在这个阶段，访问员对访问过程的各个环节还比较陌生，比较容易出现误差，陪同访问的督导员在现场可以随时发现操作误差，及时对误差加以纠正解决。这除了能促使访问员养成良好的访问操作习惯外，还能帮助他们确立克服困难的信心。

现场督导也可以采取隐蔽的方式，例如，在访问员结束一户访问离开后，督导员随即入户对被访者进行查访，了解访问员在访问过程中的表现，并请被访者对访问员的行为做出评价。在访问的中后期阶段，这种督导方式能有效地对访问员起到督促作用，这是因为在经过一段时间的访问后，访问员会出现厌倦和疲惫心理，加上对访问技巧已比较熟悉，故很容易出现违规操作行为，而隐蔽的现场督导恰好能及时发现和纠正访问员的违规操作行为。

另外，隐蔽的现场督导还能有效地控制抽取被访者的过程。通常抽取被访者可采取入户抽样或预抽样两种方式进行。对于入户抽样，隐蔽的现场督导可以核查访问员是否严格地按照入户抽样规则（如 Kish 表方法）抽取了被访者，有没有家庭成员在登记时被遗漏了。

在预抽样中，被访者是根据被抽中住户的资料选取的，在访问员入户之前就已经确定了。隐蔽的现场督导可以核对访问员是否访问了预先抽取的被访者，如果答案是否定的，那么无论访问员是根据方便原则确定的被访者，还是从被抽中住户的其他家庭成员中，按入户抽样规则重新抽取的被访者，所得到的问卷都应被当作废卷处理。因为，如果访问员入户后，没有找到预先确定的被访者，原则上要求第二次、第三次登门再访，三次均未找到，就要放弃该被访者（住户）。如果继续使用该住户资料重新抽取被访者，就会违反"户资料只能使用一次"的原则，出现系统偏差。当然，如果访问员在入户后，发现被抽中的住户已搬家，那么对新住户进行入户抽样是被允许的。

原则上对每一个访问员的工作，都要进行现场督导。督导员每天可以按15%的比例抽取访问员，进行现场督导。如果有较多访问员出现了误差，那么督导员可以在现场对他们有针对性地进行再培训。为了能保持对访问员可能出现的误差的敏感性，督导员在访问开始前或初始阶段，最好能亲自做一些访问。

（二）质量控制和检查

为了控制访问的质量，督导员每天都要逐份检查访问员当天完成的问卷，检查的内容包括问卷是否填答完整，有没有漏答的情况，有没有字迹模糊看不清的地方，跳答题是不是都按要求跳答了，等等。每天例行的质量检查一定要细致，一旦发现问题，就要马上找访问员进行核对，如有必要应及时找被访者进行核实。另外，督导员要每天记录访问员的工作进度，最好能制作一份工作进度表，以便掌握访问员的实际进度与计划进度的差距，以及访问员存在的问题。工作进度表应包括以下内容：接触被访者的数量、完成访问的数量或访问的小时数、被访者不在家的数量、拒绝接受访问或中断访问的数量，以及每天全部访问员完成的数量。

另外，为了对已完成的样本的代表性进行控制，在访问过程中，对样本完成情况进行动态监控，应该说是提高样本代表性的一个方案。所谓动态监控，是指在整个访问过程中，不断地将已获得的问卷资料中的少数基础数据输入计算机中进行基本的统计分析，并根据分析结果制作一份抽样控制表。表的内容除了一些方便查找的指示变量（例如，已完成样本的地域分布）外，主要是已完成的部分样本的人口学变量分布，如性别、年龄和教育等变量的分布，以及对某些关键变量的回答情况，等等。然后，将每天表中记录的结果与某一效标或监控标准进行比较，以此判断已完成的调查样本是否具有代表性，是否出现了偏差。也就是说，在样本代表性这个问题上，前提条件是有一个权威机构提供的很好的数据库。有了这样的一个很好的数据库作为比较参照体，就能确定抽到的样本的代表性如何了。实现动态监控要解决两个问题：一是如何确定比较的效标或监控标准，二是选择哪些基础数据来进行比较。

应该说人口普查的资料可以作为一个近似的效标。首先，相对于其他统计资料来说，普查资料的权威性是毋庸置疑的；其次，从规模上看，普查资料也是其他统计资料无法比拟的；最后，普查资料标准化程度高，有利于分类比较。不过五年一次的人口普查是有时限的，也就是说，它存在一个资料更新的问题。如果在时间上调查与人口普查比较接近，人口普查资料作为效标就比较好，时间隔得太久，有效性就会打折扣。另外，从人口普查办公室获得人口普查的原始资料也是有一定难度的。除了人口普查资料外，统计局每年的千分之一人口抽样调查资料，也可以作为一个近似的效标。而且千分之一人口抽样调查资料具有普查资料没有的优点，即由于调查每年都做，因此资料更新得快，能够及时反映出人口数据的变化情况。

在比较样本代表性的效标确定后，就可以进一步确定具体比较的指标。从理论上讲，对具体比较指标的数量并没有固定要求。例如，1998 年香港进行的一项社会调查曾利用香港政府 1996 年的有关普查数据作为调查效标，并从中选取了性别、年龄、教育以及收入等十项指标作为具体的比较指标。结果效标对样本代表性起到了很好的监控作用，调查结果中十几项主要指标的 t 检验结果均显示，调查样本确实是普查总体的一个很好的代表。唯一的例外是收入指标出现偏差，这主要是由高收入区（九龙半岛、浅水湾等）住户拒访率很高引起的，解决办法是反复增加这些区域的样本，直至样本收入与普查数据达到平衡。

（三）处罚舞弊行为

一般说来，在对访问员的督导过程中，令调查组织者最为头疼的一个问题，就是访问员舞弊行为。因为调查的目的是通过访问具有代表性的被访者，来搜集所需资料，而在资料搜集的过程中，一旦有舞弊行为发生，就会严重影响资料的质量。

经常发生的访问员舞弊行为大致有以下几种。第一，自行填答问卷。在此情况下，访问员不进行任何现场访问，而自己任意伪造问卷题目的答案自行填答。这种伪造的问卷资料，不仅会极大地损害资料的质量，而且会造成样本流失，扭曲样本结构，进而产生推论上的问题。第二，故意访问非样本指定的被访者。访问员这样做是为了降低访问难度，增加自己的工作量。但这种做法会扭曲样本结构，影响样本的代表性和资料质量。第三，故意遗漏大量题目不进行提问。一些较敏感、较复杂的题目在访问时比较难问，于是访问员为了个人省事，便故意遗漏大量此类题目不进行提问。这种做法会使数据产生严重的系统缺失，大大降低资料的内在信度。

有鉴于此，在访问员培训中，除了要向访问员讲清楚访问员的职业道德，以及舞弊行为对调查研究的危害程度外，还要向访问员界定舞弊行为的认定原则，以及告知对舞弊行为的处罚办法。而在督导过程中，除了利用回访问卷进行回访核查，或让访问员向被访者要电话号码进行抽样检查外，还可以要求访问员与调查主办机构签订一份合同，以书面契约的形式来尽可能避免造假舞弊行为的发生。一旦发现访问员有舞弊行为，唯一的处理办法就是将其解雇，并将其完成的问卷一律当作废卷处理。

◀ **复习思考题** ▶

1. 标准化访问是怎样具体实现对访问过程的控制的？
2. 访问员应该如何处理被访者对问卷题目产生的疑问？
3. 关于标准化访问存在哪些不同的看法？
4. 在社会研究中，哪些资料搜集过程不适合使用标准化访问，为什么？
5. 在实际访问中，可以采用哪些方法来确认访问员误差？
6. 访问员的人口学特征对被访者与访问员之间的关系会产生什么影响？

7. 访问员的调查经验会对访问过程产生哪些正面或负面的影响？

8. 访问员应具备哪些职业道德？

9. 访问员培训手册至少应包括哪些内容？

10. 有哪些因素影响到培训时间的长短？

11. 怎样合理评估访问员完成访问的成本、访问的回答率和访问员的工作质量？

12. 怎样进行隐蔽的现场督导？它具有哪些优点？怎样进行每天的质量控制和检查？

13. 在实际访问中，存在哪些常见的访问员舞弊行为？

◀ 推荐阅读书目 ▶

1. 风笑天. 现代社会调查方法. 2版. 武汉：华中科技大学出版社，2001.

2. 柯惠新，丁立宏. 市场调查与分析. 北京：中国统计出版社，2000.

◀ 参考文献 ▶

1. 巴比. 社会研究方法. 北京：华夏出版社，2000.

2. 陈义彦，洪永泰. 民意调查. 台北：五南图书出版有限公司，2001.

3. 风笑天. 现代社会调查方法. 2版. 武汉：华中科技大学出版社，2001.

4. 福勒. 调查研究方法. 重庆：重庆大学出版社，2004.

5. 福勒，曼吉奥诺. 标准化调查访问：如何实现访问员相关误差最小化. 重庆：重庆大学出版社，2009.

6. 柯惠新，丁立宏. 市场调查与分析. 北京：中国统计出版社，2000.

7. 刘德寰. 市场调查. 北京：经济管理出版社，2000.

8. 曼吉翁. 邮寄问题调查. 台北：弘智文化事业有限公司，1999.

9. 游清鑫，等. 电访实务. 台北：五南图书出版有限公司，2001.

10. 游清鑫，等. 面访实务. 台北：五南图书出版有限公司，2001.

第八章
数据处理

本章要点

- 调查数据的处理过程包括资料检查与校订、资料编码、数据录入与整理、数据管理等几个步骤。
- 资料检查主要由问卷检查和调查回访两项工作构成。
- 资料编码需要注意以下几个要点：（1）编码的一般规则；（2）开放题的事后编码技术；（3）编码手册的编制；（4）封闭题的编码技术。
- 资料编码包括事前编码、边缘编码和事后编码等几种形式。
- 特殊题型的编码包括复选题和排序题的编码。
- 数据录入的方式主要包括人工输入、计算机辅助系统转换和光电输入这三种形式。
- 数据清理主要包括可能数值清理和一致性清理两种形式。
- 常用的缺失数据估计方法包括平均值估计法、回归估计法、删除缺失值和排除缺失值等几种。

基本概念

数据处理 ◇ 资料检查 ◇ 资料校订 ◇ 数据文件 ◇ 编码 ◇ 事前编码 ◇ 边缘编码 ◇ 事后编码 ◇ 编码手册 ◇ 栏位 ◇ 登录表 ◇ 数据录入 ◇ 条形码判读 ◇ 光电扫描 ◇ 数据清理 ◇ 可能数值清理 ◇ 一致性清理 ◇ 缺失值 ◇ 系统性缺失 ◇ 平均值估计法 ◇ 回归估计法

通过访问或其他方式搜集到的问卷资料，必须通过一定的数据处理程序，转换成可供计算机分析的数据形式。大体上，调查数据的处理包括资料检查与校订、资料编码、数据录入与整理、数据管理等几个步骤。本章将具体介绍实施这几个步骤所需要的技术，以及需要注意的问题。

第一节　资料检查与校订

在对资料进行编码和录入之前，需要先对资料进行检查和校订。资料检查的目的是看看资料是否完整、准确和真实。而校订则是对初步检查合格的问卷，做更细致的查验，以找出不合格答案，并做出相应处理。

一、资料检查

资料检查是指对调查得到的原始资料质量的审查与核实，目的是确定哪些资料可以接受，哪些资料要剔除掉。它主要通过对回收问卷的完整性、准确性和真实性的检查来实现。

（一）检查问卷

在实践中，对回收问卷的完整性和准确性检查，一般在资料搜集过程中就由调查督导员开始执行了。不仅如此，在资料搜集结束后，研究者还要对回收的问卷集中进行独立的检查，委托调查更是如此。无论是在调查资料搜集过程中，还是在资料搜集结束后，对回收问卷的检查都要做到对每一份回收问卷的每一个项目逐一检查。

资料的完整性主要通过问卷填答的完整程度反映出来，如果在回收的问卷中发现了以下问卷填答不全的情况，就说明资料是不完整的：

（1）问卷的某一页或某几页漏填了；

（2）问卷中的一个或多个问题没有填答。

在实际操作中，特别是在有开放题的情况下，研究者要对问卷填答的完整程度做出一些规定，使检查人员明确问卷填答到什么程度算是完整的。例如，在调查职业时，就要规定不仅要问职业名称，而且要具体说明该职业的所属行业，以及该职业所从事的工作的具体操作方式；此外还应对可接受的数据缺失情况做出规定，具体说明哪些数据的缺失是可以接受的；等等。

资料的准确性主要依赖于访问实施的准确程度，即访问员（或被访者）是否按要求实施了访问，答案是否按要求做了记录。如果回收的问卷中出现了以下情况，就表明访问没有严格按要求实施，相应的问卷资料也是不准确的：

（1）问卷是由不符合要求的被访者回答的。

（2）问卷记录的访问日期在调查规定的截止日期以后。

（3）问卷记录的答案有错误，例如，没按照规定跳题，单项选择题选了多个答案，等等。

对检查出来的有问题的问卷，基本处理原则是：能纠正就纠正，无法纠正的当作废卷处理。在实践中，如果是在资料搜集上查验出了问题，就要找到该访问员核查，让访问员对漏答情况给出解释，并对错误的回答记录做出相应判断，在条件允许时，可以要求访问员通过重新访问纠正失误。在由研究者自行进行的检查中，如果废卷数量影响到样本的代表性，就需要按相同的概率抽样原则重新选择一些被访者，进行补充调查。

（二）回访

资料真实性检查与前两项检查略有差异，它一般是在资料搜集结束后，由熟悉访问员情况的分区（组）督导员或专门训练的复查员通过随机抽取 $5\%\sim15\%$ 已访问过的被访者进行回访来实现的。对被访者的回访既可以采用打电话的方式，也可以通过邮寄回访问卷的方式进行。复查的内容主要是确认访问员是否按规定访问了指定的被访者，以及访问员在访问中是否有违规操作行为。复查应该是标准化的，要有"复查问卷"和格式统一的复查记录表。复查问卷应包括以下一些内容：

（1）复查对象的原问卷编号；

（2）复查的次数及时间记录；

（3）确认访问员是否来访过；

（4）确认访问员是否访问了指定的被访者；

（5）（如果赠送礼品）确认访问员是否已送出礼品；

（6）复查对象对访问员访问态度的评价；

（7）从原问卷中挑选一些较敏感、较难回答或事实性的题目，回访复查对象，以此检验访问员是否有违规操作行为。

根据复查结果，研究者就能通过访问员的行为对问卷的真实性做出判断。如果访问员在操作上正确无误，则问卷资料是真实可信的。如果访问员有违规或舞弊行为，就要考虑将他们的问卷作为废卷处理，以免影响数据质量。

在实际访问中，访问员的违规或舞弊行为主要表现为以下几类。

首先，没有按规定访问指定的被访者。在大多数情况下，这可能是由访问员没有认真确认被访者的身份造成的。不过也有访问员为了降低寻找被访者的难度，图自己方便，任意用样本以外的其他人更换指定被访者，这就属于舞弊行为。非指定被访者回答的问卷，会产生系统误差，使得样本失去代表性。

其次，用电话访问或邮寄问卷代替面访。采用面访大多是因为调查内容比较复杂，难以通过电话访问或邮寄问卷的方式来实现，故面访中访问员是无权更改调查方式的。一旦此类情况发生，问卷的标准化程度会出现偏差，就会降低资料的可比性。

再次，故意漏问某些较敏感或较难问的题目。访问员可能为了图省事，故意遗漏问一些敏感或较难的题目，同时在问卷上记载一些编造的理由。这种作弊行为很难在完整性检查中被查出，它的存在会影响资料的内在效度。

最后，自己填答问卷。有些访问员不进行任何访问，而自己任意填答问卷。对于此类欺诈行为一定要予以严惩，不仅要将回访中发现的那些问卷作废，而且要将该访问员所有已完成的问卷作为废卷处理。如果是在调查中发现此类行为，那么要立即中止作弊访问员的资格。

二、资料校订

为了提高问卷质量，对那些经过初步检查的问卷，还要进行校订工作，即从问卷中找出那些错误或令人不满意的答案，并对之进行相应的处理。与资料的检查类似，校订工作最好也能在调查实施中由督导员同步进行，因为，这有利于在调查现场修正答案，特别是在调查区域较大时更是如此。根据以往的经验，以下一系列问题是在校订过程中经常遇到的。

首先，访问员没问某些问题，或没记录某些问题的答案。例如，访问员通常不问被访者的性别，而且很可能因此不记录被访者的性别。其次，访问员的记录字迹不清。例如，调查涉及较多的开放题，访问员为了加快记录速度，字迹就会比较潦草。再次，记录的答案模棱两可或含义不清楚。例如，访问员经常会忘了记录中临时编造的缩写字词的确切意思，还经常会出现单项选择题选了多个答案的情况。最后，访问员在规定跳题的地方没跳，或在不该跳题的地方却跳了。

校订人员遇到以上情况，除了要对其进行必要的标记，使之区别于问卷的正常记录方式外，还要对这些不合格问卷进行处理。只要条件允许，首选的处理方案是将不合格问卷退回给调查执行人员（访问员或督导员），让访问员再次去回访被访者，对问卷进行修正，以获得较好的数据。如果无法退回调查现场，可以将少量不符合要求的、不太关键的答案按缺失值来处理。不过如果不符合要求的答案代表的是很关键的变量，或者不符合要求的答案在一份问卷中占的比例很大，就只能将这份问卷当作废卷处理了。

需要强调的是，合格问卷与不合格问卷之间通常存在一定差别，如果按缺失值处理的问卷或按废卷处理的问卷所占比例较大（大于10%），就有可能使数据出现偏差。所以，研究者需要在报告中对处理缺失值和废卷的方法和数量做出相应的说明。

第二节 资料编码

资料校订完成后，下一步的工作是将资料转换成记录在磁带或磁盘上的数据文件（data）。建立数据文件的第一步是对资料进行编码（coding）。编码的目的在于给被访者的每一种回答，分配一个计算机软件能够识别的代码，从而使得对被访者回答的统计分析能用计算机来完成。资料编码需要注意以下几点：编码的一般规则、开放题的事后编码技术、编码手册的编制和封闭题的编码技术。

一、编码的一般规则

资料编码原则上是给被访者对一个问题的回答，分配一个相对应的计算机软件能够识别的代码，这个代码就是代表该项回答内容的编码。在绝大多数情况下，编码采用数字作为代码，但对于一些特殊答案，研究人员偶尔也采用字母作为代码。

就具体的编码方式而言，研究者可以在问卷设计时事先赋予被访者所可能回答的选项一个代码，编码时只要逐一记录被访者回答的选项的代码即可，这种与问卷设计同步进行的编码形式被称为事前编码或预编码。封闭式问题通常采取事前编码的方式。为了提高录入和查错时的工作效率，事前编码还可以在问卷上预留记录被访者回答的选项的代码值的位置。这种预留的编码位置常常在问卷的最右边，并用竖线与问题部分隔开，此种编码记录格式被称为边缘编码。

研究者也可以在访问结束后，再逐一就被访者的回答进行编码的工作，这种编码方式被称为事后编码。开放式问题和封闭式问题中的"其他"选项，通常采取事后编码。需要说明的是，采取事前编码或事后编码并没有固定的顺序与要求，研究者必须依照自身研究的时间与进度而定。

除了确定编码方式外，以下几项要点也是在编码时特别需要注意的。

首先，在编码的过程中，除了要对被访者每一个回答的选项进行编码外，还需对问卷编号、访问员编号等相关内容依统一标准进行编码，这样做可以为查找问卷错误提供极大的便利。

其次，如果被访者的回答内容，如被访者的年龄、收入等本身就是一些数字资料，在编码时应尽可能保留原来资料的面貌，以使资料的使用者有更大的空间可以自己把资料处理成所需要的变量类型。

最后，对于"不确定""不知道""其他"这样的特殊选项，在编码设计时要使用固定的代码，如"98""998"等，并且最好在整份问卷中完全一致。此类代码前后一致性程度越高，录入时出错的可能性就越小。这样做还有另一个好处，那就是有时答案中并没有"不知道"这个选项，但一些被访者经常会固执地坚持说"不知道"，这时固定的代码值便可备不时之需了。

二、开放题的事后编码技术

第一，开放式问题和封闭式问题中的"其他"选项，由于是被访者用自己的话来回答的，故答案的范围无法事先预知，一般采取事后编码。在事后编码中，编码员首先要对已出现的各种答案进行分类，即分析每一个答案，将相类似的归并为一类。这时编码员经常处于一种两难的境地：如果给每一个与已确定代码的答案不太相似的新答案一个新代码，那么答案类别和代码可能比预料的要多得多，可能有的代码只对应一两个被访者；反过来，若分类做得较粗，将一些相似程度不高的答案也归成一类，就有可能忽略了答案的不同含义，而答案的这些不同含义又恰恰是研究者所需要的。因此，在事后编码正式开始前，研究者应该针对每一个需要事后编码的项目给出一份代码指南。

第二，代码指南的编制要在设计问卷时就开始，在小组讨论、深度访问和试调查过程中，研究者要有意识地摘要记录每个不同的答案，随后将所有不同的答案做成分类表，并给每个答案建立草拟的代码，从而形成初步的代码指南。

第三，编码时，研究者在为编码员提供每一个编码项目的代码指南的同时，还应该附上几张单页编码纸，将需要编码的项目的名称和誊写答案的位置清楚地标在每页的顶端。这样做是因为实际调查的情况千变万化，究竟会出现多少新的答案事先是无从知晓的，需要准备一定的空间来添加新答案的代码。不过编码员为新的答案类别添加的新代码最终是否纳入编码系统，要由研究者与编码员通过讨论来决定。

第四，对于某个分类含义不十分清晰的答案，究竟是将其合并到已有的类别中去，还是设立一个新代码呢？一般而言，有经验的编码员通常会选择后一种策略。因为在后续的分析中，很容易通过计算机实现代码之间的合并。可反过来，要计算机把已经合并的类别再拆开却是不可能的，此时唯一的办法只能是参考原始资料，并重新编码。

第五，对于事后编码来说，如果有两个或多个编码员参与编码工作，那么他们要么在不同的时间进行编码，要么同时在同一地点，依照同一编码手册进行编码。如果两个或多个编码员同时在不同地点进行编码，他们就无法知道其他编码员新增设的代码。这样很可能会出现同一个代码对应两个不同的答案的情况，从而产生严重的数据错误。所以，不允许编码员同时在分隔的地点，依照不同的编码手册独立地编码，对此应作为一条编码纪律加以强调。

三、编码手册的编制

在对资料进行编码时，必须事先制订详尽的计划和明确的规则，通常需要编制一份编码手册，用来记载资料数量化的所有格式、内容，以及使用计算机资料的具体步骤。事前编码和事后编码所用的编码手册最后将合并为一个编码手册。

首先，编码手册最直接的作用是提供一套标准化的编码作业程序。由于问卷调查的样本规模一般都是成百上千，一份问卷又有几十至上百个问项，故编码作业是由许多人共同完成的。在此情况下，避免发生编码错误的唯一办法，就是大家都按编码手册规定的流程进行作业。

其次，编码手册还是编码作业的一份操作档案。由于搜集到的资料千变万化，极有可能遭遇事先未考虑到的情况，编码人员对此采用的处理策略，在经过与研究人员讨论并得到认可后，便可补充到编码手册中。

最后，编码手册还是数据分析人员了解数据文件的指南。因为编码手册除了能使所有编码的参与人员便捷地理解资料的内容与格式外，也能让资料分析人员，特别是进行数据二次分析的研究者方便地认识、理解数据所包含的各个变量。表8-1是编码手册的一个示例。

表8-1 编码手册示例

栏位	问卷题号	变量编号	变量名称	变量标签	变量数值	变量数值标签	缺失值
1～3	A1	1	ID	被访者编号	000～999		
4	A2	2	GENDER	性别	1	男	9
					2	女	
5～6	A3	3	YOB	出生年份	00～99		99
7	A4	4	EDU	教育背景	1	初中或以下	9
					2	高中	
					3	大专	
					4	大学	
					5	研究生或以上	
……	……		……	……	……	……	……
37～40	B1	12	OCCUPA	职业	文字		
41～44	B2	13	YR	资历（月）	00.0～99.9		99
45～48	B3	14	SALARY	月薪（千）	00.0～99.9		999
……	……		……	……	……	……	……
66	C1	36	HOUSE	住房情况	1	租房	9
					2	自己的房	
					3	其他	
67～50	C2	37	HAREA1	住房建筑面积（平方米）	00.0～99.9		99
51～54		38	HAREA2	住房使用面积（平方米）	00.0～99.9		99
……	……		……	……	……	……	……

从内容看，表8-1大体可被划分为以下四个组成部分。

一是与编号有关的内容，包括栏位、问卷题号、变量编号。栏位表明的是某个变量在数据文件中列的位置。当采用纯文本格式录入数据时，栏位是一项必不可少的内容。问卷题号是问卷中每个问题的原始编号。变量编号是变量在编码手册中从头至尾连续排列的一个顺序号。变量编号的顺序应与问卷题号的排列顺序相同，但它与问卷题号并不完全一一对应。因为调查问卷经常被划分为几个部分，故问卷题号既有每部分的序号，也有每个问题在各部分中的序号，示例中大写字母 A、B、

C……就是各部分的序号。

二是与变量编码有关的内容，包括变量名称和变量标签。变量名称是问卷中实际测量的一个变量，在多数情况下，一个变量名称与一个问卷题号相对应，但有时一个问卷问题可能包含数个变量，示例中问卷问题 C2 就包含了 HAREA1、HAREA2 两个变量。变量名称应符合问卷的问题内容，这样使用者便可以方便地通过变量名称了解到问题内容了。变量名称最好使用英文字母，这样可以使数据文件适用于更多的统计软件。变量标签是关于变量意义的简要说明。

三是与变量数值编码有关的内容，包括变量数值和变量数值标签。变量数值的编码是编码手册中最重要的内容，在这一栏中，研究者应详细地标明每个问题的答案的代码值。变量数值大体上可分为纯数值、文字和类别几种形式。示例中的 ID（被访者编号）、YOB（出生年份）和 YR（资历）等变量的数值都是纯数字，OCCUPA（职业）变量的数值是文字，而 GENDER（性别）和 EDU（教育背景）等变量的数值则是类别。

四是与缺失值有关的编码内容。产生缺失值的原因不止一个，因此在编码时应采用不同的代码。最常见的缺失情况是单纯由于没回答而产生的空白答案，习惯上可使用特定数值来代表缺失情况，示例中使用的是 9、99、999。除外，当被访者的回答超出了编码手册规定的变量数值范围时，研究者也应该用特定数值来代表这些资料，将它们作为缺失值来处理。再有，对那些被访者明确表示拒绝回答、被访者"不知道"和答案不适用于被访者的题目，编码时也应设定特别的数值来代表此种缺失情况。

四、封闭题的编码技术

（一）单选题的编码

单选题需要从所提供的多项答案中选择一项。因此，除去漏填的情况，每一个被测量的变量都会对应一个唯一的观测值。以"性别"为例：

例 8.1 您的性别是：

（1）男 （2）女

例 8.1 中测量的变量为"GENDER"，有两个取值，取值 1 为男性，2 为女性。

（二）多选题的编码

在调查研究中，研究者经常要求被访者针对某一问题在多个答案选项中选择几项，如下列用来了解被访者搜集就业信息渠道的题组：

例 8.2 您一般通过下列哪些渠道搜集就业信息？（限选 2 项）

1. 就业广告 2. 职业介绍所 3. 招工单位/公司/部门

4. 政府劳动部门　　5. 其他各类组织　　6. 各类社会关系

7. 其他（请说明）

对这个问题的回答在实际回答过程中被分解为两个步骤：第一，选择第一项就业信息渠道；第二，选择第二项就业信息渠道。于是，这道题被分解成两个子问题。

Q8.2a 第一次选择的一项收集就业信息的渠道是？

Q8.2b 第二次选择的一项收集就业信息的渠道是？

Q8.2a 的答案是在就业广告、职业介绍所、招工单位/公司/部门、政府劳动部门、其他各类组织、各类社会关系、其他（请说明）中选择其一；Q8.2b 的答案则是在去除 Q8.2a 的答案后在剩下的 6 项答案中选择其一。由于应答者在选择的操作中是由自己的大脑排除 Q8.2a 已选择的答案的，我们并不确定他会排除哪一个答案，因此，在实际编码中，会将两个问题的答案编码均设定为 7 项，即："1. 就业广告，2. 职业介绍所，3. 招工单位/公司/部门，4. 政府劳动部门，5. 其他各类组织，6. 各类社会关系，7. 其他（请说明）"。呈现在数据文件中则显示如下（见表 8-2）：

表 8-2　多选题的答案编码

ID	Q8.2a	Q8.2b
1	1	4
2	2	3
3	1	2

（三）复选题的编码

复选题则是在多个选项当中可任选一个或多个答案。这种题目的编码与上文的多选题不同。同样以就业信息搜集渠道为例：

例 8.3　您一般通过下列哪些渠道搜集就业信息？（可选多项）

1. 就业广告　　2. 职业介绍所　　3. 招工单位/公司/部门

4. 政府劳动部门　　5. 其他各类组织　　6. 各类社会关系

7. 其他（请说明）

在编码中，一个具有 k 个答案选项的复选题，并不是只对应一个变量 Q8.3，而是编码成 k 个变量，即题目中的每一个答案选项，都被设定为一个新的二分复选变量：Q8.3_1、Q8.3_2、Q8.3_3、Q8.3_4、Q8.3_5、Q8.3_6和Q8.3_7。如果该答案选项没有被选中，则复选变量取值为 0，答案选项被选中则取值为 1。表 8-3 是根据 3 个被访者对例 8.3 的回答，编码输入计算机后形成的数据文件的片段，GENDER 为性别变量，取值 1 为男性，2 为女性。

表 8 - 3　复选题的答案编码

ID	GENDER	Q8.3_1	Q8.3_2	Q8.3_3	Q8.3_4	Q8.3_5	Q8.3_6	Q8.3_7
1	1	0	0	0	1	1	0	1
2	2	0	1	1	0	0	1	0
3	1	1	0	0	1	0	0	0

当 7 个复选变量被输入计算机后，研究者可利用统计软件（如 SPSS）对复选变量进行一般的描述统计（descriptives），结果如表 8 - 4 所示：

表 8 - 4　复选题分析描述统计结果

变量名	变量标签	个数	最小值	最大值	平均数	标准差
Q8.3_1	就业广告	162	0	1	0.382 7	0.487 6
Q8.3_2	职业介绍所	162	0	1	0.061 7	0.241 4
Q8.3_3	招工单位/公司/部门	162	0	1	0.148 1	0.356 3
Q8.3_4	政府劳动部门	162	0	1	0.574 1	0.496 0
Q8.3_5	其他各类组织	162	0	1	0.037 0	0.189 4
Q8.3_6	各类社会关系	162	0	1	0.635 8	0.482 7
Q8.3_7	其他（请说明）	162	0	1	0.234 6	0.423 9

资料来源：邱皓政. 量化研究与统计分析. 台北：五南图书出版有限公司，2000：4 - 15.

由表 8 - 4 可以看到，样本规模为 162。每一个复选变量的最小值为 0，最大值为 1，表示每一个答案选项均为二分变量。平均数代表该答案选项被选取次数的平均值，数值越接近 1，表示选取该答案选项的被访者越多。1 表示所有被访者都选了该选项，0.5 表示有一半的被访者选了该选项。

研究者还可以进一步进行频数（frequencies）统计，了解每一个复选变量被选中的次数，结果如表 8 - 5 所示：

表 8 - 5　Q8.3_1 就业广告

		次数	百分比（%）	有效百分比（%）	累积百分比（%）
有效的	0	100	61.7	61.7	61.7
	1	62	38.3	38.3	100.0
	总和	162	100.0	100.0	

资料来源：邱皓政. 量化研究与统计分析. 台北：五南图书出版有限公司，2000：4 - 14.

频数统计表明，被访者表示通过就业广告渠道获得就业信息的有 62 人，占 38.3%。类似的，还可以对其他信息渠道进行频数统计。除了以上基本统计分析外，研究者还可利用统计软件提供的特殊统计分析指令，对复选变量进行统计分析。例如，SPSS 就提供了专门的复选题分析指令（multiple response）来进行频数和交互分析，具体的分析方法与实例，可参见有关的 SPSS 分析书籍。

（四）排序题的编码

除了复选题之外，另一种常用的特殊题型为排序题，以上述搜集就业信息渠道的研究为例，研究者若要求被访者从 7 种就业信息渠道中选出最常用的 3 种，并依重要顺序排列，则成为一种排序题，例如：

例 8.4　请在下列各种提供就业信息的渠道的选项中，选出三种您最常使用的，并依程度标出 1、2、3 的次序（1 为最常使用者）。

1. 就业广告　　　　2. 职业介绍所　　　　3. 招工单位/公司/部门
4. 政府劳动部门　　5. 其他各类组织　　　6. 各类社会关系
7. 其他（请说明）

这时，由于要求被访者从 7 个答案选项中选择的答案不止一个，所以具有复选题的特性。与此同时，又由于要求被访者将选项排出顺序，故每一个被选中的答案选项，其排序位置有 1、2、3 三种可能。这样在实际编码和统计分析中，排序题与复选题有相似之处，但排序题会显得更复杂些。

与前述的复选题类似，本题虽然是"1 个"询问被访者最常使用的搜集就业信息渠道的题目，但是由于答案选项有 7 个，被访者要进行 7 次判断才能够完成本题，因此，本题也同样要用 7 个变量来处理。在编码手册中，应将本题编写成 7 个不同的变量。

本题与复选题不同的是，每个答案选项的取值不是两个（0、1），而是四种可能（0、1、2、3），其中 0 代表该选项没有被选中，1、2、3 则分别代表被指定为第一位、第二位和第三位。不难看出，排序题与复选题最大的不同就是变量的取值不一样，如果只要求复选，不要求排序，则每一个选项只有被选中和没有被选中两种可能，被选中时编码为 1，没有被选中时编码为 0，因此是一个二分变量。但如果不仅要求复选，而且要求排序，则每一个选项被选中的状况就不止一种，而会形成顺序变量。例如，在本题中，每一个选项是一个 1 至 3 的顺序变量，没有被选中时应编码为 0。表 8-6 是根据 5 位被访者对例 8.4 的回答，编码输入计算机后形成的数据文件的片段。

表 8-6　排序题的答案编码

ID	GENDER	Q8.4_1	Q8.4_2	Q8.4_3	Q8.4_4	Q8.4_5	Q8.4_6	Q8.4_7
1	2	0	0	1	0	2	0	3
2	2	0	0	1	0	2	0	3
3	1	0	0	2	0	0	3	1
4	2	0	0	2	0	1	3	0
5	1	0	0	3	0	0	1	2

从上表我们可以看到，每一位被访者都指出了三个最常用的就业信息渠道，第

一位被访者最常使用的就业信息渠道是招工单位/公司/部门，因为复选变量 Q8.4_3 取值为 1，次常用的是其他各类组织，第三位是其他（请说明）。第二位被访者也指出招工单位/公司/部门是他最常用的就业信息渠道，因此 Q8.4_3 取值又是 1。对于以上数据文件，既可以利用基本统计分析指令进行分析，也可以使用专门的复选题分析指令，来进行频数和交互分析。

五、问卷编码中的其他问题

在问卷实际调查中，会出现漏答、错答或无效的情况。这就涉及缺失值的处理。通常在 SPSS 软件中，缺失值被分为用户缺失值（user missing value）和系统缺失值（system missing value）。用户缺失值指在问卷调查中，把被试不回答的一些选项当作缺失值来处理。用户缺失值的编码一般用研究者自己能够识别的数字来表示，如"9""99""999"等。系统缺失值主要指计算机默认的缺失方式。如果在输入数据时空缺了某些数据或输入了非法的字符，计算机就把其界定为缺失值，这时的数据被标记为"?"。在一般情况下，定义缺失值后的变量可以进行描述统计、相关分析等统计分析。但是，缺失值的出现往往会给统计分析带来一些麻烦和误差，尤其在时间序列分析中更是如此。数据的缺失可能会造成数据统计结果的偏差，特别是对于样本量不大的资料来说，数据缺失量较大时甚至会影响到最终结论的给出。所以，对数据缺失值进行补充是有一定必要的。一般说来，对缺失值进行处理的一种方法是替代法，以变量中的所有数据的平均数为替代值。另一种方法是剔除法，即剔除有缺失值的题目，或剔除有缺失值的整份问卷。但在样本量较小的调查中，后一种做法可能会影响到最后的分析结果。

关于相依问题的编码处理方式类似于多选题的编码方式，对被访者来说，不适合回答的题目的处理同缺失值的处理。如：

例 8.5 1. 您的户口是否迁移过？

(1) 是　(2) 否（跳至第 3 题）

2. 您最近一次户口迁移是在哪一年？

3. 您户口的性质是否发生过变动？

(1) 是　(2) 否

这三道题的编码见表 8-7：

表 8-7　编码表

变量编号	变量名称	变量标签	变量数值	变量数值标签	缺失值
1	HKQY	户口迁移	1 2	是 否	9

续前表

变量编号	变量名称	变量标签	变量数值	变量数值标签	缺失值
2	YEAR	户口迁移年份	数字 9	不适合	9999
3	XZBD	户口性质变动	1 2	是 否	9

第三节　数据录入与整理

在资料编码完成后，就可以进行数据的计算机录入和数据文件的整理工作了。数据录入是将问卷资料所对应的代码扫描或用键盘直接输入计算机磁盘，建立起数据文件。而数据文件整理包括数据清理和缺失值的处理。前者是利用统计软件查找数据错误；后者则是通过分析，有效地对缺失值予以补救。

一、决定录入方式和软件

数据录入目前大致采用三种方式进行：人工输入、计算机辅助系统转换和光电输入。人工输入是以人工打字的方式，直接将问卷或登录表（coding sheet）上编好码的数据逐一输入计算机。这种方法的优点是对录入设备没有特殊的要求，只要有普通的个人电脑就可以实现录入工作。它的缺点是很容易产生打错、移位和错位等人为错误，而且一旦出错，就需要查验原始问卷，纠错难度较大。再有，与其他录入方式相比，它的录入速度较慢，录入人员的劳务报酬较高。

在进行人工输入时，既可以直接将问卷上编好码的数据（通常是边缘编码）输入计算机，也可以把问卷上编好码的数据先誊写到登录表上，然后再根据登录表将数据输入计算机。登录表横栏的首行一般记录变量名，第二行记录变量的栏位；纵栏的首列记录每个个案的序号；从第三行、第二列开始记录每个个案的编码数据。由问卷直接输入编码数据的优点是可以避免誊写到登录表可能出现的错误，节约一定的时间和经费。它的缺点是录入员需要不停地翻动问卷，降低了录入速度；而且如果问卷内容比较复杂，那么录入员直接从问卷上读编码数据，出错的可能性会大大增加，速度也会降低。采用登录表的优点是能提高录入速度，减少复杂问卷输入错误的发生率；缺点是多加一道誊写的工作，不仅增加了出现誊写差错的风险，还会由于制作登录表和付给登录人员劳务费而增加录入成本。

计算机辅助系统转换是指在采用"电脑辅助个人当面访问"（CAPI）或"电脑辅助电话访问"（CATI）搜集资料后，将每个访问员计算机中的资料由资料处理人员统一转出的过程。此种方法的优点是节省了数据登录和输入的时间与经费，而且避免了人为出错的可能性。它的缺点是成本太高，CAPI 需要为每一个访问员准备一台笔记本电脑，而 CATI 则需要建立起电话访问专用的计算机机房，目前这些设备的价格通常非常昂贵，国内采用此种方式进行调查的单位尚不多见。

光电输入包括光电扫描和条形码判读两种方式。光电扫描是指将登录到专门的光学扫描纸上编好码的数据，用扫描仪器扫描到计算机中。这种方法的优点一是比人工输入方法准确，二是录入速度较快。它的缺点是将数据登录到扫描纸的过程既麻烦，又容易出错。而且扫描仪对在扫描纸上的数据的记录质量要求较高——不仅纸质要好，不能折叠，对记录笔也有特殊要求（例如，要求 2B 硬度），否则扫描时就有可能出错。

与光电扫描类似，还有一种利用条形码判读器将问卷上与答案编码相对应的条形码直接扫描进计算机的录入方法。使用这种方法关键是要先将与问题的每一个答案相对应的编码都设置成条形码，然后在印刷问卷的同时，将条形码一并印在问卷上。录入时，先编写出相应的录入软件程序，再将选中答案的条形码逐一扫描进计算机即可。这种方法既具有光电扫描方法录入快捷的优点，又避免了登录的麻烦和错误，大大提高了数据文件的准确性。它的缺点是需要设计专门的录入软件程序，还得购置专门的条形码判读器，以及需要在问卷上印刷条形码，成本相对较高。

数据录入除了要决定录入方式外，还得决定采用何种软件来录入。计算机辅助系统转换和光电输入一般使用与设备配套的软件。而人工输入无论是直接录入，还是登录表转录，都有许多通用的软件可以选择。目前比较常见的可用来进行录入的软件包括：统计分析软件（如 SPSS、SAS、STATA 等）、数据库管理软件（dBASE、FoxBASE 和 Visual FoxPro 等）、电子表格（如 Excel）和专门的录入软件（如 PCEDIT）。

二、人工输入的注意事项

无论采用何种录入方式、录入软件，都必须为录入工作设立一套规则及流程。从目前国内的现状看，人工输入还是最常用的方法。这种方法往往会由于问卷数量巨大而需要众多的录入员，为此应注意以下几点。

第一，在正式录入开始前，研究者必须统一规定需要录入的资料内容和数据录入格式。除了正式调查问卷的内容外，一些其他需要录入的资料也应一并录入，如调查前用来确认被访者的甄别问卷、调查后的复查问卷中的信息，复查汇总信息，等等。

在设定录入格式时，要注意数据分析对数据格式的要求，避免在数据分析时因格式不妥，发生需要重新录入的现象。对于问题较多、较复杂的问卷，最好每隔一些变量（题目）或在问卷各部分之间，设定一个"检查码"，例如，将某些栏位固定成空白或设定为特定字母，以免录入员发生栏位错误。另外，要为每一位录入员规定一个存放数据的文件名，以免发生数据混淆和丢失现象。

第二，要对数据录入员进行培训，绝不能假定会计算机操作的人员就懂得如何进行数据录入。培训的重点是让录入员熟悉录入软件的操作方法。最好能撰写有关录入软件的简明操作手册，其中应包括一些简单故障的排除方法，以及在数据录入过程中录入员对数据进行自查的方法。培训要特别向录入员强调数据录入的正确性对于整个调查的重要意义。

第三，数据录入中的工作要点：

（1）设计一份工作进度表，用来掌控录入工作进度，明确录入责任归属，避免重复录入，以及以此为依据计算录入员的劳务费。进度表纵行可以是用来对问卷进行分组的不同调查区域（区县、街道/乡镇、居委会/村等），横行则记录每一组的有效问卷数量、录入员领取问卷的时间和签名、录入员完成录入的时间和签名等。

（2）录入一开始就应为每个录入员提供一份有关录入内容和格式的手册。在开始录入最初几份问卷时，研究者必须在录入现场回答和解决录入中可能出现的问题。

（3）要为每个录入员提供足够的空间摆放问卷，避免已录入和未录入的问卷、不同录入员的问卷发生混淆，造成录入的遗漏或重复。

（4）每个录入员在完成被分配的问卷后，在送回问卷的同时，还应提交相应的数据文件拷贝。要安排专职人员将每个录入员提交的数据文件合并成总的数据文件。

（5）在人工输入中，除了要设置一些防止差错的方法外，最好能进行双录，即安排不同的录入员，独立地将问卷录入两次，然后进行交叉比对检查。实践证明，双录能有效地查找录入错误，提高数据质量。

三、数据清理

在数据录入完成后，就可以借助统计软件对数据进行清理工作，包括查找并清除超过范围的数值，检验数据文件的逻辑一致性。

（一）可能数值清理

可能数值清理是针对每一个变量，检查它是否有超出合理范围的数值。例如，在1表示男性、2表示女性的性别变量的数值中，出现了一个数值5，这个数值超出了性别变量的合理取值范围，因此可以断定是录入时出错了，应该根据问卷编号查找问卷中的原始记录，然后据此予以改正。可能数值清理的通常做法是用统计软件计算所有非连续变量的频数表，从中找出超出合理范围的数值。另外，还可以对连续变量进行描述统计，计算均值、标准差、最小值、最大值等统计量，并从中发现那些大大偏离平均值的极端值。

(二) 一致性清理

一致性清理涉及数据结构的检查，通常会牵涉两个或两个以上变量。所谓逻辑不一致的数值，是指两个或两个以上变量在逻辑上彼此互斥的数值。例如，在针对某个电视栏目进行的收视率调查数据中，出现了两个从未听说过该栏目，却经常观看该栏目的被访者，这也许就是逻辑不一致数值所致。实践中可以采用多种方法进行一致性清理，方法之一是利用列联表（cross-table）来查找逻辑不一致数值。表8-8是收视率调查的列联表检验。逻辑不一致数值的出现，很可能是由于调查中访问员的记录错误、跳题不当，也有可能是由于编码错误或录入时出现错误。如果是编码或录入错误，可根据问卷的原始记录进行修正。

表8-8　栏目熟悉程度与收视率的交互分析

	经常观看	有时观看	很少观看	根本不观看
非常熟悉	88	67	22	5
比较熟悉	76	68	26	15
有点熟悉			85	43
听说过但完全不熟悉				312
从未听说	2			49

四、缺失值的处理

在调查研究中，无论用何种方法搜集资料，无论如何认真细致，都难免会出现数据缺失的情况。缺失值会造成样本的流失，使得研究结论产生偏差。因此，如何有效地对缺失值予以补救，成为数据处理中一个最棘手的问题。

(一) 缺失值的分析

从调查过程看，每一个环节都可能出现缺失值。例如：在资料搜集中，由于被访者的疏忽、漏答和拒答；在数据录入中，由于录入员的疏忽；等等。其中，非系统性或随机性行为，如疏忽或随机性的漏答和拒答导致的缺失值，可由研究者填补或估计，所填补的数字与真实数字间的差距，对统计分析而言可以被视为一种随机误差来源，影响不大。

与此相反，非随机性行为，如被访者一致性的漏答或拒答，将会导致数据发生系统性缺失。这时，如果研究者进行填补或估计，就很容易造成一致性的高估或低估，将对统计分析产生很大影响。系统性缺失的发生主要与问卷题目的编写有关，如题意不够明确、题目让被访者感到有威胁以致拒答、题目内容超出被访者的填答能力等。

对于系统性缺失，研究者先不要简单地对缺失值进行填补或估计，而要进行缺失分析。具体做法是，运用一个虚拟变量，将发生缺失的样本归为一类，然后与其他没发生缺失的样本进行对比。如果二者在一些重要的统计量上具有显著差异，则研究者应该修改问卷或研究设计，重新进行调查。如果没有条件修正研究过程，那么研究者应该在调查报告中，诚实地交代这一系统性缺失的发生原因和可能的影响。

（二）缺失的预防

由于缺失是一种比较普遍的情况，因此从研究设计开始，就应将其作为一项重点防范的误差来考虑。

首先，在编制问卷阶段，可以考虑在答案选项中，安排"其他"这种开放式选项，这样被访者如果在答案选项中找不到符合自己情况的选项，就可以在"其他"选项中，写出自己的答案。研究者事后可以对被访者填答的资料统一进行处理，或归入已有选项，或设置新的选项。这样处理可以减少缺失，增加样本的可使用性。除了"其他"选项外，还可以设置一些例外答案选项，如"不回答""不知道""尚未决定""不适用""漏答"等。对于这些特定的选项，应赋予特定编码值来标识，如可以用a代表"不回答"、b代表"不知道"、c代表"不适用"等。这样做的目的是对可能的缺失加以区分，在事后谋求补救的方法。

其次，在数据录入阶段，要注意保持处理各种缺失情况的方案的内在一致性。特别是对各种缺失情况的编码系统要统一，并将各种缺失情况的编码规定详细地印制在编码手册中，供录入员参考。另外，数据录入员要定期开例会，对彼此处理缺失的情况进行交流，形成一致的缺失值处理策略。如果发现新的缺失情况，要及时通报研究者和其他录入员，形成一致的处理意见。对于新增的缺失值的编码规定，要及时补充进编码手册中，并注意保持互斥性原则，不要与原有的编码发生重叠。

（三）缺失值的估计

在录入中，对于一些可能导致缺失值的情况，要立即进行判断和处理。例如，当发现被访者将单选题勾选了多个答案时，就应立即与访问员或被访者联系，对答案做出修正。在对录入数据进行检查时，还会发现由于录入员的疏忽而出现的缺失值。例如，录入员忘了键入数值，对于这种情况可以对照问卷，进行补漏。再有，在问卷调查中，相似的问题可能出现多次，因此对于有些缺失值，可以通过对其他问题的答案的研究判断来进行补漏。

对于那些既无法从问卷分析中找到答案，也无法与被访者取得联系的缺失值，研究者需要通过估计进行补救。常用的缺失数据估计方法有以下几种。

第一，平均值估计法。一般是用所有样本在发生缺失的变量上的平均值，来代替缺失值。例如，一个被访者没有回答其收入，那么就用整个样本的平均收入来代替。另一种更为精确的方法，被称为分层平均值估计法，是用没有回答问题的被访者所属类别的平均值来做估计值，这样不仅仅可以反映该题的集中情形，更能反映这个被访者所属的分层特性。例如，可以用被访者隶属的收入阶层的平均收入来代替缺失值。平均值估计法的问题是，估计值可能与被访者的真实答案有较大的偏差，而且研究者无法对这种偏差做出估计。

第二，回归估计法。一般是将缺失变量设为被预测变量，将其他相关变量设为预测变量，进行回归分析。例如，家庭住房投资水平可能与家庭规模和家庭收入有关，因此利用回答了这三个问答题的被访者的数据，可能可以构造出一个回归方程。对于某个没有回答家庭住房投资水平的被访者，只要其家庭规模和家庭收入是已知的，就可以通过这个回归方程计算出其家庭住房投资水平。这种估计方法由于考虑了其他变项的共变关系，因此估计精确度得以提高。但回归分析的过程相对比较复杂，如果缺失值较多，那么对每一个缺失值都代入相关数据进行一次回归分析，整个过程会很烦琐耗时。另外，这种方法在很大程度上还受到变量之间关联程度的限制，当变量关联性不强时，估计的效果不好。因此只有大样本且缺失值不多的情况适合使用这种方法。

第三，删除缺失值。如果缺失值在数据中的比重很小，如 3‰～5‰，那么一种处理方法是删除那些有缺失值的被访者。在删除有缺失值的样本元素时，要注意两点。一是剩下的元素不能太少，否则就无法满足统计分析对样本量的要求。二是要检验删除后样本的代表性，否则一旦出现样本偏差，就会影响对总体的统计推断。特别是在调查中，有缺失值和没有缺失值的被访者之间，很可能存在一定的系统差异，所以宜慎用这种方法。

第四，排除缺失值。删除缺失值容易引起样本偏差，在实践中，研究人员经常采用一种变通方法，即将有缺失值的个案保留，仅在相应的分析中做必要的排除。经这种方法处理后的数据，将根据不同的样本量进行统计分析，这有可能产生问题。因此采用这种方法，最好能满足以下三个条件：较大的样本量、较少的缺失值和变量之间没有高度的相关性。

研究者在选择缺失数据估计方法之前，应仔细地考察各种方法的适用条件，以及可能产生的后果。如果对缺失数据进行了处理，那么应该在调查报告中做出必要的说明。其实，无论是何种缺失数据估计方法，都不可能使数据完全恢复，特别是当出现系统性缺失或变量之间高度相关时，缺失值处理更是难上加难。因此，对缺失值最有效的处理方法，就是尽可能地减少缺失，使数据缺失保持在最低的水平。

五、加权

当在研究中的指标重要程度不同时，就需要通过加权以有效地提升某些指标在计算中的重要性。而加权的权数大小，来自理论假设、某个理论定义或因子分析之类的统计技术。在统计中，对各个变量值具有权衡轻重作用的数值就被称为权数或权重。譬如，教师在评价一个学生一门课程的最终成绩时，一般不只看他期末的一次成绩，而会将平时成绩与期末考试成绩综合起来考虑。假如一个学生平时课堂随堂作业的平均成绩为 90 分，期末考试成绩为 80 分，如果求简单平均数，则其成绩为 85 分，但这样就忽略了期末考试的重要性。为了避免这种情况，教师可能会给这两个成绩不同的权重，如平时成绩占 30%，期末考试成绩占 70%，这样，这个学生的最终成绩为 $90×0.3+80×0.7=83$（分）。此外在一些体育比赛项目中，同样的完成质量，难度大的应该得分更高些，这时难度系数实际上起着权重的作用。

此外，运用复杂抽样方法获得的调查样本具有不同的备选概率、应答变异性以及关键变量与已知外部数据分布比较时的偏离。在研究中，研究者总是希望尽可能地实现样本与总体最大限度的相似。通过加权能够对样本进行调整，使其与总体数据分布相一致。在复杂调查中，会有以下四种加权方式：（1）在 PPS 抽样中，第一阶段比例调整的加权；（2）为不同入选概率加权；（3）对样本无应答加权；（4）降低抽样方差的事后分层加权[1]。

第一阶段比例调整的加权，是为了降低等概率抽样设计中的抽样方差，而对被选中的 PSU 的所有样本加权。

$$W_{i1}＝第一阶段比例调整权重$$
$$＝从抽样框中获得的层总体/（PSU 总体/抽选 PSU 的概率）$$

这里的 W_{i1} 是 PSU 的每个被访者所生成的与第一阶段比例调整权重后的新变量。

在抽样中，如果我们不按照等比例抽样，就需要为不同入选概率进行加权。比如，要从 100 000 个人口样本中抽取 1 000 个，则总体抽样份额为 $1\ 000/100\ 000＝1/100$。假如在这 100 000 人中，城市户口人数占到 3/4，按照等比例抽样，在 1 000 人中，城市户口人数应该为 750 人（$1\ 000×3/4＝750$）。如果实际抽样获得的城市户口人数与此相同，则无须进行加权。如果抽样获得的城市户口人数为 500，那么，非城市户口会出现"过度代表"的情况，就需要提升城市户口抽样比例，同时降低非城市户口的比例。在实际的数据处理中，研究者会对个体值加权后进行计算，从而实现这一调整。

在大规模调查中还会出现无应答的情况。在按照不同分类变量进行分组后，不同组内的无应答比例可能会不同。比如，如果在样本中，城市户口与非城市户口的被访者的数量均占到样本总数的 1/2，但城市户口的被访者应答率只有 1/2，非城市户口的被访者应答率达到 3/4，那么同样也会出现非城市户口的过度代表的情况。可以通过调整权重，用无应答率的倒数作为权重，让应答的被访者分布等于样本分布。换句话说，通过加权，让每组的人数相等。

事后分层加权则是运用权重来确保样本与目标总体的分布一致。比如，在上例中，假如被访的男性与女性各占 1/2，我们已知目标总体的男女比为 13∶12，那么我们需要进一步调整男女比例，增加男性被访者的权重，其权数为 $13/12/0.5＝2.17$。

最终获得的权重是把以上四个权重——第一阶段比例调整（W_{i1}）、不等概率抽

---

① 格罗夫斯，福勒，库珀，等．调查方法．重庆：重庆大学出版社，2017：281.

样调整（W_{i2}）、无应答调整（W_{i3}）以及事后分层（W_{i4}）合在一起，分别给予分组后的每一组。在数据分析中，有些加权是必要的，但也有些是不必要的。因为有许多估计值，加权或不加权差别不大。如果确实如此，便没有加权的必要，尤其是在明确知道加权会导致方差增大、结果精确性降低的情况下。

第四节 数据管理

除了对调查数据进行清理、缺失值处理和加权外，可靠的数据分析还要求对数据进行高效的管理。所谓数据管理（data management），指的是从拿到原始数据到进行统计分析之前需要完成的工作，包括设定分析目标、处理数据结构、确定分析样本、生成变量等。科学安排数据管理的工作流程，可以确保研究工作的可溯源性、可复制性；一旦工作中出现错误，也容易发现和修正。相反，不重视数据管理，在初步清理数据后就径直进行回归分析或其他推论统计分析，不但容易在随意的数据分析中迷失方向，出现错误也难以及时发现，而且研究结果的可复制性往往无法保证。

一、工作流程

（一）设定分析目标

在正式分析前，应确定明确的分析目标。初学者往往花费大量时间运行各类统计模型，却很少花时间考虑本研究计划如何探讨自变量与因变量的关系，包括计划使用什么方法、选择哪些变量、使用哪些子样本，以及如何进行稳健性检验等。缺乏计划的一个后果是，往往迷失于大量的统计细节中而难以构建一个清晰而稳健的因果关系。

在设定分析目标后，可根据数据分析的初步结果，随时调整分析目标和策略，以便保证分析工作的高效顺畅，少走弯路。

（二）处理数据结构

接下来，需要根据分析目标，确定使用数据的结构。原始数据一般是按照分析单位来组织的，大多为截面数据，而分析中使用的数据可能是面板数据、事件史数据或混合界面数据。原始数据被处理成所需要的数据结构后，在后面的分析中一般会保持稳定。

（三）确定分析样本

数据结构确定后，要根据本研究涉及的研究对象，确定分析样本。根据所研究的问题，设置相应条件，确定本研究关心什么群体、不关心什么群体，从而筛选合适的样本。如研究对象是劳动者，则要删除不在劳动力市场的人。此部分确定后一般也不会改动。

（四）生成变量

接下来，需要根据研究目标，基于原始数据中的变量生成研究所需的变量。在给变量命名时，建议选择简洁且能反映变量内涵的名称，便于日后回顾。在给变量赋值时，可增添必要的标签说明取值的含义。另外，为方便理解，还可简单记录具体分析的目标、过程及重要发现等。

在数据管理和分析中，大量的工作都需要重复进行多次，如给变量命名、添加标签、统计检验、执行统计模型等。更麻烦的是，由于统计软件的命令之间往往是关联的，若我们改变某一处命令，但忘记修改其他与之相关的命令，就会出错，从而严重降低工作的效率和准确性。这时，可以将统计命令自动化，让统计软件根据一处修改自动调整其他命令，以降低工作量并提升准确性。以常用的统计分析软件STATA 为例，可使用宏（macro）、循环语句（loop）等命令将数据管理的部分工作自动化。

（五）分析数据

下面就进入分析数据的环节了。一般先对相关变量进行描述性统计，这一方面能够了解研究对象的基本特征分布，另一方面也能起到检查的作用，若发现变量的异常值、缺失值可及时处理。在描述性统计的基础上，可选择合适的统计模型对研究对象群体或子群体进行分析。

二、原则

数据管理工作流程的基本原则是确保研究结果的可复制性。初学者往往并不重视研究工作的可复制性，常常在遇到挑战、遇到潜在合作者试图重复并拓展该研究时，才不得不花费大量时间回忆自己是如何进行分析的。这不但占用大量时间，也不利于研究工作的传播和拓展。良好的数据管理习惯不但是科学工作严谨性的内在要求，也是学术共同体交流合作的基础。

数据管理的工作流程大体上要遵循以下几条原则：

一是准确性和简洁性。在工作的每一步，都要尽可能确保其正确性。同时，在进行工作记录时，做到简明扼要、方便理解即可，无须事无巨细地详细记录。过于冗长细致的工作记录，不但耽误时间，也难以坚持。

二是标准化和自动化。在多项研究工作中，应尽可能使用同样的流程和步骤，创制自己的工作程序。这样不但能提升工作效率，还能较为容易地发现错误。

三是以我为主，重在实践。并不存在一个完美的、普适的工作流程；研究者可按照自己的工作习惯设置适合自己的工作流程，并在工作中随时修正和维持。

◀ 复习思考题 ▶

1. 怎样检查调查资料的完整性和准确性？怎样通过回访来检查资料的真实性？

2. 在实际访问中，访问员的违规或舞弊行为主要表现为哪几种类型？

3. 在资料的校订过程中需要关注哪些问题？

4. 除了确定编码方式，资料编码还需要注意哪些问题？

5. 为什么在对开放题进行事后编码时，要编制编码手册？

6. 在编码中，编码手册有哪些重要作用？

7. 通过登录表录入数据有哪些优缺点？

8. 如何处理由非随机性行为引起的系统性缺失？

9. 如何预防数据缺失的发生？

10. 数据管理的工作流程分哪几步？基本原则是什么？

11. 你打算如何制定自己的数据管理工作流程？

◀ 推荐阅读书目 ▶

1. 柯惠新，丁立宏. 市场调查与分析. 北京：中国统计出版社，2000.

2. 风笑天. 现代社会调查方法. 2 版. 武汉：华中科技大学出版社，2001.

◀ 参考文献 ▶

1. 巴比. 社会研究方法. 北京：华夏出版社，2000.

2. 风笑天. 现代社会调查方法. 2 版. 武汉：华中科技大学出版社，2001.

3. 福勒. 调查研究方法. 重庆：重庆大学出版社，2004.

4. 柯惠新，丁立宏. 市场调查与分析. 北京：中国统计出版社，2000.

5. 纽曼. 社会研究方法：定性和定量的取向. 北京：中国人民大学出版社，2007.

6. 邱皓政. 量化研究与统计分析. 台北：五南图书出版有限公司，2000.

7. 韦尔奇，科默. 公共管理中的量化方法：技术与应用（第三版）. 北京：中国人民大学出版社，2003.

8. 游清鑫，等. 面访实务. 台北：五南图书出版有限公司，2001.

9. 许琪. Stata 数据管理教程. 北京：北京大学出版社，2021.

第九章

调查中的其他议题

本章要点

- 根据不同读者的不同阅读需求，可以将调查报告分为综合调查报告、调查进度报告、专题报告和技术报告等几种不同类型。
- 技术报告需要说明的技术处理方法包括总体及抽样框的界定、抽样方法、访问执行结果、样本代表性检验、数据处理说明和总结等内容。
- 在调查研究中，需要注意的伦理原则包括告知同意、尊重隐私权和保密等几项。
- 按自愿隐匿程度，可以将个人隐私分为个人独处、亲密、匿名和保留这四种状态。
- 公开或泄露被访者的个人隐私，可能会给他们造成伤害。
- 可以通过相关的保密措施来减少泄露个人信息的可能性。

基本概念

调查报告 ◇ 综合调查报告 ◇ 调查进度报告 ◇ 专题报告 ◇ 技术报告 ◇ 普通调查报告 ◇ 学术性调查报告 ◇ 告知同意 ◇ 隐私与保密 ◇ 匿名

　　调查研究是一种科学研究活动，在调查活动结束时，研究者有义务科学地呈现调查结果，特别是向其他研究人员呈现调查过程中的技术细节，使其他研究人员能对调查的科学性做出评价。同时，在调查活动中，研究者还要注意相关的伦理限制，尽可能避免使调查参与者陷入伦理困境。本章将对调查报告的写作、调查中的伦理限制、调查实验法进行必要的讨论。

第一节　调查报告

　　在调查结束后，研究者应就整个调查活动提供一份全面的调查报告，将社会调查的过程、方法和结果，以文字、数字或图表等形式，向他人进行详细的说明。不仅如此，对于学术性调查，研究者还需要提交技术报告，对调查过程的一系列技术环节给出详细的说明，以便于其他研究人员对调查做出评估，同时也为调查数据的使用者提供方便。本节将先一般性地介绍调查报告的概念，然后重点介绍技术报告的写作要点。

一、调查报告概述

调查报告是调查成果、调查过程的一种书面总结，根据不同读者的不同阅读需求，可以形成不同类型的调查报告，包括综合调查报告、调查进度报告、专题报告和技术报告等。综合调查报告是调查最后阶段的书面报告，此类报告的目的是反映调查研究活动的全貌，详尽说明调查结果及发现。在一般情况下，综合调查报告的读者较广泛，因此在内容选择上，除了要考虑与调查主题相关的研究人员外，还要照顾各级领导、相关应用部门的执行人员，以及一般大众。报告不能太专业或太技术化，否则许多读者可能会由于读不懂而无法理解调查结果，以致事倍功半。同时，报告也不能太追求面面俱到，那样会显得很琐碎，使调查主题得不到很好的突出。调查进度报告是在调查中间阶段提交的书面报告，目的是对调查进展情况，包括调查进度、调查支出是否超出预算、调查中是否遭遇计划外之阻碍等做出说明。此类报告的对象主要是行政或决策部门的领导和管理人员，报告最好范围清楚，项目明确，尽量不要太长。专题报告是从调查资料中抽取出个别议题，向对此感兴趣的读者和有关专家提交的细致报告。报告一定要紧扣主题，不要把关系不大的资料都引进去。同时对于社会热点问题的专题报告，一定要是以事实为依据的概括，而不是泛泛的评论。技术报告一般是在大型调查中，对各种技术处理方法，如总体及抽样框的界定、抽样方法、访问执行结果、样本代表性检验、数据处理等的说明，目的是说明调查方法的科学性、调查结果的客观性和可靠性。技术报告属于专业性报告，它的对象主要以各专业研究领域的专业人员为主，特别是那些希望使用调查数据的研究人员。技术报告必须有可复制性，就是说一个与调查无关的专业人员要能够按照报告所述，完整地进行同样的调查，得出相应的数字与有关结论。

调查报告的另一种常见的分类方式，是被划分为普通调查报告和学术性调查报告。普通调查报告的读者主要关心的是调查结果，以及在调查中有哪些不同于以往的发现，而对于调查的执行过程和技术性说明并不太关心，通常这部分内容都放在附录中。与此不同，学术性调查报告主要是供相关专业的研究人员阅读的，因此在报告正文中，需要包括一些技术性的相关信息。例如：总体的界定以及抽样方法；访问执行结果，包括访问成功率以及对访问失败因素的统计；对样本代表性的检验以及是不是进行了加权；问卷编码信息；等等。除此之外，学术性调查报告还必须满足一些学术要求，将研究问题、研究的理论脉络、研究假设、资料来源与分析方法、研究发现及讨论、研究结论等内容表述清楚，同时还要列出相关的参考文献。

包含如此详尽的信息的目的是，使其他学者在参考调查结果、使用调查数据时，能很方便地对调查进行科学性检验。

另外，学术性调查报告由于是对某项议题的深入研究，故可以被视为某种类型的专题报告。有时一项大规模的面访调查，由于经费投入巨大，可能会涉及多个调查主题，利用该调查数据，就可以形成多份学术性调查报告，不过报告中有关调查技术的说明是相同的。相比之下，技术报告由于涉及调查中的许多技术处理问题，故有一定写作难度。因此，下面略为详细地谈谈如何撰写调查研究中的技术报告。

二、技术报告的写作

调查研究的技术报告应具备两项基本功能：一是对样本的代表性进行评估，将样本的准确度或对总体的偏差情况呈现给读者；二是提供资料搜集程序的具体细节，并对数据形成中的偏差情况做出评估，以便让读者对此有一个清楚的判断。下面将围绕以上两点，按调查的执行过程来进行讨论，包括总体与抽样方法、访问执行结果、样本代表性检验、数据处理说明和总结等几部分。

（一）总体与抽样方法

要对调查进行技术说明，首先要对抽样总体，包括调查对象的构成以及调查对象分布的地域范围做出详细说明。在界定调查对象的基础上，要进一步对抽样框，包括抽样框的来源、构造方法做出说明，特别是要对抽样框的不足，以及可能存在的缺陷予以说明和讨论。

例9.1 某报告中对调查总体的说明

全国城市居民综合社会调查的对象是根据随机抽样的方法，在全国26个省市、100多个区县抽取6 200个家庭户，然后在每个被选中的家庭户中，随机选取1名18岁或以上至69岁的居民作为被访者。

例9.2 对抽样框的说明

初级抽样所用的抽样框基础资料是全国行政区划资料，以及初级抽样单位的社会经济资料。考虑到可行性因素，抽样框中未包括西藏这个省级单位。

在对该资料进行编码处理后，编制成初级抽样框数据库，库中数据包括单位代码、经济区划标志码、市县标志码、PPS抽样所需的规模度量人口数字，以及若干社会经济指标等信息。

根据2022年统计数据，全国（港澳台地区除外）共有2 843个县级行政区划单位（包括市辖区、县、自治县、县级市、旗、自治旗、林区、特区）。一共2 843个县级行政区划单位作为一级抽样单元构成调查总体。

在第二、三级抽样中，将在前一级中选单位内收集和提供抽样单位名单及相应的规模度量，作为该级所需的抽样框。

在第四级抽样中，将使用中选居（村）委会的住户名单作为抽选样本户所需的抽样框。

除了总体及抽样框外，报告还应对调查采用的抽样方法进行简要的说明，同时还可以将抽样方案作为附录列在报告后面。

例9.3　对某项电话调查抽样方法的说明

本次电话调查采用随机数字拨号抽样方法，先依照"概率与规模成比例"（PPS）原则，抽出电话局的号码字冠（prefixes），然后以随机数表产生不同的后四位电话号码，组成本次电话调查访问的样本。在电话拨通后，再由访问员按照户中抽样原则，通过接听电话人员对该住户进行户内抽样，确定符合调查要求的被访者。如果被抽中的被访者不在，则记住号码，换时间再打；为了保证样本的随机性，在一般情况下要求连续追打三至五次才能放弃。本研究一共成功访问了 1 084 位被访者，在95％的置信度下，最大随机抽样误差在正负 3 个百分点以内。

（二）访问执行结果

在技术报告中，对调查访问执行结果的说明，又可具体分为执行过程和执行结果两部分。

首先是对执行过程的说明，包括调查的整体工作进度情况和访问员的构成情况。对于调查进度的介绍，可以用文字，但最好能形成表格，这样一目了然，便于读者准确获取信息。表9-1是调查进度介绍的实例。

表9-1　调查的整体工作进度表

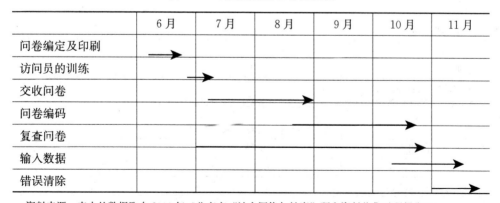

	6 月	7 月	8 月	9 月	10 月	11 月
问卷编定及印刷						
访问员的训练						
交收问卷						
问卷编码						
复查问卷						
输入数据						
错误清除						

资料来源：表中的数据取自2000 年《北京市"社会网络与健康"研究资料收集过程报告》。

对实际参与调查的访问员的介绍，最少应包括以下几项内容：人数、年龄、性别、职业。另外，有必要分别报告新参加访问的访问员、有经验的访问员的数量，访问员的培训方法及时间长短。此外，报告最好能评估一下访问员对资料的影响。

例 9.4 有关访问员情况的介绍

本次电话调查在××××大学社会学系 2000 级本科大学生中，聘请了访问员 23 位，其中男生 16 位，女生 7 位；同时还在该系 2000 级和 2001 级硕士研究生中，聘请了督导员 5 位，这 5 位督导员均有 3 次以上调查经历。访问员培训共 4 天，采用集中讲解、一对一互相访问和实地试调查的形式进行。

其次，对当面访问执行结果的说明，可以包括以下一些主要内容：抽样执行情况、访问完成结果、问卷完成进度和访问时间分布情况等。表 9-2 至表 9-5 是当面访问执行结果的实例。

表 9-2　抽样执行情况表

	地址数	百分比（%）
实际抽取的地址	1 677	100.0
有效地址	1 423	84.9
无效地址	145	8.6
非住宅	6	0.4
没使用地址	103	6.1

注："无效地址"包括已拆迁、空置或无法确定的地址，"没使用地址"为访问员没有使用过的地址。
资料来源：表中的数据取自 2000 年《北京市"社会网络与健康"研究资料收集过程报告》。

表 9-3　访问完成结果表

	个案数	百分比（%）
有效抽样数目	1 423	100.0
成功个案	1 004	70.6
完成督导员复查程序	1 004	70.6
完成电话抽查程序	239	16.8
不成功个案	419	29.4
拒访	298	20.9
调整	44	3.1
问卷未能完成	19	1.3
抽样错误	20	1.4
其他	38	2.7

注："其他"为访问员作弊个案。
资料来源：表中的数据取自 2000 年《北京市"社会网络与健康"研究资料收集过程报告》。

表 9-4　问卷完成进度表

日期	个案数	百分比（%）
7.05—7.11	624	62.2
7.15—7.21	174	17.3
7.22—7.28	104	10.4
7.29—8.04	86	8.6
8.23—8.25	16	1.6
合计	1 004	100.0

资料来源：表中的数据取自 2000 年《北京市"社会网络与健康"研究资料收集过程报告》。

表 9-5 访问时间分布表

访问时间	个案数	百分比（％）
11～20 分钟	6	0.6
21～30 分钟	172	17.1
31～40 分钟	454	45.2
41～50 分钟	263	26.2
51～60 分钟	78	7.8
超过 1 小时	31	3.1
未能辨别	0	0.0
合计	1 004	100.0

资料来源：表中的数据取自 2000 年《北京市"社会网络与健康"研究资料收集过程报告》。

对于电话访问的问卷完成进度、访问时间分布情况的说明，与当面访问的类似；但对抽样执行情况、访问完成结果的说明，与当面访问的略有不同，这主要是由于电话访问是采用随机数字拨号方法进行抽样的。具体说来，对电话访问完成结果的说明，可以分为电话有效接通和电话无法接通两种情况。表 9-6 是电话访问完成结果的实例。

表 9-6 访问完成结果表

	人数	百分比（％）	占总百分比（％）
电话有效接通			
合格被访者			
访问成功	1 084	51.7	18.3
被访者通话时不在	674	32.2	11.4
抽中的被访者拒访	113	5.4	1.9
被访者访问中途拒访	148	7.1	2.5
因语言原因无法访问	11	0.5	0.2
因生理原因无法访问	22	1.0	0.4
被访者访问期间不在	44	2.1	0.7
小计	2 096	100.0	35.4
其他被访者			
接通立刻拒访	444	92.7	7.5
户内无合格被访者	32	6.7	0.5
已访问过或非受访地区	3	0.6	0.1
小计	479	100.0	8.1
合计	2 575	100.0	43.5
电话无法接通			
无人接听	1 491	44.6	25.2

续前表

	人数	百分比（%）	占总百分比（%）
持续占线	225	6.7	3.8
电话停机、改号、故障空号	1 036	31.0	17.5
传真机	284	8.5	4.8
录音电话	31	0.9	0.5
宿舍、机关、公司营业用电话	279	8.3	4.7
小计	3 346	100.0	56.5
总计	5 921	100.0	100.0

资料来源：陈义彦，洪永泰. 民意调查. 台北：五南图书出版有限公司，2001：316-317.

（三）样本代表性检验

技术报告的一项重要内容是对有效样本的代表性进行评估，即对有效样本的代表性进行显著性检验。进行样本代表性检验，必须确定总体数据和具体检验的变量。首先，对于社会调查来说，人口普查资料可以作为总体资料来使用。因为相对于其他统计资料，人口普查资料具有一定的权威性，而且资料规模也是其他统计资料无法比拟的。但是用人口普查资料要注意时效性，因为如果调查时间与普查时间相隔太久，就有可能产生偏差。相比之下，国家统计局每年的千分之一人口抽样调查资料，是一个较好的替代，它不仅能反映人口数据的最新变化，而且比较容易得到。其次，样本代表性检验对于具体检验的变量并没有固定要求，一般采用常用的人口学变量，如性别、年龄、受教育程度等。表9-7至表9-9是样本代表性检验的实例。

表9-7 性别样本代表性检验（加权前）

	样本		母体	检验结果
	人数	百分比（%）	百分比（%）	
男	466	46.4	51.12	卡方值＝9.678
女	538	53.6	48.88	$p < 0.05$
合计	1 004	100.0	100.00	样本与母体不一致

资料来源：陈义彦，洪永泰. 民意调查. 台北：五南图书出版有限公司，2001：317-320. 此表对原书中的数字略做修改。

表9-8 年龄样本代表性检验（加权前）

	样本		母体	检验结果
	人数	百分比（%）	百分比（%）	
20～29 岁	214	21.5	24.93	
30～39 岁	320	32.1	25.92	
40～49 岁	257	25.8	21.10	卡方值＝67.944
50～59 岁	114	11.4	11.39	$p < 0.05$
60 岁及以上	92	9.2	16.66	样本与母体不一致
合计	997	100.0	100.00	

资料来源：陈义彦，洪永泰. 民意调查. 台北：五南图书出版有限公司，2001：317-320. 此表对原书中的数字略做修改。

表 9 - 9　受教育程度样本代表性检验（加权前）

	样本		母体	检验结果
	人数	百分比（%）	百分比（%）	
小学及以下	162	16.2	32.7	卡方值＝235.915 $p<0.05$ 样本与母体不一致
初中	140	14.0	16.8	
高中	335	33.5	28.8	
大学专科	164	16.4	12.0	
大学本科及以上	199	19.9	9.7	
合计	1 000	100.0	100.0	

资料来源：陈义彦，洪永泰．民意调查．台北：五南图书出版有限公司，2001：317 - 320．此表对原书中的数字略做修改。

从表 9 - 7 至表 9 - 9 的样本代表性检验结果不难看出，样本结构与总体结构之间存在一定差异。为了消除样本与总体的偏差，需要对样本进行加权处理。

表 9 - 10 至表 9 - 12 是加权后的样本代表性检验结果。不难看出，在加权后，样本结构与总体结构之间不存在显著差异。

表 9 - 10　性别样本代表性检验（加权后）

	样本		母体	检验结果
	人数	百分比（%）	百分比（%）	
男	506	50.4	51.12	卡方值＝0.608 $p>0.05$ 样本与母体一致
女	498	49.6	48.88	
合计	1 004	100.0	100.00	

资料来源：陈义彦，洪永泰．民意调查．台北：五南图书出版有限公司，2001：317 - 320．此表对原书中的数字略做修改。

表 9 - 11　年龄样本代表性检验（加权后）

	样本		母体	检验结果
	人数	百分比（%）	百分比（%）	
20～29 岁	233	23.4	24.93	卡方值＝6.660 $p>0.05$ 样本与母体一致
30～39 岁	247	24.8	25.92	
40～49 岁	213	21.4	21.10	
50～59 岁	122	12.2	11.39	
60 岁及以上	182	18.3	16.66	
合计	997	100.0	100.00	

资料来源：陈义彦，洪永泰．民意调查．台北：五南图书出版有限公司，2001：317 - 320．此表对原书中的数字略做修改。

表 9 - 12　受教育程度样本代表性检验（加权后）

	样本		母体	检验结果
	人数	百分比（%）	百分比（%）	
小学及以下	326	32.6	32.7	
初中	168	16.8	16.8	
高中	288	28.8	28.8	卡方值＝1.324
大学专科	121	12.1	12.0	$p > 0.05$
大学本科及以上	97	9.7	9.7	样本与母体一致
合计	1 000	100.0	100.0	

资料来源：陈义彦，洪永泰. 民意调查. 台北：五南图书出版有限公司，2001：317 - 320. 此表对原书中的数字略做修改。

（四）数据处理说明

为了方便调查数据的使用者，在技术报告中还要对数据处理过程做出说明。首先，要对问卷核查工作做出说明，一般应列出已经核查的项目。

例 9.5　对问卷核查中已查项目的说明

此次问卷核查聘请 4 位研究生负责，检查要项如下：

（1）检查是否存在抽样错误；

（2）检查问卷是否全部完成；

（3）检查答案是否明显地出现前后矛盾或不清楚的地方；

（4）询问访问员在访问期间是否出现过特别的情况，如不是由被访者作答等；

（5）解决访问员遇到的困难和难题；

（6）了解不成功个案的原因。

同时，还要列出核查中具有普遍代表性的问题以及解决方法。

例 9.6　对问卷核查中普遍性问题及解决方法的说明

问卷 A10、A11 和 A12 有关职业的问题，有些答案不够详细，以致编码困难。

解决方法：如果访问员在回忆后仍不足以编码，则要求访问员进行回访，取得有关的答案，遗留的小部分问卷则由特定的编码员在进行复查时询问被访者，并进行编码。

其次，要对问卷编码、数据录入和清理工作做出说明，包括编码、录入和清理中的各类信息，以及相关人员的构成情况。其中对编码信息的说明分为以下几种：

（1）直接从问卷题目生成的变量的编码；

（2）根据已有变量生成的新变量的编码；

（3）开放题的编码；

（4）"其他"选项的编码；

（5）封面资料及其他辅助资料的编码。

根据所有变量和其他相关资料，便可以形成一份编码清单。在形式上，编码清单比编码手册中的编码表略为简单一些，主要包含数据文件中的变量名、代码值和说明。表 9-13 是编码清单的实例。

表 9-13　编码清单

变量名与代码值	代码说明	变量说明
q047		被访者的性别
1	男	
2	女	
q048		被访者的年龄
99	拒答	
q049		教育水平
1	小学及以下	
2	初中	
3	高中	
4	大学专科	
5	大学本科及以上	
99	拒答	

关于数据录入，需要说明数据录入软件和数据录入的程序。对于数据清理工作，也同样需要说明所使用的相关检验程序。

　　例 9.7　对数据录入及清理工作的说明

本次调查采用 PCEDIT 软件录入数据，以双录的方式进行，即数据共录入两次。所有问卷数据的两次录入，均由不同的录入员进行操作。如果第二次录入结果与第一次不同，那么根据程序提示的相关信息，录入员需要翻查问卷，查看正确的编码，并进行修正。

　　数据的逻辑检验通过 SPSS 软件进行。首先对相关数据逐一进行逻辑检验，然后编印出未能通过逻辑检验的数据。之后，由研究助理检查数据、核查问卷，并进行相应修正。最后再重复一次数据逻辑检验，直到通过检验为止。

（五）总结

报告的结尾应该有一个总结。但需要注意的是，总结并非对每一项技术处理的简单复述，而是应该就这些技术处理对调查资料质量的影响进行讨论，并对资料的缺陷以及使用条件做出整体评估和说明。另外，针对调查中的技术不足之处，应该提出一些修改建议，帮助其他相关研究人员在未来的调查中加以改进。最后还应该将问卷、访问员手册，以及在访问中用到的其他相关文件附在报告最后的附录中。

第二节　调查中的伦理限制

调查研究是一种科学研究活动，而社会道德规范要求对可能危及道德关注的科学活动的各个方面，都要保持敏锐感。一般说来，道德关注追问的是某种特定的行为是否符合既有的对错观点。而伦理关注与道德关注并无实质差异，相对于道德关注，"伦理"这个词通常用来表示行为的规则或对原则的遵从。在调查研究中，需要注意的伦理原则包括告知同意、尊重隐私权和保密等几项。

一、告知同意

在调查研究中，告知同意是一条重要的伦理原则，它意味着参与调查的任何一位被访者，在回答问题时都是自愿的，而且都已经被告知自己参与的研究的性质。下面将介绍在调查中应当告知被访者的相关内容，以及告知同意规范对调查的影响。

（一）告知的内容

在实地访问中，被访者在接受访问之前，应得到以下有关信息：

（1）对与访问员身份有关的信息的介绍，包括进行调查研究的机构的名称、地址、电话、邮政编码和联系人姓名。被访者还有权知道访问员的姓名。另外，也应该将赞助人，即出资协助或委托进行调查的单位或人的情况告诉被访者，特别是在商业性的市场调查中。

（2）对研究目的和研究内容简短但准确的说明。这里既不能含糊其词，也不要过分详细地讲解调查内容。

（3）对被访者做出承诺：会对他们陈述的答案进行保密，而且保证没有任何负面影响发生。如果这两点执行起来有所限制，那么应及时告知被访者。另外，保证被访者在不愿回答时，可以跳过问题。

以上相关信息在调查之前，最好用信件寄给被访者，或以其他方式告知被访者。在实地调查时，应要求访问员在开始询问之前，确认一下被访者是否已被告知以上有关信息。除了寄信外，还可以在结束访问后，要求被访者签署同意书，以确保被访者已经告知同意了。当然，如果采用电话访问的形式，则当场签订同意书的方法是不太可行的。但如果研究者确信回答可能会有伤害，答案可能被误用，且保密措施受到一定限制，那签署同意书就很有必要了。这会在资料的使用上避免很多不必要的麻烦和纠纷。

（二）影响分析

在调查研究中，资料搜集是在自然情境中实施的，相对于实验室情境，告知同意的影响并不那么严重。这时被访者处于优势地位，比研究者具有更大的权利，因为他们有权不接受访问。告知同意对调查研究的影响，主要集中在问卷回收率和回答质量上。

在一项研究中，当面访的问题涉及敏感议题时，对问卷回收率和回答质量的分析表明，如果事先将敏感问题的内容真实、详细地提供给被访者，则告知同意对问卷回收率和回答质量均无影响。在另一项追踪研究中，每次电话访问都不同程度地告知被访者研究内容和目的，结果表明那些代表被访者同意的指标，均未显著地影响访问成功率、对特定调查问题的回答或回答的品质。但是，访问的成功率最高、拒绝率最低的情况，都出现在向被访者最详细地说明研究内容与目的的时候。也就是说，被访者更愿意与那些有同情心并尊重他们的研究者合作。

一般说来，对问卷回收率和回答质量，告知同意没有显著的不良影响。但是，如果要求被访者签署同意书，则签名的要求和时机会同时影响问卷的整体回收率和特定问题的回答质量。无论是在访问之前还是在访问之后要求被访者签署同意书，都会降低问卷回收率；而不要求被访者签署同意书，则能获得较高的回收率。相比之下，在访问以后要求被访者签署同意书的影响要小些，如果在访问之前就让被访者签署同意书，被访者就更不愿意真实回答与一般社会期望相悖的行为或事件了。

另外，在一些具有特定访问对象的调查中，向被访者告知调查的目的与内容，也可能会降低被访者的参与度或对特定项目的回答率。例如，在"全国各地低保金的发放情况调查"中，调查的目的和内容与收入问项交互作用，很可能会降低被访者的参与度；而在对大型公司雇员的调查中，交互作用会降低被访者对饮酒习惯的回答率。

最后，需要指出，告知同意这条伦理原则在一定意义上与科学上所要求的概括性原则是相互矛盾的。因为，如果研究对象都是在知情的前提下自愿参与调查的，这些研究对象在某些方面就会具有一定的相似性，研究结果可能会反映出很多人的特性，但绝不可能代表所有的人。这方面的矛盾在抽样调查中最为突出，因为抽样调查的调查对象必须是经过科学抽样挑选出来的，既有自愿者，也有非自愿者，不然的话，研究者就无法利用抽样调查的结果进行总体推论。

二、隐私与保密

在调查研究中，为被访者的隐私进行保密，也是需要遵守的伦理原则。因为在未征得当事人同意的情况下公开个人隐私，有可能对当事人造成严重伤害。下面将介绍隐私及保密的概念、隐私及保密规范对调查的影响，以及一些可以采取的保密措施。

（一）概念的界定

如果只有个人、团体或机构自己才有权决定是否向他人传递有关自己的信息，则此类信息属于隐私。作为隐私的延伸，保密指的是人们通过协议，限制其他人接触私人的信息。也就是说，隐私与保密是两个关系密切，但又有所不同的概念，前者强调的是人，后者则更关注信息资料。在调查研究中，大部分被访者提供正确信息的前提就是研究者能为其保密，即研究者同意限制其他人接触可能会联想到被访者的资料。

按自愿隐匿程度，个人隐私可以被分成四种状态：个人独处、亲密、匿名和保留。在四种隐私状态中，个人独处（solitude）是人们可能达到的最完全的隐私状态，在这种情况下，个人与群体隔离，完全避开他人的观察。亲密（intimacy）状态是在两人或少数人之间排除他人所形成的满意的个人关系。亲密状态的单位包括：恋人、家人与朋友小圈子，以及工作团队。匿名（anonymity）是个人在公众场合获得不被辨识和监督的自由后的状态。保留（reserve）是指个人对公开个人信息的方式加以限定，而周围的人又愿意配合时的状态，医生与患者之间的关系是该状态比较常见的例子。

在各种隐私状态中，匿名是调查研究伦理最经常关注的。因为，与其他隐私状态不同，匿名中的当事人小心地回避有较亲密关系的他人，处在一种"公共隐私"的状态中，此时，当事人不暴露自己的姓名，也不能被他人辨认出身份，而且不必一定遵守在正常情况下的行为规则。当事人一旦确定自己处在匿名状态中，便可以坦然地与陌生人交谈，诉说那些在正常情况下不便言表的信息。因为，他清楚地知道该陌生人对自己不具有权威性，对自己也不构成约束，而且日后再与该陌生人互动的可能性不大。

在调查研究中，匿名与保密关系密切。为了调查研究的需要，研究者有时会要求搜集某些可能使被访者受到损害的个人资料，例如，被访者的经济与社会地位（个人收入、财产状况等）、家庭关系的和睦程度、心理或生理健康情况等。而为了进行追踪调查，研究者又必须搜集被访者的姓名、住址、个人身份证号码等。这些资料的存在，将使个人回答或反应的匿名性受到威胁。破坏被访者匿名状态的威胁，主要来自两个方面：一是资料搜集、记录和分析人员由于疏忽造成的泄密；二是政府出于管理需要，对被访者个人资料记录的索取。当然其他无关人员好奇的打探、行为不轨者的偷窃也都有可能成为泄密的源头。因此，研究人员要意识到隐私与保密这两项伦理规则在调查研究中的重要影响。

（二）影响分析

与告知同意不同，为被访者的隐私进行保密这项伦理原则对调查研究有较大的影响，特别是当调查内容涉及敏感问题时更是如此。如果研究者公开或泄露了被访者的身份及答案的某些细节，那么被访者有可能会面临家庭不和、遭到同事排挤、名誉或经济利益受损，甚至丢掉工作等问题。例如，对于贫困线以下的人群，政府会提供一定的经济援助。如果有研究者希望探讨何种救助方式对贫困人群有更大的帮助，那么很有可能会在资料搜集过程中要求那些接受政府经济援助的家庭填写一份问卷，详细记录在接受援助之前和之后，其收入和与工作相关的行为。尽管被访者能得到研究者有关保密的承诺，但提供经济援助的各级政府通常会认为研究者调查得来的资料，为检查福利欺骗提供了一个绝好机会，因此，可能会利用行政权力甚至法律程序，要求研究者提供相关的资料。这时为被访者的资料保密的承诺，将使研究者面临非常困难的局面。同样的情况还有可能发生在对社会越轨行为的调查研究中，如有关艾滋病患者、同性恋者和吸毒人群的调查，如果无法保护被访者的匿名性，就有可能对他们造成伤害。

被访者由于担心资料泄露对自己造成伤害，很有可能会拒绝访问，特别是在那些与敏感问题有关的调查中。也就是说，隐私和保密的伦理原则会直接影响到调查的成功率，即被访者是否同意接受访问，与研究者是否尊重其隐私权、是否承诺对其提供的资料保密有很大关系。除此之外，隐私和保密的伦理原则对调查结果的正确性也有着较大的影响，如果被访者无法肯定自己所提供的真实资料不被泄露，那他在回答问题时，就会有所保留，尽可能使自己的答案符合社会规范的一般期望，甚至编造答案。所以研究者越严格地遵守隐私和保密规则，所获得的资料就越真实，效度就越高，反之亦然。

总之，隐私和保密的伦理原则对调查研究的影响重大。在调查研究中，研究者要特别注意尊重被访者的隐私权，向被访者做出保密承诺。必要时，研究者可以用书面形式，向被访者确认自己的保密承诺，以及各项保密措施的操作条款。

（三）保密策略

在调查研究中，保护被访者的关键是处理好他们提供的个人信息，以下是为了减少泄露个人信息所采用的一些保密策略。

（1）所有能接触到被访者个人资料的人员，包括研究人员、参与资料搜集的人员和资料使用人员，都有义务签署资料保密协议。

（2）尽可能减少答案与名字、居住地址等个人辨别标识之间的联系。若有可能，在调查中最好不要使用名字，特别是尽可能地匿名发放问卷。在实在需要名字、居住地址等辨别标识时，也应将其填写在单独的纸张上，使其与记录答案的问卷分开。

（3）在整个调查研究中，都应严格禁止非研究计划的参与人员接触和获得已完成的问卷。在资料搜集结束后，应马上将个人辨别标识与问卷或答案分开；对于能够从答案辨别出被访者的非研究人员（访问员、受雇来管理资料搜集的人员），也应禁止其再接触问卷或答案。在研究计划或资料搜集完成后，研究人员应该负责监督销毁那些已录入完成的问卷，或将问卷存放在安全的地方。

（4）由于问卷资料都含有被访者的辨识号码，因此对于使用资料的一般人员，要避免其获悉辨识号码与被访者姓名、住址或其他辨别标识的联系。研究人员在分析资料时，对于那些能够辨识出被访者身份的资料，要特别谨慎对待，在发表与被访者个人资料有关的报告时，应尽可能使用假名。

（5）资料搜集完成后，在数据处理和分析过程中，要在统计程序中隐匿被访者的真实身份。而对那些提供敏感资料的被访者，要为其提供相应的法律保护措施。

另外，由于社会中关于隐私的看法受社会环境变化的影响，也具有一定的变动性，因此，相应的保密策略也应具有一定的弹性。除了以上关于保密策略的一般性建议外，要灵活地处理在特定隐私情境下的保密问题。再有，虽然个人有不暴露隐私的愿望，但同时也有同等强烈的参与社会、与他人交流的需要，因此，不要把个人对隐私的要求绝对化。研究者在尊重被访者隐私的同时，也要看到被访者自身的调适能力，进而在尊重隐私权、保密的要求与揭露事实、同他人交流的需要之间达到一种平衡。

第三节　调查实验法简介

一、调查实验法的界定

调查研究方法通过向被访者询问问题的方法搜集资料并进行统计分析，难免受到内生性问题（endogeneity）的困扰。例如，总有一些变量是无法被观察的或未想到的；因变量不是自变量发生作用的结果，而在一定程度上与被访者的选择有关。这些遗漏变量偏误和自选择偏误等内生性问题都会导致因果判断发生偏差。近年来，国际社会学界借鉴实验研究方法在因果推断上的优越性，同时结合调查研究法在外部效度上的优点，兴起了一种新的研究方法——调查实验法（survey experiment）。调查实验指的是通过调查方法实施的以个人为对象的实验，也可以被通俗地理解为嵌入调查的实验。

调查实验大多会创造随机的虚拟情境（vignette），并要求被访者进行回答。情境设计分为单因素设计和多因素设计两种。单因素设计只包含一个实验变量，多因素设计又名析因设计（factorial design），可包含多个实验变量，即多个实验情境。例如，研究者想知道人们对收入是否公平的评价。使用调查实验法进行研究设计，可根据影响收入的因素（年龄、性别、学历、职业等）随机生成若干个实验情境，请被访者对每个实验情境给出公平与否的评价，并进行分析。

调查实验法是一种前瞻性方法，通过随机设置实验情境，考察被访者的反应，探究实验组与控制组之间的系统差异及背后的因果机制。因而，它适用于考察在不同条件下社会舆论、态度和价值观的变化，而无法研究已经发生的行为和态度。

调查实验法可广泛用于考察人们的社会公平感、社会规范和道德等议题。由于可以创建虚拟情境，它还被用于考察人们对正在酝酿中的某类公共政策的态度，从而为政府科学决策提供依据。

二、调查实验法的应用

中国综合社会调查（CGSS）2021 年的问卷中，在择偶观念和生育意愿的相关模块使用了调查实验法。

（一）实验情境设定

以择偶观念这一模块为例：

首先，根据性别筛选并生成三个实验情境。实验情境（择偶对象）由六个变量（X1～X6）构成，包括年龄、收入、家庭背景、房产、教育和长相（见表 9-14）。接着，将这六个变量随机产生 3 次，生成 3 个实验情境（择偶对象），即甲、乙、丙。

表 9-14 生成变量

X1	若受访者性别为女（A2=2），在 [−5, +15] 之间生成一个随机整数 n； 若受访者性别为男（A2=1），在 [−15, +5] 之间生成一个随机整数 n； 若 n 为负，X1="小您 $\|n\|$ 岁"；若 n 为正，X1="大您 n 岁"；若 $n=0$，X1="和您同样大"。
X2	随机分配 {您收入的 50%（一半），您收入的 60%（六成），您收入的 70%（七成），您收入的 80%（八成），您收入的 90%（九成），和您收入差不多，您收入的 150%（1.5 倍），您收入的 200%（2 倍），您收入的 300%（3 倍）} 九项中的一项。
X3	随机分配 {父母在农村，父母在城市} 两项中的一项。
X4	随机分配 {名下没有房产，名下有房产} 两项中的一项。
X5	随机分配 {高中，本科，研究生} 三项中的一项。
X6	随机分配 {有点丑，一般，比较漂亮/比较帅} 三项中的一项。如果受访者性别为女（A2=2），第三项显示"比较帅"；如果受访者性别为男（A2=1），第三项显示"比较漂亮"。

然后，分别询问被访者对甲、乙、丙的满意程度（见图 9-1）：

非常不理想   非常理想

1	2	3	4	5	6	7

图 9-1 满意程度选择范围

（二）数据分析

在调查实验数据收集完毕后则进行统计分析。Y_{ij} 是被访者 j 对情境 i 的回答，X_{ijp} 是被访者 j 对应的情境 i 中第 p 个维度的取值（如年龄、收入等），e_{ij} 是随机误差。

$$Y_{ij} = \beta_0 + \beta_1 X_{ij1} + \beta_2 X_{ij2} + \cdots + \beta_p X_{ijp} + e_{ij}$$

三、调查实验法的优势与局限

与一般的调查研究方法相比，调查实验法能在反事实框架下，通过构建虚拟的实验情境操纵实验变量，并且可以对样本进行随机化分组，从而保证了因果推断的准确性。同时，实验数据对统计模型的假设要求较少，使用普通的最小二乘法或非参数分析即可进行因果推断。与实验法相比，调查实验法往往能调查较大且有代表性的样本，因而具有较高的外部效度。而实验法往往采用的是任意抽样获取的样本，样本的人口学构成较为同质化，代表性较差。

当然，调查实验法也有一定局限。首先，它通过一次性的实验情境测量被访者的反应，难以干预经过较长时间才能形成的社会结构，如被访者的社会网络等。另外，有些制度情境是经过较长时间才形成的，对个人的影响也是缓慢而长期的。仅通过被访者临时和短期的想象，获得的结果难免信度不高。因而，使用调查实验法时应在了解其适用范围的基础上，谨慎选取和设置实验情境。

◀ **复习思考题** ▶

1. 综合调查报告具有哪些特点？

2. 学术性调查报告与专题报告、技术报告之间具有什么样的关系？

3. 技术报告应具备哪两项基本功能？

4. 怎样确定样本代表性检验所依据的总体资料？

5. 在执行告知同意原则时，应向被访者告知哪些内容？

6. 告知同意对问卷回收率和回答质量会产生哪些影响？

7. 为什么匿名性最经常受到调查研究伦理的关注？

8. 可以采取哪些策略来防止个人信息的泄露？

9. 调查实验法适用于研究哪些议题？

10. 和传统的调查研究方法相比，调查实验法有哪些优势？

◀ **推荐阅读书目** ▶

1. 巴比. 社会研究方法基础（第 4 版）. 北京：华夏出版社，2010.

2. 郭志刚，郝虹生，杜亚军，曲海波. 社会调查研究的量化方法. 北京：中国人民大学出版社，1989.

◀ **参考文献** ▶

1. 阿特斯兰德. 经验性社会研究方法. 北京：中央文献出版社，1995.

2. 巴比. 社会研究方法基础（第4版）. 北京：华夏出版社，2010.

3. 陈义彦，洪永泰. 民意调查. 台北：五南图书出版有限公司，2001.

4. 福勒. 调查研究方法. 重庆：重庆大学出版社，2004.

5. 郭志刚，郝虹生，杜亚军，曲海波. 社会调查研究的量化方法. 北京：中国人民大学出版社，1989.

6. 金梅尔. 应用性社会研究的伦理与价值. 台北：弘智文化事业有限公司，1999.

7. 柯惠新，丁立宏. 市场调查与分析. 北京：中国统计出版社，2000.

8. 迈克丹尼尔，盖兹. 当代市场调研. 北京：机械工业出版社，2000.

9. 钟伦纳. 应用社会科学研究法. 香港：香港商务印书馆，1992.

10. 王森浒，李子信，陈云松，等. 调查实验法在社会学中的应用：方法论评述. 社会学评论，2022，10（6）.

10097	32533	76520	13586	34673	54876	80959	09117	39292	74945
37542	04805	64894	74296	24805	24037	20636	10402	00822	91665
08422	68953	19645	09303	23209	02560	15953	34764	35080	33606
99019	02529	09376	70715	38311	31165	88676	74397	04436	27659
12807	99970	80157	36147	64032	36653	98951	16877	12171	76833
66065	74717	34072	76850	36697	36170	65813	39885	11199	29170
31060	10805	45571	82406	35303	42614	86799	07439	23403	09732
85269	77602	02051	65692	68665	74818	73053	85247	18623	88579
63573	32135	05325	47048	90553	57548	28468	28709	83491	25624
73796	45753	03529	64778	35808	34282	60935	20344	35273	88435
98520	17767	14905	68607	22109	40558	60970	93433	50500	73998
11805	05431	39808	27732	50725	68248	29405	24201	52775	67851
83452	99634	06288	98033	13746	70078	18475	40610	68711	77817
88685	40200	86507	58401	36766	67951	90364	76493	29609	11062
99594	67348	87517	64969	91826	08928	93785	61368	23478	34113
65481	17674	17468	50950	58047	76974	73039	57186	40218	16544
80124	35635	17727	08015	45318	22374	21115	78253	14385	53763
74350	99817	77402	77214	43236	00210	45521	64237	96286	02655
69916	26803	66252	29148	36936	87203	76621	13990	94400	56418
09893	20505	14225	68514	46427	56788	96297	78822	54382	14598
91499	14523	68479	27686	46162	83554	94750	89923	37089	20048
80336	94598	26940	36858	70297	34135	53140	33340	42050	82341
44104	81949	85157	47954	32979	26575	57600	40881	22222	06413
12550	73742	11100	02040	12860	74697	96644	89439	28707	25815
63606	49329	16505	34484	40219	52563	43651	77082	07207	31790
61196	90446	26457	47774	51924	33729	65394	59593	42582	60527
15474	45266	95270	79953	59367	83848	82396	10118	33211	59466
94557	28573	67897	54387	54622	44431	91190	42592	92927	45973
42481	16213	97344	08721	16868	48767	03071	12059	25701	46670
23523	78317	73208	89837	68935	91416	26252	29663	05522	82562
04493	52494	75246	33824	45862	51025	61962	79335	65337	12472
00549	97654	64051	88159	96119	63896	54692	82391	23287	29529
35963	15307	26898	09354	33351	35462	77974	50024	90103	39333
59808	08391	45427	26842	83609	49700	13021	24892	78565	20106
46058	85236	01390	92286	77281	44077	93910	83647	70617	42941
32179	00597	87379	25241	05567	07007	86743	17157	85394	11838
69234	61406	20117	45204	15956	60000	18743	92423	97118	96338
19565	41430	01758	75379	40419	21585	66674	36806	84962	85207
45155	14938	19476	07246	43667	94543	59047	90033	20826	69541

---

* 节录自：韦尔奇，科默．公共管理中的量化方法：技术与应用（第三版）．北京：中国人民大学出版社，2003.

94864	31994	36768	10851	34888	81553	01540	35456	05014	51176
98086	24826	45240	28404	44999	08896	39094	73407	35441	31880
33185	16232	41941	50949	89435	48581	88695	41994	37548	73043
80951	00406	96382	70774	20151	23387	25016	25298	94624	61171
79752	49140	71961	28296	69861	02591	74852	20539	00387	59579
18633	32537	98145	06571	31010	24674	05455	61427	77938	91936
74029	43902	77557	32270	97790	17119	52527	58021	80814	51748
54178	45611	80993	37143	05335	12969	56127	19255	36040	90324
11664	49883	52079	84827	59381	71539	09973	33440	88461	23356
48324	77928	31249	64710	02295	36870	32307	57546	15020	09994
69074	94138	87637	91976	35584	04401	10518	21615	01848	76938
09188	20097	32825	39527	04220	86304	83389	87374	64278	58044
90045	85497	51981	50654	94938	81997	91870	76150	68476	64659
73189	50207	47677	26269	62290	64464	27124	67018	41361	82760
75768	76490	20971	87749	90429	12272	95375	05871	93823	43178
54016	44056	66281	31003	00682	27398	20714	53295	07706	17813
08358	69910	78542	42785	13661	58873	04618	97553	31223	08420
28306	03264	81333	10591	40510	07893	32604	60475	94119	01840
53840	86233	81594	13628	51215	90290	28466	68795	77762	20791
91757	53741	61613	62669	50263	90212	55781	76514	83483	47055
89415	92694	00397	58391	12607	17646	48949	72306	94541	37408
77513	03820	86864	29901	68414	82774	51908	13980	72893	55507
19502	37174	69979	20288	55210	29773	74287	75251	65344	67415
21818	59313	93278	81757	05686	73156	07082	85046	31853	38452
51474	66499	68107	23621	94049	91345	42836	09191	08007	45449
99559	68331	62535	24170	69777	12830	74819	78142	43860	72834
33713	48007	93584	72869	51926	64721	58303	29822	93174	93972
85274	86893	11303	22970	28834	34137	73515	90400	71148	43643
84133	89640	44035	52166	73852	70091	61222	60561	62327	18423
56732	16234	17395	96131	10123	91622	85496	57560	81604	18880
65138	56806	87648	85261	34313	65861	45875	21069	85644	47277
38001	02176	81719	11711	71602	92937	74219	64049	65584	49698
37402	96397	01304	77586	56271	10086	47324	62605	40030	37438
97125	40348	87083	31417	21815	39250	75237	62047	15501	29578
21826	41134	47143	34072	64638	85902	49139	06441	03856	54552
73135	42742	95719	09035	85794	74296	08789	88156	64691	19202
07638	77929	03061	18072	96207	44156	23821	99538	04713	66994
60528	83441	07954	19814	59175	20695	05533	52139	61212	06455
83596	35655	06958	92983	05128	09719	77433	53783	92301	50498
10850	62746	99599	10507	13499	06319	53075	71839	06410	19362
39820	98952	43622	63147	64421	80814	43800	09351	31024	73167

第五版后记

　　相对于第四版，此次修订主要是新增了一些内容。首先，在第八章新增了第四节"数据管理"的相关内容，主要包括数据管理中的"工作流程"和"原则"。其次，在第九章中新增了第三节"调查实验法简介"的相关内容，主要包括"调查实验法的界定""调查实验法的应用"和"调查实验法的优势与局限"。最后，此次修订参考了国内新出版的研究方法相关教材和相关文献，获益良多，借此机会向作者及相关出版单位表示感谢。另外，此次修订得到了李雪女士的大力协助，在此表示感谢。也欢迎读者通过邮箱 haodahai@sina.com 提出修订意见。

郝大海谨识

2024 年 1 月 13 日

图书在版编目（CIP）数据

社会调查研究方法/郝大海著 . -- 5 版 . -- 北京：
中国人民大学出版社，2024.8（2025.8 重印）
新编 21 世纪社会学系列教材
ISBN 978-7-300-32751-8

Ⅰ.①社… Ⅱ.①郝… Ⅲ.①社会调查-调查方法-
高等学校-教材 Ⅳ.①C915

中国国家版本馆 CIP 数据核字（2024）第 082490 号

"十二五"普通高等教育本科国家级规划教材
北京高等教育精品教材
新编 21 世纪社会学系列教材

社会调查研究方法（第五版）
郝大海　著
Shehui Diaocha Yanjiu Fangfa

出版发行	中国人民大学出版社		
社　　址	北京中关村大街 31 号	**邮政编码**	100080
电　　话	010 - 62511242（总编室）	010 - 62511770（质管部）
	010 - 82501766（邮购部）	010 - 62514148（门市部）
	010 - 62511173（发行公司）	010 - 62515275（盗版举报）
网　　址	http://www.crup.com.cn		
经　　销	新华书店		
印　　刷	北京溢漾印刷有限公司	**版　次**	2005 年 4 月第 1 版
			2024 年 8 月第 5 版
开　　本	787 mm×1092 mm　1/16		
印　　张	16.25 插页 1	**印　次**	2025 年 8 月第 3 次印刷
字　　数	338 000	**定　价**	49.00 元

关联课程教材推荐

书号	书名	作者	定价
978-7-300-31489-1	数据分析与 Stata 应用	杨菊华　杨　磊	58.00 元
978-7-300-30838-8	定性研究方法	陆益龙	49.00 元
978-7-300-30539-4	社会研究方法（第六版·数字教材版）	风笑天	69.90 元
978-7-300-31587-4	看实例、学方法： 从研究选题到论文写作	风笑天	89.00 元
978-7-300-32351-0	社会科学研究方法	风笑天	79.00 元

配套教学资源支持

尊敬的老师：

　　衷心感谢您选择人大版教材！相关的配套教学资源，请到中国人民大学出版社官网（www.crup.com.cn）下载。部分教学资源需要验证您的教师身份后，才可以下载，请您登录出版社官网后，点右上角"注册"，填写"会员中心"的"我的教师认证"项目，等待后台审核。我们将尽快为您开通下载权限。

　　如您急需教学资源或教材样书，也可以直接与我们的编辑联系：

　　龚洪训　　　电话：010-62515637　　电子邮箱：6130616@qq.com

专业教师 QQ 群：

195761402（全国社会学教师 QQ 群）

欢迎您登录浏览人大社网站，了解图书信息，共享教学资源

期待您加入专业教师 QQ 群，开展学术讨论，交流教学心得